DEUTSCHE FACHWERKSTRASSE

MANFRED GERNER

DEUTSCHE
FACHWERK
STRASSE

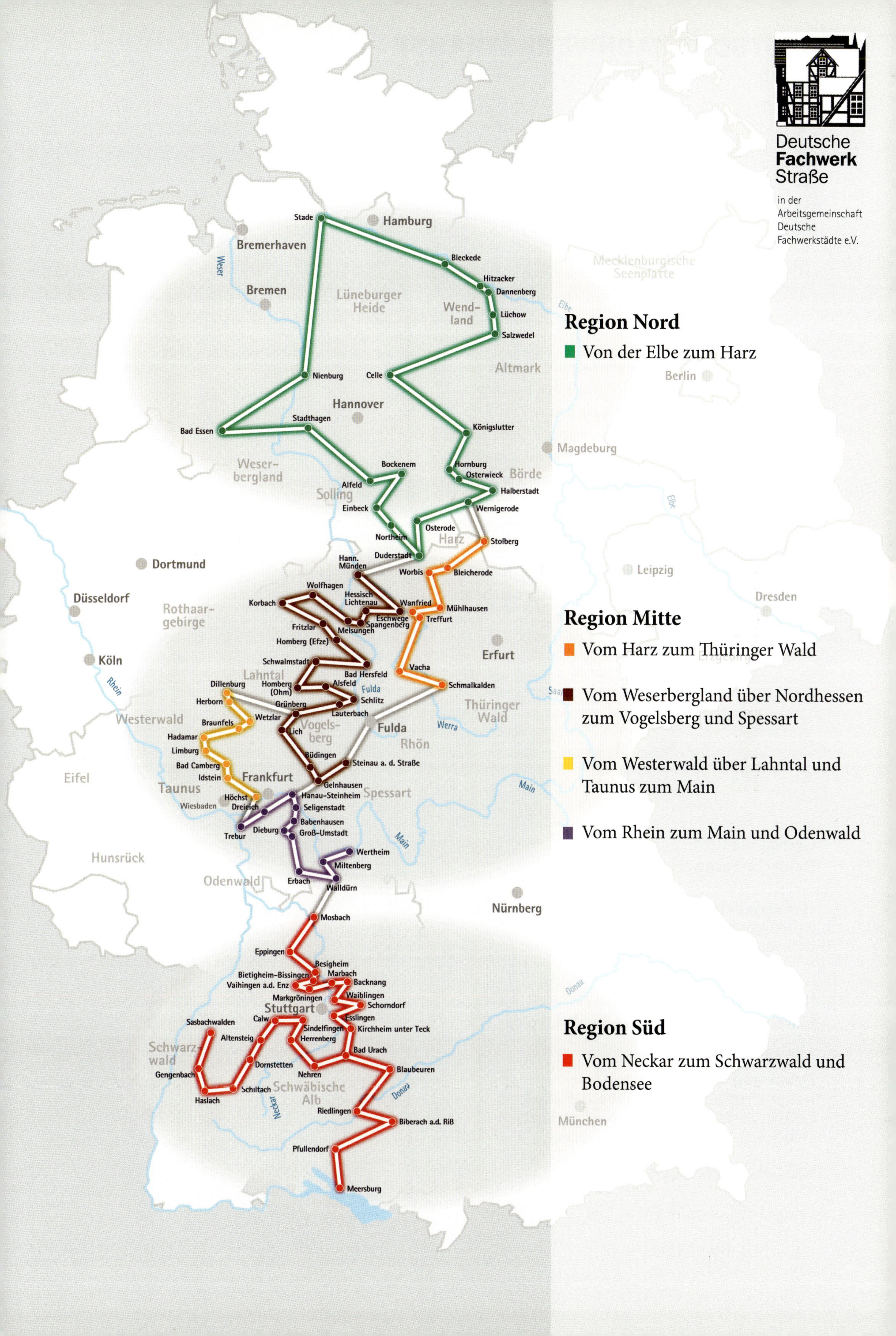

Deutsche **Fachwerk** Straße

in der Arbeitsgemeinschaft Deutsche Fachwerkstädte e.V.

Region Nord

■ Von der Elbe zum Harz

Region Mitte

■ Vom Harz zum Thüringer Wald

■ Vom Weserbergland über Nordhessen zum Vogelsberg und Spessart

■ Vom Westerwald über Lahntal und Taunus zum Main

■ Vom Rhein zum Main und Odenwald

Region Süd

■ Vom Neckar zum Schwarzwald und Bodensee

DEUTSCHE FACHWERKSTRASSE

IMPRESSUM

Der Band „Deutsche Fachwerkstraße“ ist ein Gemeinschaftswerk. Auf der Basis des Konzepts und der Streckentexte mit Skizzen von Prof. Manfred Gerner hat Diplom-Designer Gerd Liske mit Anne-Christiane Kieser ein Musterlayout entworfen. Nach diesem Muster haben alle Städte ihre Texte geschrieben und Diana Wetzestein hat diese in „Gleichklang“ gebracht. Das Lektorat, die Koordination und das Kartenmaterial hat die Geschäftsstelle der ADF, Fulda realisiert. Allen wird an dieser Stelle gedankt. Die Mühen haben sich gelohnt.

Gerner, Manfred
Deutsche Fachwerkstraße

Herausgeber:
Arbeitsgemeinschaft Deutsche Fachwerkstädte e. V.

Druck und Verarbeitung:
Rötter Druck, Bad Neustadt a. d. Saale
Gedruckt mit prozesslosen, chemiefreien Druckplatten und Ökodruckfarben

Neuauflage, 2.000 Exemplare

Printed in Germany

ISBN: 978-3-00-033794-9

INHALT

WIR SIND VOM FACHWERK FACHWERK VERBINDET

Der Slogan spiegelt die Inhalte der Arbeitsgemeinschaft Deutsche Fachwerkstädte und der Deutschen Fachwerkstraße wider.

„Wir sind vom Fachwerk“ beinhaltet Kompetenz und die Lobby für das Fachwerk, aber auch die Fürsorge zur Erhaltung und Pflege, die Anstrengungen für die Zukunftsfähigkeit einer Baukultur, die ihre Anpassungsfähigkeit über viele Jahrhunderte bewiesen hat.

„Fachwerk verbindet“ drückt zunächst die Verbindung von Menschen, die in und mit Fachwerk leben, aber auch Menschen, die das Fachwerk lieben, aus. Weiter wird die thematische und regionale Verbindung in der „Deutschen Fachwerkstraße“ dargestellt, ein großer Vorteil bei der Vertiefung des Bewusstseins und dem Marketing.

Der Slogan spiegelt sich auch im vorliegenden Band „Deutsche Fachwerkstraße“, dem kompetenten Fürer, der Lust auf Fachwerk macht, die logistischen Infrastrukturen zu allen Fachwerkorten und -städten enthält, aber auch die Erstinformationen zu Dorf oder Stadt, zum Fachwerk, den Besonderheiten und den Events.

Die Arbeitsgemeinschaft Deutsche Fachwerkstädte e.V. (ADF) mit mehr als 130 Mitgliedsstädten wurde 1975, im Jahr des Denkmalschutzes, gegründet und hat als Hauptziel die Pflege und Erhaltung von Fachwerkbauten und Fachwerkstädten sowie weitergehend Fachwerkkulturlandschaften. Die Mitgliedsstädte der Arbeitsgemeinschaft reichen von der Nordsee bis zum Bodensee und im Osten mit Ebersbach-Neugersdorf/Sachsen bis in das Dreiländereck Deutschland-Polen-Tschechien mit der Umgebindehauslandschaft. Zu den besonderen Arbeitsinhalten gehören die Initiativen „Fachwerk macht Schule“ und die „Fachwerktriennalen“.

Die Deutsche Fachwerkstraße (DFS) ist der touristische Zweig der Arbeitsgemeinschaft. Hauptaufgabe der Deutschen Fachwerkstraße ist die touristische Erschließung der Fachwerkstädte und Regionen, um so das reizvolle Kulturgut Fachwerk für breite Bevölkerungsschichten zu öffnen.
Auf mehr als 2.800 Kilometern weist die Kulturstraße den Weg durch mehr als 700 Jahre Fachwerkgeschichte und führt vorbei an prunkvollen Rathäusern und Marktplätzen, stolzen Bürgerhäusern und malerischen Gassen. In den Städten der Deutschen Fachwerkstraße findet man einige der ältesten noch erhaltenen Fachwerkbauten, so z.B. in Esslingen (ab 1262) und Limburg an der Lahn (ab 1290). Die Orte der Deutschen Fachwerkstraße, eingebettet in reizvolle Landschaften, bieten dem Gast aber mehr als nur ein lebendiges Beispiel einer ästhetischen, ökologischen und damit umweltgerechten Bauweise in Holz. Ihre oft weit über 1000-jährige Geschichte verbindet sich mit einmaligen historischen und kulturellen Ereignissen.

Die Deutsche Fachwerkstraße ist in sechs Regionalstrecken untergliedert:

„Von der Elbe zum Harz“

„Vom Harz zum Thüringer Wald“

„Vom Weserbergland über Nordhessen zum Vogelsberg und Spessart“

„Vom Westerwald über Lahntal und Taunus zum Main“

„Vom Rhein zum Main und Odenwald“

„Vom Neckar zum Schwarzwald und Bodensee“

Diese sechs Strecken sind einschließlich aller Materialien wie den regionalen Streckenkarten farblich unterschiedlich markiert. Die entsprechende Markierung ist auch deutlich im vorliegenden Band beibehalten worden.

Neben dieser Publikation hält die Deutsche Fachwerkstraße weitere Informationen wie eine Gesamtübersicht der Regionalstrecken in Deutsch und Englisch, Regionalstreckenkarten zu allen Strecken und Broschüren wie „Wohnmobilstellplätze“ sowie „Zauberhafte Hotels und Restaurants entlang der Deutschen Fachwerkstraße“ bereit.
Das gesamte Prospektmaterial erhalten sie in der Geschäftsstelle der Deutschen Fachwerkstraße.

ZUR ENTWICKLUNG DES FACHWERKS IN DEUTSCHLAND

Es existieren Holzkonstruktionen und Gebäude aus Holz rund um die ganze Welt. Fast auf der ganzen Welt gibt es Fachwerkgebäude. Aber nirgends auf der Erde gibt es ausgeprägt, so

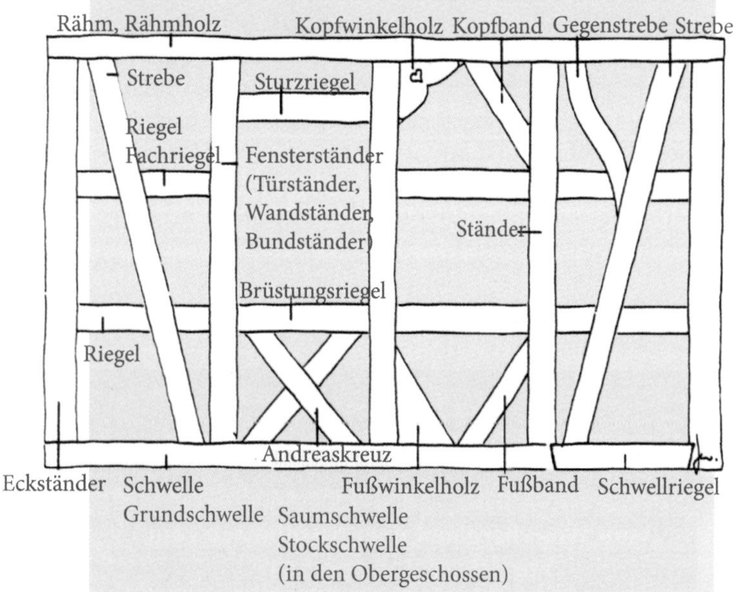

Skizze mit den wichtigsten Begriffen der in Fachwerkwandgefügen vorkommenden Hölzer des Fachwerkskeletts

dichte Fachwerklandschaften mit einem solch quantitativen und qualitativen Bestand wie in Deutschland. Noch über 2,4 Millionen erhaltene Fachwerkgebäude sind ein außerordentlicher

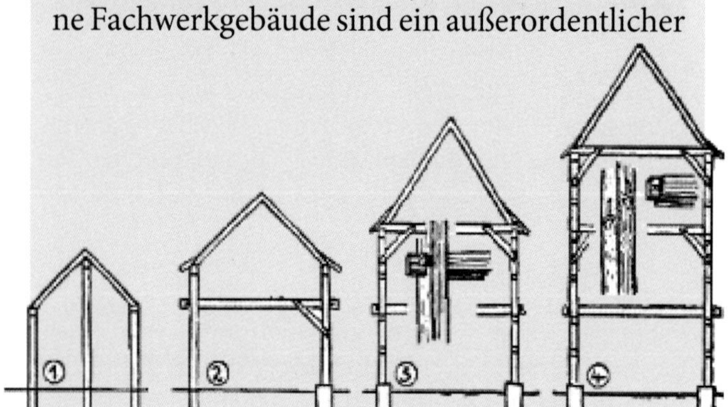

Vom Pfostenhaus zum mehrgeschossigen Haus: (1) Wand- und Firstpfosten eingegraben; (2) Übergang vom Pfosten- zum Ständerbau; (3) Geschossbau , Balken mit durchgesteckten Zapfen; (4) dreigeschossiges Fachwerk, über dem Erdgeschoss durchgesteckte Zapfen, über dem 1.OG Einsteckzapfen

kultureller, handwerklicher, städtebaulicher und landschaftsgestaltender Schatz. Sie sind das Kapital der Fachwerkstädte, für das sich auch hohe Aufwendungen zum Erhalt lohnen. Es ist eine lohnenswerte Aufgabe, diesen Schatz zu heben und zu erschließen. Dabei helfen die Deutsche Fachwerkstraße und dieser Band.

Das System des Fachwerkgefüges wurde vor mehr als 12.000 Jahren erfunden: Zelte aus tragenden Stangen mit einer nichttragenden Haut sind die ersten bewohnbaren Holzkonstruktionen. Die wesentlichen Merkmale einer solchen Skelettkonstruktion bestimmen das Fachwerkgefüge bis heute. Alle statisch wirksamen Kräfte werden vom Holzskelett aufgenommen, während die Ausfachungen ausschließlich wand- oder raumabschließende Funktionen erfüllen. Die bei historischen Fachwerkbauten in der Regel verwendeten Materialien wie Eichen- oder Fichtenholz für das Skelett und Lehmstakung bzw. Lehmziegel oder Ziegel für die Gefache erfüllten die Anforderungen hervorragend und ergänzten sich zu einem idealen und vor allem ökologischen Bausystem. Bis in das 20. Jahrhundert hinein bauten die Zimmerleute nach „statischem Gefühl“. Fachwerke, die nach 1900 erstellt wurden, sind meist aufgrund statischer Berechnungen dimensioniert.

Die senkrechten Kräfte im Fachwerk werden durch Ständer abgetragen. Zur Rahmenbildung dienen Grundschwellen über Keller oder Fundament, Saum- oder Stockschwellen in den oberen Geschossen und die Rähmbalken bzw. Rähme. Die Gefachunterteilung geschieht durch Riegel. Gegen das Umkippen, z. B. durch Winddruck, wurden schräge Hölzer angeordnet, anfänglich Schwertungen und Kopfbänder und dann auch Kopf- und Fußwinkelhölzer sowie Kopf- und Fußstreben.

DREISCHIFFIGE BAUTEN MIT EINEM INNENGERÜST IM NORDEN

In Norddeutschland entwickelte sich aus Konstruktionen mit auseinandergerückten Ständern der klassische Zweiständerbau. Die Häuser verfügen über kräftig dimensionierte Innengerüste auf zwei Ständerreihen, sodass ein dreischiffiger Grundriss entsteht. Die Seitenschiffe wurden so gebildet, dass im Abstand der Tieraufstellung von den Dielenständern nach außen niedrige

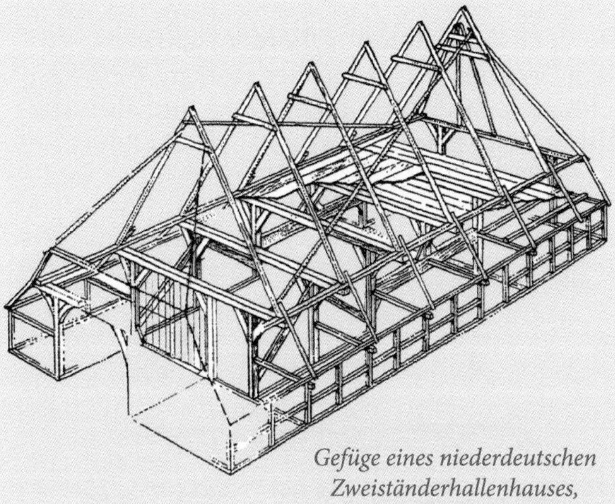

Gefüge eines niederdeutschen Zweiständerhallenhauses, dreischiffig mit der Erschließung vom Giebel

Seitenwände errichtet wurden. Durch die Erhöhung der Außenwände auf die Höhe der Dielenbalken und auf den Außenwänden auflagernde Dächer wurde der Vierständerbau entwickelt.

Das niederdeutsche Haus bildet eine Art dreischiffige Halle und wird deshalb als niederdeutsches Hallenhaus bezeichnet. Es ist im Normfall ein Einhaus, denn die drei Funktionen, Wohnung, Stall und Erntelager befinden sich unter einem Dach. Von der Straße aus erreicht man durch das Dielentor die hohe Halle zwischen den Dielenständerreihen. Diese Diele dient zum Einfahren und Abladen der Ernte, zum Arbeiten, wie z.B. zum Dreschen, aber auch zum Feiern. In den Kübbungen rechts und links der Diele sind die Tiere mit dem Kopf zur Diele aufgestallt. Im Anschluss an die Diele folgt quergelagert das Flett, der Herdraum zum Kochen und Heizen. Das offene und später im Herd gehaltene Feuer war zusammen mit der Stallwärme die Heizquelle. Der Rauch machte die über dem Herd hängenden Fleischwaren haltbar, beizte aber auch die Ernte im Dachraum. Das Kammerfach, die Wohnung des Bauern oder Ackerbürgers, lag der Straße abgewandt auf der Rückseite des Hauses. Der gesamte Dachraum diente als Erntelager. Bereits im 18., mehr noch im 19. Jahrhundert, genügten die praktisch in einem Raum angeordneten Ställe mit der Küche nicht mehr dem Komfortbedürfnis und es wurden Trennwände zwischen den Ställen und dem Flett angeordnet.

Die niederdeutschen Stadthäuser entwickelten sich aus den Hallenhäusern, die Dielen und Dielentore zeigen dies deutlich.

DREIZONIGE HÄUSER IN RAHMENKONSTRUKTIONEN IN DER MITTE DEUTSCHLANDS

In Mitteldeutschland baute man bei insgesamt sehr viel kleineren Grundrissen auch auf dem Lande schon früh durchgängig zweigeschossig und trennte die Funktionen Wohnung/Stall sowie Erntelager auch meist in verschiedene Gebäude. Aus den eingeschossigen zweizonigen Häusern mit Ern- und Wohnteil entwickelten sich über Kniestockkonstruktionen zwei-, drei oder viergeschossige Geschossbauten. Die Bundwände aus Querschotten teilen die Häuser in hintereinander aufgereihte Zonen.

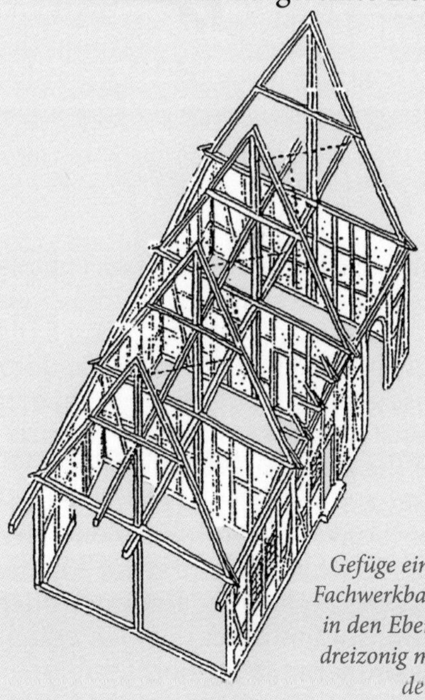

Gefüge eines mitteldeutschen Fachwerkbaus mit zwei Schotten in den Ebenen der Firstsäulen, dreizonig mit Erschließung von der Traufseite

Wegen den mit dem Geschossbau verbundenen Nachteilen begannen die Zimmermeister nach 1300 eine neue Konstruktionsart zu entwickeln, den Stockwerksrahmen- oder Stockwerksbau. Der Unterschied zum Geschossbau besteht darin, dass alle senkrechten oder schrägen Hölzer, die bei den Geschossbauten über die gesamte Haushöhe reichten, nur stockwerkshoch ausgebildet werden. Die Entwicklung erfolgte nicht mit einem Schlag, sondern sehr allmählich. Ab 1500 setzte sich im Wohnbau der Stockwerksrahmen allgemein durch. Grundriss-, Haus- und Stubengrößen wurden dabei immer noch von den wirtschaftlich einzusetzenden Holzdimensionen geprägt. Der Regelgrund-

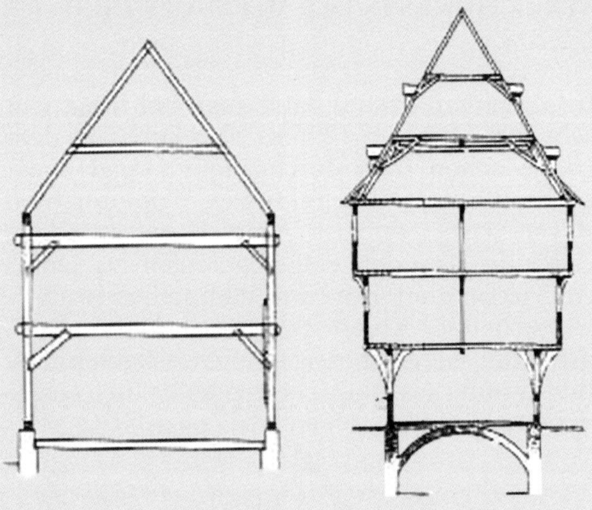

Die ältere Bauweise ist der Geschossbau, links das Quedlinburger Haus Word 3 im Querschnitt, rechts der Querschnitt eines spätgotischen Stockwerkhauses aus der Frankfurter Altstadt

riss für das ländliche Bürger- und Bauernhaus war dabei dreizonig bei Hauslängen zwischen ca. 11 bis 15 m. Die Hausbreiten betrugen 6 bis 8 m, selten auch bis 12 m. Das oder die über dem Erdgeschoss errichteten Geschosse haben die gleichen Konstruktionsmerkmale: Im Erdgeschoss wurde die bei den fast immer giebelständigen Häusern zur Straße liegende Hauszone zur „Guten Stube", die mittlere Zone, der „Ern", diente der Erschließung und als Küche, während die hintere Zone einer Kammer oder durch eine Fachwerkwand unter dem Unterzug, getrennt, zwei Kammern Fläche bot.

Bei den dreizonigen Wohnhäusern mit dem geschilderten Regelgrundriss wurden die Höfe in Zwei-, Drei- oder Vierseitform (L-, U- oder Rechteckform) durch weitere Gebäude gebildet, die andere Funktionen erfüllten, wie Ställe, Scheunen, Remisen, Backhäuser und Altenteile.

VOM STÄNDERBOHLENBAU ZUM FACHWERKBAU IM SÜDEN DEUTSCHLANDS

Die Fachwerkbauten Oberdeutschlands zwischen Neckar und Bodensee und in West-Ost-Richtung zwischen Schwarzwald und Böhmerwald entwickelten sich im 14. Jahrhundert aus

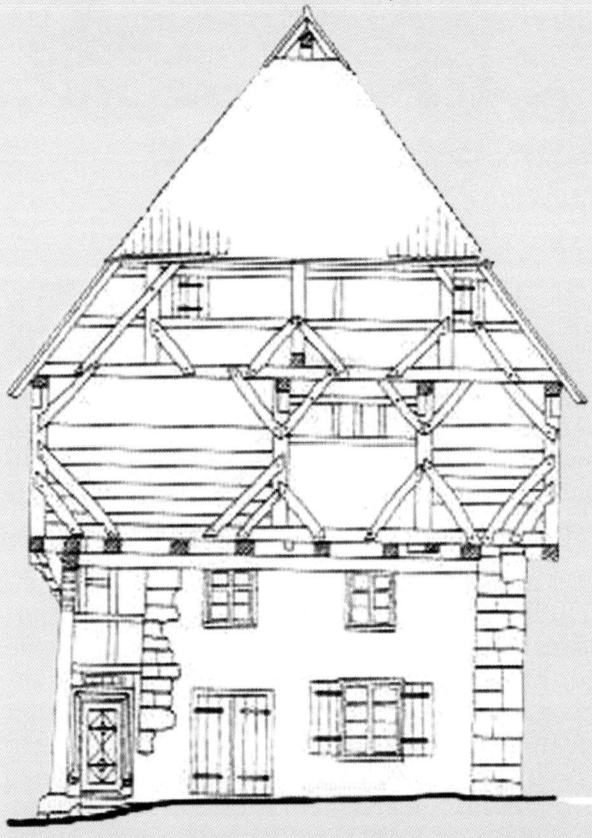

Schoberhaus in Pfullendorf aus dem 14.Jh. mit Oberstock in Ständerbohlenbauweise

der Ständerbohlenbauweise. Bei den Ständerbohlenbauten, die in wenigen Exemplaren auch in Mitgliedsstädten der Deutschen Fachwerkstraße noch erhalten sind, wurden zwischen die weit auseinandergestellten Ständer mit Nuten bis zu etwa 6 m lange Bohlen (Kanthölzer bis ca. 15 cm Dicke) eingefügt.

Bei den frühen Fachwerkbauten behielt man die weite Ständerstellung zunächst bei, weshalb zur ausreichenden Lastabtragung die Rähme verdoppelt werden mussten. Zu den weiteren Merkmalen gehören die Einzelaussteifung der Ständer mit bis zu 4 Kopf- und Fußbändern ebenso wie die zwischen die Ständer gespannten langen Riegel. Zwischen den Riegeln wiederum waren die Fenster angeordnet und schließlich wurden die Fußböden unmittelbar nach Fertigstellung eines Stockwerks aufgenagelt, sodass sie heute in der Fassade sichtbar sind.

Bis zur Mitte des 16. Jahrhunderts wurden als Holzverbindungen weitgehend Verblattungen ausgeführt. Die auch „auf Zug" beanspruchten Blätter neigten jedoch zum Reißen und deshalb wurden unter anderem 1568 die Blattverbindungen mit herzoglichen Bauordnungen verboten. Als wichtigste Holzverbindung setzten sich danach die Zapfenverbindungen durch. Um 1600 war auch im Süden das Bundsystem durchgängig eingeführt. Die Fachwerkgebäude wurden praktisch nur mit Unterschieden bei der Ausschmückung als Stockwerkskonstruktionen in Rahmenbauweise gleich den Bauten im mittleren Deutschland errichtet.

UMGEBINDEBAUTEN

Im Dreiländereck Polen, Tschechien und Deutschland mit den Regionen Schlesien, Böhmen und der Lausitz hat sich mit den Umgebindehäusern eine einzigartige geschlossene Hauslandschaft erhalten. Die Umgebindehäuser bestehen meist aus einem Erdgeschoss mit einem Massivteil und einer Blockstube, selten einem nur schmalen massiven Mittelteil und zwei Blockstuben. Die Blockstuben oder Blockbauteile sind von Umgebindesäulen umstellt, die das Obergeschoss aus Fachwerk oder einer Blockkonstruktion tragen. Wesentliches Merkmal ist ein in der Regel selbständiger Baukörper in Blockbauweise im Erdgeschoss sowie diesem vorgelagerte (Umgebinde-)Ständer, welche die Lasten eines oberen Geschosses und/oder des Daches direkt in das Fundament abtragen. Die Umgebindehäuser unterscheiden sich konstruktiv im Wesentlichen in Langständerumgebindebauten und Bauten mit nur erdgeschossigen Umgebindesäulen. Der entscheidende Unterschied – etwa analog der Geschoss- und Stockwerksbauweise – zwischen beiden besteht darin, dass beim Langständerumgebindebau der Umgebindeständer durchgehend vom Fundament bis zur Traufe ausgeführt ist und damit gleichzeitig im Obergeschoss die Funktion des Bundständers in der Fachwerkwand wahrnimmt. Bei den Umgebinden mit nur erdgeschossigen Umgebindesäulen sind diese nur ein Geschoss hoch ausgebildet und tragen ein Umgebinderähm, das dann seinerseits meist die Schwelle des konstruktiv getrennt aufgehenden Fachwerks des ersten Obergeschosses trägt.

Eine der jüngsten Mitgliedsstädte der Arbeitsgemeinschaft Deutsche Fachwerkstädte ist Ebersbach-Neugersdorf in Sachsen, ein Zentrum der Umgebindebauweise. Eine Regionalstrecke „Umgebindebauten" würde das touristische Spektrum des Fachwerks wesentlich erweitern.

Langständerumgebindebau

1 Langständer
2 Bohlenwand
3 Kreuzstreben, verblattet
4 Schwellriegel
5 Brustriegel
6 Geschoßriegel
7 Hangestiel
8 Dachbalken
9 Sparren
10 Aufschiebling
11 Fensterbekleidung

Erdgeschossige Umgebindekonstruktion

1 Sockelsteine
2 Säule
3 Bohlenwand
4 Knagge
5 Spannriegel
6a Rähm für Umgebinde
6b Rähm für Fachwerk
7 Schwelle
8 Ständer
9 Strebe
10 Brustriegel
11 Kopfriegel
12 Dachbalken
13 Sparren
14 Aufschiebling

Zeichnung: Irmgard Cieslak

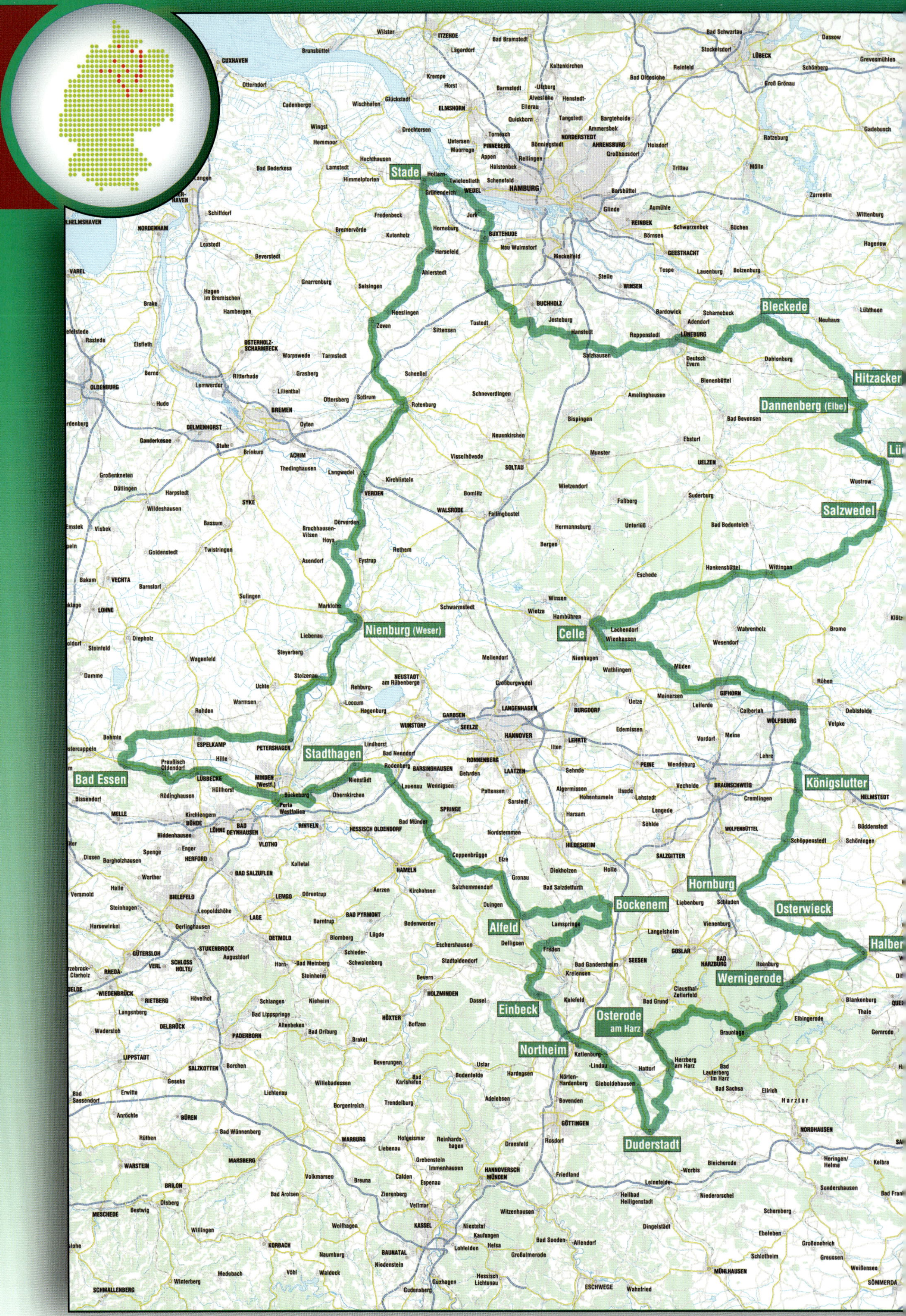
Stade
Bleckede
Hitzacker
Dannenberg (Elbe)
Salzwedel
Celle
Nienburg (Weser)
Bad Essen
Stadthagen
Königslutter
Hornburg
Osterwieck
Bockenem
Alfeld
Wernigerode
Einbeck
Osterode am Harz
Northeim
Duderstadt

VON DER ELBE ZUM HARZ

Diese Regionalstrecke der Deutschen Fachwerkstraße umfasst die Orte Stade · Nienburg · Bad Essen · Stadthagen · Alfeld · Bockenem · Einbeck · Northeim · Duderstadt · Osterode · Wernigerode · Halberstadt · Osterwieck · Hornburg · Königslutter am Elm · Celle · Salzwedel · Lüchow · Dannenberg · Hitzacker · Bleckede

Die Schönsten im Norden Niederdeutsches Fachwerk

Die nördliche Regionalstrecke der Deutschen Fachwerkstraße beginnt in Stade an der Elbe, nahe der Nordsee, führt nach Süden in das Weserbergland und dann in einem großen Bogen durch den Harz wieder nach Norden, um in Hitzacker, etwas südlich von Hamburg wieder die Elbmarschen zu erreichen. Vielfältig ist die Strecke, vielfältig die Landschaften und noch vielfältiger sind Fachwerkorte und –städte.

Von Stade im „Alten Land" führt die Strecke durch flache, reizvolle Landschaften der norddeutschen Tiefebene über Nienburg, Bad Essen, Stadthagen in die Mittelgebirge und damit in die Fachwerkstädte Alfeld, Bockenem, Einbeck, Northeim und Duderstadt. Weiter geht es dann durch den Harz mit vielen bewaldeten Streckenteilen nach Osterode, über Wernigerode, Halberstadt und Osterwieck – alles Städte mit dicht gedrängtem Fachwerk – nach Hornburg. Wieder in ebenen Landschaften mit Feldfluren und Weideflächen, führt die Strecke nach Königslutter und Celle, weiter über Salzwedel, Lüchow und Dannenberg und dann nach Hitzacker, nicht nur an die Elbe, sondern auch zu Deutschlands nördlichstem Weinberg und schließlich nach Bleckede.

Die Fachwerkgefüge der Städte auf der Strecke „Von der Elbe zum Harz" mit der Ausnahme des südlichsten Streckenabschnitts werden vom niederdeutschen Hallenhaus, ausgehend vom Zweiständerbau, geprägt. Zweiständerbauten besitzen ein inneres Gerüst aus Gebinden, die im Abstand von zwei bis drei Metern hintereinander stehen und jeweils aus zwei Ständern und einem Balken gefügt sind, den „Deelständern" und dem „Deelbalken", dabei ist Deele der Mundartausdruck für Diele.

Aus diesen Zweiständerbauten wurden – im Oberwesergebiet beginnend – Vierständerbauten entwickelt, deren Lasten über zwei innere Ständerreihen und die Außenwände abgetragen werden. Dabei werden die Häuser auch insgesamt größer und höher. In den Zwei- wie auch in den Vierständerbauten waren die Funktionen, Wohnung, Stallung und Erntelager unter einem Dach vereint. Nach der Straße waren dabei jeweils Diele und Stallungen orientiert, während die Wohnräume auf der Rückseite des Hauses lagen.

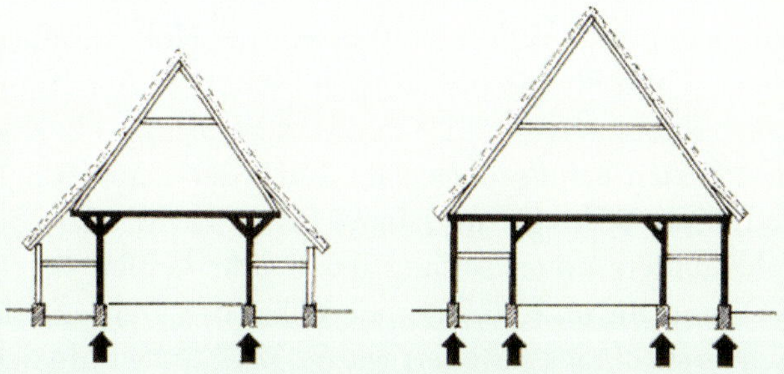

Die Entwicklung vom Zwei- zum Vierständerbau

Aus den Zwei-und Vierständerbauten der Dörfer wurden auch die städtischen Gebäude entwickelt, insbesondere wurden zusätzliche Stockwerke aufgesetzt. Dielen und Dielentore behielt man lange bei, die Wohnräume verlagerte man zur Straßenseite und baute vielfach sogenannte „Utluchten", meist einseitig, erkerartige, vollbefensterte Vorbauten, rechts oder links des Dielentores an. Insbesondere im 19. Jahrhundert und Anfang des 20. Jahrhunderts wurden auf dem Land und – wo noch nicht geschehen – auch in den Städten durch den Einbau zusätzlicher Zwischenwände die Funktionen mehr und mehr getrennt und weiter in den Städten die zunächst als Speicher dienenden Ober- und Dachgeschosse vielfach zu Wohnzwecken umgenutzt.

Die Entwicklung niederdeutschen Fachwerks in einer Wand dargestellt: Auf der linken Seite beginnend mit Fußbändern, Treppenfriesen und einem aufgeblatteten Riegel, in der Mitte Fächerrosetten (ab ca. 1530), Schiffskehlen und Taubänder und rechts barockes mit Ziegeln ausgefachtes und mit einer Zahnleiste geschmücktes Fachwerk

Insgesamt glänzt die Strecke mit einer außerordentlichen Fachwerkvielfalt.

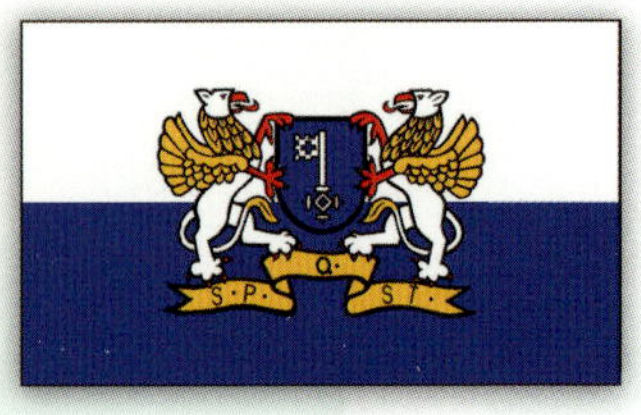

STADE

Einwohnerzahl: 46.000

Stadtteile: Stade, Bützfleth, Haddorf, Hagen, Wiepenkathen

Fläche: 110 km²

Lage: Mittelpunkt der Urlaubsregion Altes Land am Elbstrom

FRISCHER WIND IM NORDEN

STADT UND STADTGESCHICHTE

Eine über 1000 Jahre alte Geschichte hat die Hansestadt Stade geprägt. Das hat sie zu einer Stadt gemacht, die ihr historisches Erscheinungsbild bewahrt und in ausgewogener Form mit dem Neuen verbindet. Westlich der Hökerstraße, zwischen Pferde- und Fischmarkt, entstand schon im 8. Jahrhundert die erste Kaufmanns- und Handwerkersiedlung an einem langgestreckten Schiffsanlegeplatz. Nach der Zerstörung der Burg durch die Wikinger im Jahr 994 entwickelte sich seit dem 11. Jahrhundert unter Leitung der Stader Grafen die städtische Siedlung, die im 12. Jahrhundert über den Pferdemarkt und die Schwinge hinaus erweitert wurde. Bis 1200 wurde der gesamte heutige Altstadtkern mit Wall und Graben umgeben. 1209 erhielt Stade das Stadtrecht. In den Jahren des 13. Jahrhunderts übernahm der Rat die Leitung der städtischen Selbstverwaltung, die Stadt erhält das Münz- und Stapelrecht, baut das erste gotische Rathaus und gibt sich in den „Stader Statuten" 1279 eine eigene Verfassung. Die Eroberung der Stadt 1645 durch die Schweden verlieh Stade eine neue Bedeutung als Festung und Verwaltungszentrum.

Wo vor langer Zeit Schiffe entladen wurden, die Waren gewogen und verzollt auf ihren weiteren Weg warteten, findet man heute kleine Fachgeschäfte, gemütliche Kneipen und Cafés mit einladenden Sommerterrassen direkt am Wasser. Der Hansehafen inmitten der sehenswerten Altstadt mit dem Elbewer „Willi" oder der in Fußnähe gelegene Stadthafen mit dem Museumsschiff „Greundiek" und den dort anlegenden Booten der Sportskipper zeigen, dass die traditionelle Verbundenheit Stades mit Wasser und Schifffahrt fortgelebt wird.

SEHENSWERTES

- Rathaus · Hökerstraße · Bj. 1667/68 · zweiläufige Innentreppe mit Elementen des Barocks
- Museum Schwedenspeicher · Wasser West · Bj. 1705 · interaktive Ausstellung zum Thema Hanse
- Kunsthaus Stade · Wasser West · Bj. 1667 · wechselnde Ausstellungen mit Werken namhafter Künstler
- Baumhaus · Wasser Ost · Bj. 1774 · öffentlich zugängliche Privatsammlung Alt-Stade
- St. Johannis-Kloster · Bj.1672/73 · ehemaliges Franziskanerkloster
- Kirche St. Cosmae · 13. Jh. · Orgel von Berend Huß und Arp Schnitger
- Kirche St. Wilhadi · 14. Jh. · Orgel von Erasmus Bielfeldt

FESTE UND FEIERN

- Opernball (März)
- Frühjahrsmarkt (April)
- Trödelmarkt, Hansemahl (Mai)
- Altstadtfest (Juni)
- Lange Nacht, Winzerfest (Juli)
- Holk-Fest - Kulturfestival (August)
- Trödelmarkt, Herbstmarkt, Weinfest (September)
- Shantychor-Festival (Oktober)
- Weihnachtsmarkt (Dezember)

Deutsche **Fachwerk** Straße

Auskünfte

STADE Tourismus-GmbH
Tourist-Information am Hafen
Hansestraße 16
21682 Stade
Tel. 04141.409170
Fax 04141.409150
www.stade-tourismus.de

Fachwerkhäuser am Hansehafen

NIENBURG

Einwohnerzahl: 32.000
Stadtteile: Erichshagen-Wölpe, Holtorf und Langendamm
Fläche: 64,45 km^2
Lage: Mitten in Niedersachsen im Städtedreieck Minden, Hannover und Bremen

STADT UND STADTGESCHICHTE

Nienburg an der Weser ist eine historische Stadt am Fluss mit einer über 1000-jährigen Geschichte. Erstmals im Jahr 1025 urkundlich erwähnt, soll der Mindener Domherr Milo seine Nienburger Güter der Mindener Kirche geschenkt haben. Nienburg bedeutet Neue Burg, folglich muss hier schon einige Zeit zuvor, zum Schutz des Weserübergangs, eine Burg gestanden haben. Im Schutze derselben entstand eine Siedlung, die in einer Urkunde des Loccumer Archivs aus dem Jahr 1313 bereits als „civitas", die Stadt, bezeichnet wird. Um 1215 gelangt Nienburg in den Besitz des Grafen Heinrich I. von Hoya. Als das Adelsgeschlecht 1582 ausstirbt, fallen seine Güter an die welfischen Herzöge von Braunschweig-Lüneburg. Der 30-jährige Krieg bringt Belagerung und Zerstörung. Nienburg wird zu zwei Dritteln zerstört und wieder aufgebaut. Die erste Steinbrücke über die Weser wird 1715 errichtet, 1803 besetzen die Franzosen die Stadt, Napoleon lässt 1808 die Festungsanlagen schleifen. Nach dem Abzug der Franzosen 1813 kommt der Aufschwung, 1847 wird die Bahnlinie Bremen-Nienburg-Hannover als einer der ersten Schienenwege Norddeutschlands eröffnet.

Die alten Wallanlagen bieten den Gästen der Stadt heute einen „grünen" Spazierweg rings um die Innenstadt. Diese glänzt durch sorgfältig restaurierte Gebäude, gepflegte Wohn- und Geschäftshäuser und vielfältiges Fachwerk. Individuelle Fachwerkarchitektur präsentiert sich in vorkragenden Giebeln, vielfältiger Ornamentik und geschnitzten Balkeninschriften. Über 500 Jahre Stadtgeschichte lassen sich so an Fachwerkfassaden ablesen und zeigen ein charaktervolles Erscheinungsbild in liebenswerter Idylle.

SEHENSWERTES

- Nienburger Bärenspur · 3,3 km Rundweg durch die Altstadt
- Rathaus, Lange Straße 24 · Marktplatz 1 · gebaut ab 16. Jh. mit zweigeschossigem Fachwerkbau und vorgeblendeter Weser-renaissance-Sandsteinfassade
- Pfarrkirche St. Martin · Kirchplatz · romanische Backsteinkirche · 1441 geweiht
- Posthof · Georgstr. 22 · ehemaliger Burgmannshof · ehem. kurfürstliche und Königlich-Hannoversche Post mit Posthalterei
- Patrizierhaus des Gödeke Schünemann · Lange Str. 41 · Fachwerkgebäude Bj. 1541 vierfach vorkragend straßenseitiger Giebel
- Fachwerk in der Weserstraße · Marktplatz · Burgmannshöfe · Ackerbürger- und Patrizierhäuser
- Museen: Regionalmuseum · Spargelmuseum · Polizeimuseum
- Theater auf dem Hornwerk · Nienburger Kulturwerk
- Nienburger Schnitzstube und Freizeitschule
- Personenfahrgastschifffahrt Flotte Weser

FESTE UND FEIERN

- Nienburger Spargelfest und Spargellauf (Mai)
- Scheibenschießen mit großem Pellkartoffelessen (Juni)
- Theaterfest (August)
- Altstadtfest (September)

Zertifizierte Gästeführer

Deutsche **Fachwerk** Straße

Auskünfte

Mittelweser-Touristik GmbH
Lange Straße 18
31582 Nienburg
Tel. 05021.917630
Fax 05021.9176340
www.mittelweser-tourismus.de
info@mittelweser-tourismus.de

Schriftbalken (1610)
am Marktplatz

BAD ESSEN

Einwohnerzahl: 15.000
Ortsteile: Barkhausen, Brockhausen, Büscherheide, Dahlinghausen, Eielstädt, Harpenfeld, Heithöfen, Hördinghausen, Hüsede, Linne, Lintorf, Lockhausen, Rabber, Wehrendorf, Wimmer, Wittlage
Fläche: 103 km² · Lage: Zwischen Wiehengebirge und Norddeutscher Tiefebene in der VarusRegion des Osnabrücker Landes

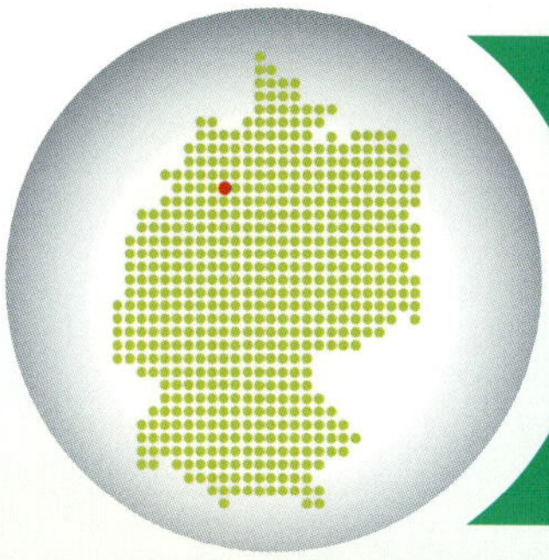

STADT UND STADTGESCHICHTE

Schon vor mehr als 140 Millionen Jahren gab es Leben in Bad Essen – davon zeugen die Dinosaurierspuren im sieben Kilometer entfernten Ortsteil Barkhausen. 1057 wird der Hof Essen des Bischofs von Osnabrück erstmals urkundlich genannt. 1359 wurde die heutige „Alte Mühle", Teil des Essener Meyerhofes, als Lehen des Bischofs von Osnabrück erwähnt. In Bad Essen erlebt der Gast aktiv Historie: In der „Alten Wassermühle" wird vom Müller Korn geschrotet, in der Harpenfelder Dorfschmiede kann man den Schmieden auf die Finger sehen und selber schmieden. Im Künstler-Atelier „Alter Bahnhof" finden Malkurse im Fachwerk statt. Spannende Erlebnisse versprechen historische Orts-, Holunder- und Soleführungen und auch der „Weg der Sinne" ist eine Reise nach Bad Essen wert. Der Kurort hat eine ungewöhnlich hochkonzentrierte Sole mit über 31% Salzgehalt. Das runde Gradierwerk mit einer speziellen Sole-Vernebelung im Innenraum ist immer frei zugänglich, ein idealer Raum für Atemtherapie.

Eine Wohlfühltherapie für Fachwerkfreunde ist die ganze Fachwerkstadt. „Das Kleine Haus" auf dem Kirchplatz wurde als zweigeschossiger Fachwerkspeicher im Jahr 1663 auf älteren Mauerresten errichtet. Die weit auskragende Giebelfassade auf profilierten Knaggen ist am Kleinen Haus besonders reizvoll in Szene gesetzt. Und auch die Alte Apotheke in der Nikolaistraße mit ihrer komplett erhaltenen Apothekeneinrichtung aus der 1. Hälfte des 19. Jahrhunderts ist einen Besuch wert. Bad Essen hat für alle Sinne etwas zu bieten. Auch die herzhaft bodenständige Spezialität „Kartoffelplate", das regionale Gericht der VarusRegion des Osnabrücker Landes, zu der Bad Essen gehört, passt einfach gut zum Fachwerk.

SEHENSWERTES

- Alte Wassermühle · mit Mahlvorführungen
- „Alte Apotheke" mit kompletter Apothekeneinrichtung aus der ersten Hälfte des 19. Jh.
- Schafstall · Kunstausstellungen an der Bergstraße
- Das Kleine Haus auf dem historischen Kirchplatz · 3-stöckiger Fachwerkspeicher mit historischen Fliesentableaus heute Café · Restaurant · www.kleineshaus.de
- Zahlreiche Fachwerkbauten in den 16 zu Bad Essen gehörenden bäuerlich geprägten Ortschaften
- Schloss Ippenburg · international bekannte Gartenfestivals, Familie von dem Bussche · www.ippenburg.de
- Schloss Hünnefeld mit dem Café Alte Rentei, Familie von dem Bussche · www.huennefeld.de

FESTE UND FEIERN

- Ippenburger Schloss- und Gartenfestivals
- Culinaria – Genießen auf dem historischen Kirchplatz (Juni)
- „Historischer Markt" (Ende August)
- „Himmel und Erde" in der historischen Nikolaistraße (Oktober)
- „Kulturkanapees" (Oktober)
- Bad Essener Literatur- und Musiktage (November)
- Weihnachtsmarkt (1. Adventswochenende)

Deutsche **Fachwerk** Straße

Auskünfte

Kur- und Verkehrsverein Bad Essen e. V.
Lindenstr. 25
49152 Bad Essen
Tel. 05472.94920
www.badessen.info
touristik@badessen.de

Kirchplatz 8

STADTHAGEN

Einwohnerzahl: 22.220
Stadtteile: Brandenburg, Bruchhof, Enzen, Habichhorst, Hobbensen, Hörkamp-Langenbruch, Krebshagen, Obernwöhren, Probsthagen, Reinsen
Fläche: 60,27 km²

STADT UND STADTGESCHICHTE

Um 1220 vom Schaumburger Grafen Adolf III. von Holst gegründet, wurde der Ort im 16. und 17. Jh. Residenzstadt. Es war die Epoche der Weserrenaissance, als Stadthagen eine besondere Blütezeit erlebte. Viele herausragende Bauwerke zeugen noch heute davon. Einzigartig in der europäischen Kunstgeschichte ist das siebeneckige Mausoleum des Fürsten Ernst von Holstein-Schaumburg mit seinem filigranen Marmor- und Bronzegrabmal. Das Stadthäger Renaissance-Schloss aus dem Jahr 1534 ist seines Zeichens das älteste und bedeutendste Baudenkmal dieser Epoche in Niedersachsen. Sehenswert im Museum Amtspforte, dem einstigen Gerichts- und Verwaltungsgebäude von 1553, sind die Exponate zum ehemaligen Stadt- und Wirtschaftsleben sowie zur Schaumburger Kulturgeschichte.

Zu den besonderen Schmuckstücken zählt auch der Stadtgarten, eine barocke Gartenanlage, nur wenige Gehminuten vom Stadtkern entfernt. Das Ensemble von Freiflächen, aufwendig gestalteten Pflanzbeeten, Wasserspielen und altem Baumbestand schafft eine stimmungsvolle Atmosphäre und lädt zum Entspannen ein. Das in einem Teich auf Pfählen errichtete Lustschlösschen wurde 1685 erstmals erwähnt, heute ist es Café und urgemütlich. Über diese und andere Besonderheiten wissen Gästeführer viel zu erzählen, aber die Stadt kann auch auf eigene Faust auf einem historischen Stadtrundgang erkundet werden. Dienstags, donnerstags und samstags gibt es auf dem historischen Marktplatz einen wunderbaren Wochenmarkt. Üppig und liebevoll sind die Angebote, frisch und gesund, bunt und vielfältig, wie Bewohner und Gäste es schätzen. Und nach dem Markt geht's ins Straßencafé, denn auch von dort aus bietet sich der Blick auf das geschäftige Treiben im Herzen der Stadt.

SEHENSWERTES

- Historisches Rathaus · Am Markt1 · Anfang des 17 Jh. im Stil der Weserrenaissance errichtet
- Haus „Zum Wolf" · Am Markt 8 · 1573 · zeigt die ganze Fülle zeitgenössischer Ornamente
- Fachwerkhaus Am Markt 21 · 1647 · Verwendung von „Beschlagwerk" an Balken und Brüstungsplatten Fachwerkhaus Niedernstraße 48 · 1581 · üppiger, aber dennoch dezenter Schmuck
- Goldener Engel · Obernstraße 8 · 1685 · barocke Verzierungen zeigen gewundene Säulen und Rankwerk
- Amtspforte · Obernstraße 32a · 1553 · verschwenderische Pracht einer herrlichen Holzarchitektur an den Füllungen und Ständern

FESTE UND FEIERN

- Frühjahrskrammarkt (März)
- Maifest (Mai)
- Historisches Schützenfest (Juni)
- Romantic Garden - Lichterfest - Tage der Weserrenaissance (August)
- Herbstkrammarkt (Oktober)
- Stadthagen zeigt dir die Sterne (November)
- Weihnachtsmarkt (Dezember)

Deutsche **Fachwerk** Straße

Auskünfte

Tourist-Information Stadthagen
Am Markt 1 · 31655 Stadthagen
Tel. 05721.925065 · Fax 05721.925055
touristinfo@stadthagen.de
www.stadthagen.de
www.facebook.com/stadthagen.de

Haus „Zum Wolf“

ALFELD (LEINE)

Einwohnerzahl: 20.000

Ortsteile: Brunkensen, Dehnsen, Föhrste, Eimsen, Gerzen, Hörsum, Imsen, Langenholzen, Limmer, Lütgenholzen, Röllinghausen, Sack, Warzen, Wettensen und Wispenstein

Fläche: 72,88 km² · Lage: In Niedersachsen, auf halber Strecke zwischen Hannover und Göttingen im landschaftlich reizvollen Leinetal

„... VOLLER IDEEN UND ENGAGIERT"

STADT UND STADTGESCHICHTE

Zwischen 1221 und 1258 erhielt Alfeld die Stadtrechte. In den folgenden Jahrhunderten erlebte die Handelsstadt einen wirtschaftlichen Aufschwung, der um 1600 in einer regen Bautätigkeit gipfelte. Das prachtvolle Rathaus im Stil der Weserrenaissance, das ehemalige Lateinschulgebäude und einige Bürgerhäuser legen noch heute Zeugnis davon ab. Da viele Bauten aus der Zeit des Spätmittelalters und der Frühen Neuzeit im Jahr 1846 einem Stadtbrand zum Opfer fielen, stammen die meisten der heute noch vorhandenen Fachwerkhäuser aus der Mitte des 19. Jahrhunderts. Unbedingt sehenswert ist die ehemalige Lateinschule. Das freistehende Fachwerkgebäude ist ringsherum mit figürlichen Schnitzereien geschmückt, die in ihrer Gesamtheit das humanistisch-reformatorische Bildungskonzept zu Anfang des 17. Jahrhunderts wiedergeben. In unmittelbarer Nachbarschaft der Lateinschule liegen am Kirchhof die gotische Stadtkirche St. Nicolai, das mittelalterliche Kellergewölbe der ehemaligen Ratsbadestube und das Tiermuseum, nur wenige Minuten entfernt der Marktplatz mit dem Rathaus. Hier gibt es gute Gelegenheit, bei Essen und Trinken zu verweilen und dem städtischen Treiben zuzuschauen. Entlang des Warnelaufes erreichen die Besucher die Leinstraße zum Bummeln und Einkaufen. Die abwechslungsreiche Hügellandschaft rund um Alfeld lädt zum Wandern und Radfahren ein.

Zu jeder Jahreszeit entfaltet das Leinebergland seine große Naturschönheit. Das Fagus-Werk ist zwar kein Fachwerkgebäude, aber Weltkulturerbestätte. Die 1911 von Walter Gropius entworfene Schuhleistenfabrik setzte weltweit Maßstäbe für modernes Bauen und ist 2011 von der Unesco zum Weltkulturerbe ernannt worden.

SEHENSWERTES

- Rathaus · Marktplatz 1 · ursprünglich gotisch · 1584/85 umgebaut im Stil der Weserrenaissance
- Ehemalige Lateinschule · Am Kirchhof 5 · Bauzeit: 1610-12 · reicher Figurenschmuck (Stadtmuseum)
- Tiermuseum · Am Kirchhof 4 · ausgestopfte exotische Tierpräparate · letzte Zeugnisse zweier ehemals weltweit tätigen Alfelder Tierhandelsunternehmen
- St. Nicolai · Am Kirchhof · gotische Hallenkirche mit einem Triumphkreuz aus dem 13. Jh.
- Fillerturm · Ständehausstraße 1 · Wehrturm aus dem 14. Jh.
- Bürgerschänke · Winde 17 · ehemalige Schuhmacherherberge · Bj. um 1556
- Planetenhaus · Seminarstraße 16 · Bj. 1608 · Bürgerhaus mit reich geschnitztem Figurenschmuck
- Fagus-Werk · Hannoversche Straße 58 · 1911 entworfen von Walter Gropius · Weltkulturerbe

FESTE UND FEIERN

- UNESCO-Welterbetag (1. Sonntag im Juni)
- Stadtfest (3. Sonntag im September)
- Jahrmarkt (Anfang Dezember)

Deutsche **Fachwerk** Straße

Auskünfte

Bürgeramt
Marktplatz 1
31061 Alfeld
Tel. 05181.703111 · Fax 05181.703222
buergeramt@stadt-alfeld.de
www.alfeld.de

Lateinschule

BOCKENEM

Einwohnerzahl: 10.200
Stadtteile: Bockenem, Bönnien, Bornum am Harz, Bültum, Groß- und Klein Ilde, Hary, Jerze, Königsdahlum, Mahlum, Nette, Ortshausen, Schlewecke, Störy, Upstedt, Volkersheim, Werder, Wohlenhausen · Fläche: 109 km²
Lage: Mitten im südniedersächsischen Bergland

STADT UND STADTGESCHICHTE

Eine liebenswerte Klein- und zugleich anmutige Fachwerkstadt – das ist das zwischen Hildesheim und Seesen am Harz, inmitten des südniedersächsischen Berglandes gelegene Bockenem. Ein vielseitig entwickeltes Gewerbe, ein breitgefächerter Handel und der Bezug zu den 17 umliegenden Dörfern des fruchtbaren Ambergaubeckens bildeten über Jahrhunderte hinweg das wirtschaftliche Fundament.

Um das Jahr 1300 mit Stadtrecht ausgestattet, gehörte Bockenem ab dem 14. Jahrhundert zu den niedersächsischen Hansestädten. Der große Marktplatz und die bestimmende gotische St. Pankratius-Kirche geben noch heute ein Zeugnis von der hochmittelalterlichen Blütezeit.

Der 30-jährige Krieg und drei verheerende Stadtbrände, von denen der des Jahres 1847 über 90 Prozent des gesamten Gebäudebestandes einäscherte, brachten in der weiteren Entwicklung einschneidende Rückschläge, von denen die Stadt sich stets wieder erholte. Nach dem schweren Brand von 1847 wurde die gesamte Altstadt innerhalb von fünf Jahren wieder aufgebaut, und zwar in der Fachwerkbauweise, wie sie in jener Zeit üblich war.

Ausnahmen bilden hier ein Teil der südwestlichen Altstadt, der die malerischsten Winkel Bockenems besitzt und die aus dem Jahre 1523 stammende historische Superintendentur (Tillyhaus) die den Brand überstanden haben. Ansonsten datiert der gesamte Fachwerkbestand der Stadt aus der Zeit nach 1847. Das dennoch weitgehend geschlossene Bild vermittelt in seiner Architektur sehr anschaulich die Art und Weise, wie man in einer Ackerbürgerstadt lebte, wohnte und wirtschaftete. Bockenem ist eine Fachwerkstadt, die man gesehen haben muss und auch die Stadtteile sind eine Reise wert.

SEHENSWERTES

- St. Pankratius Kirche · am Buchholzmarkt · mit Engelhardt Orgel
- Turmuhrenmuseum · Buchholzmarkt 21
- Tillyhaus · Kirchhof 2 · hinter St. Pankratius
- Straßenzüge „Im Winkel"

FESTE UND FEIERN

- Bockenemer Hansetage (ungerade Jahre, am 2. Wochenende im Mai – Tag der Hanse)

Deutsche **Fachwerk** Straße

Auskünfte

Stadt Bockenem · Buchholzmarkt 1 · 31167 Bockenem
Tel. 05067.2420
info@bockenem.de

Führungen mit dem Herold und dem Kräuterweib:
Tel. 05067.249240

Tillyhaus

EINBECK

Einwohnerzahl: 33.893
Ortschaften: 49
Fläche: 231,31 km²
Lage: Im Süden Niedersachsens zwischen Harz und Solling gelegen

STADT UND STADTGESCHICHTE

Einbeck, die Urheimat des Bockbiers, ist eine der schönsten Fachwerkstädte Deutschlands, ein Kleinod mittelalterlicher Baukunst. Über 400 reich verzierte und farbenprächtige Fachwerkhäuser gibt es in der Stadt zu bestaunen. Die Häuser stammen alle aus der Zeit nach dem großen Brand von 1540 und zeugen von dem ehemaligen Reichtum Einbecks. Um 1600 gab es in der Stadt 742 Bürger-Brauhäuser, diese farbenprächtigen Gebäude mit ihren großen, rundbogigen Toreinfahrten prägen noch heute das Bild der Altstadt.

Die markantesten Bauwerke sind das Alte Rathaus mit seinen drei Türmen, das Wahrzeichen von Einbeck sowie das Eickesche Haus. Es ist einer der schönsten Fachwerkbauten Deutschlands, dokumentiert höchste künstlerische Qualität hölzerner Bauplastik. Auf zahlreichen Bildtafeln hat ein unbekannter Künstler wesentliche Bereiche der christlich-humanistischen Bildung dargestellt. „Der beste Trank, den einer kennt, wird Einbecker Bier genennt", schwärmte schon Martin Luther auf dem Reichstag zu Worms im Jahr 1521. Tatsächlich hatte Einbeck seinen Reichtum zu dieser Zeit der Braukunst zu verdanken. Die heimischen Brauer erfanden schon im 13. Jahrhundert die Methode, das süffige, aber schnell verderbende Getränk durch Hopfung geschmacklich anzureichern und haltbarer zu machen. Doch Einbeck bietet noch viel mehr: Radsportbegeisterte etwa dürfen einen Besuch im „RadHaus", dem modernsten Fahrradmuseum Deutschlands im Einbecker StadtMuseum, nicht versäumen. Neben historischen Fahrrädern – wie dem kleinsten fahrbaren Rad der Welt oder dem legendären Hochrad – gibt es die technische Entwicklung der Zweiräder zu bestaunen.

SEHENSWERTES

- Gesamte historische Altstadt mit über 400 Fachwerkhäusern
- Tiedexer Straße: 250 Meter geschlossene Fachwerkzeile
- Brodhaus · Bj. 1552
- Rats-Apotheke · Bj. 1590
- Stadtmauer mit Wall und Graben · ein Drittel der Stadtmauer bis heute erhalten
- Stiftskirche St.-Alexandri · mit dem ältesten datierten Chorgestühl Deutschlands von 1288
- PS. Speicher (voraussichtlich Sommer 2014 – nähere Informationen bei der Tourist-Information)

FESTE UND FEIERN

- Osterklöben (Ostersamstag)
- Einbecker Eulenfest (2. Oktoberwochenende)
- Einbecker Weihnachtsmarkt (November bis Dezember)
- MusicNight (September)
- Des Weiteren bietet der Kultur-Ring Einbeck ein vielseitiges und buntes Kultur- und Unterhaltungsprogramm mit Schauspiel, Konzerten, Kabarett und Comedy sowie Kleinkunstveranstaltungen
- Weitere Feste und Veranstaltungen finden Sie im Veranstaltungskalender der Einbeck Marketing GmbH unter www.einbeck-marketing.de

Deutsche **Fachwerk** Straße

Auskünfte

Einbeck Marketing GmbH
Tourist-Information
Marktstraße 13 · Eickesches Haus
37574 Einbeck
Tel. 05561.31319-10
Fax 05561.31319-19
touristinfo@einbeck-marketing.de
www.einbeck-marketing.de/tourismus

Tiedexer Straße

NORTHEIM

Einwohnerzahl: 30.000
Ortsteile: Berwartshausen, Bühle, Denkershausen, Edesheim, Hammenstedt, Hillerse, Höckelheim, Hohnstedt, Hollenstedt, Imbshausen, Lagershausen, Langenholtensen, Schnedinghausen, Stöckheim, Sudheim
Fläche: 145,7 km²
Lage: Mitten in Deutschland, zwischen Harz und Weser

FACHWERK. MASKEN. SEENPLATTE

STADT UND STADTGESCHICHTE

Northeim und Masken - dazu gehört ganz sicher das „Theater der Nacht". Es ist das vielleicht schönste, außergewöhnlichste und schrägste Haus in Northeim. Dieses Haus und seine Bewohner lieben traumhafte Geschichten und wundersam skurrile Figuren. Die Unebenheiten der Fassade stellen Nasen dar, die den Hausgeistern Ein- und Ausgang ermöglichen. Die Fenster-Augen oder Augen-Fenster halten Ausschau. Wonach? Nach dem für das Stadtbild typischen Fachwerk. Alte Fachwerkhäuser reihen sich entlang der Straßen der Innenstadt, Gebäude des ehemaligen Klosters laden zum Verweilen ein, die Wallanlagen mit der gut erhaltenen Stadtmauer und Wehrtürmen runden das historische Bild ab. Boutiquen, Fachgeschäfte und das lichtdurchflutete City-Center bieten attraktive Angebote. Viele günstige Parkmöglichkeiten und kurze Wege machen das Einkaufen und Genießen in Northeim zum Vergnügen. Auch die Anreise ist kein Problem: Zwei Abfahrten von der BAB 7 und der stadtnahe Bahnhof bieten mehrere Möglichkeiten des Ankommens.

Die Northeimer Seenplatte mit ihren großen und kleinen Seen verändert durch den anhaltenden Kiesabbau täglich ihr Gesicht und wird sich in den nächsten Jahren zu einem Freizeit- und Naturparadies entwickeln. Radwanderer können auf idyllischen Wegen die Seenplatte und den Leinepolder umrunden, Freizeitkapitäne machen eine Tretboot-Tour, Vogelfreunde können mehr als 170 Vogelarten, wie Kormorane, Eisvögel, Seidenreiher und Fischadler zu Gesicht bekommen. Ein Uferweg am See Nr. 1 bietet Ruheplätze, Schautafeln und herrliche Aussichten aufs Wasser. In Northeim, der Stadt des Fachwerks, der Masken und der Seenplatte, ist jeder herzlich willkommen.

SEHENSWERTES

- Reddersen-Haus (Touristinformation) · Am Münster 6 · Bj. 1420
- Northeimer Heimatmuseum mit 17.000 Münzen · Am Münster 32/33 Kloster Sankt Blasien · 11. Jh.
- St. Sixti Kirche · spätgotische Hallenkirche mit gedrehtem Kirchturm und Gloger-Orgel
- Alte Wache auf dem Marktplatz ·
- Fachwerkgebäude · 18. Jh.
- Kassebeersches Haus · Breite Straße · Bj. 1566 · im spätgotischen Stil
- Entenmarkt mit Rumannschem Haus · Bauzeit 1768 bis 1780 · Rokoko-Fachwerk
- Fußgängerzone mit Fachwerkhäusern
- Theater der Nacht · Figurentheater mit „wundersamen" Gestalten · Obere Straße 1
- Northeimer Seenplatte
- Northeimer Mittelwald
- Leine-Heide-Radweg
- Rhume-Leine-Erlebnispfad

FESTE UND FEIERN

- Northeimer Frühlingserwachen (März)
- NOM MOT (Mai)
- „Northeim is(s)t gut" – (Juni)
- „Northeimer Weinfest" (Juli)
- „Northeimer Klostermarkt" (3. Septemberwochenende)
- „Northeimer Weihnachtsmarkt" (November/Dezember)

Deutsche **Fachwerk** Straße

Auskünfte

Northeim Touristik
Am Münster 6 · Reddersen-Haus
37154 Northeim
Gruppen- und öffentliche Stadtführungen
Tel. 05551.913066
Fax 05551.913067

www.northeim-touristik.de
info@northeim-touristik.de

Kirchstraße

DUDERSTADT

Einwohnerzahl: 21.317
Stadtteile: Duderstadt, Breitenberg, Brochthausen, Desingerode, Esplingerode, Fuhrbach, Gerblingerode, Hilkerode, Immigerode, Langenhagen, Mingerode, Nesselröden, Tiftlingerode, Werxhausen, Westerode · Fläche: 95,62 km^2
Lage: Im Eichsfeld - der grenzenlosen Landschaft in Niedersachsen und Thüringen, in der Mitte Deutschlands, inmitten der Urlaubsregionen Harz, Thüringer Wald, Leine- und Weserbergland

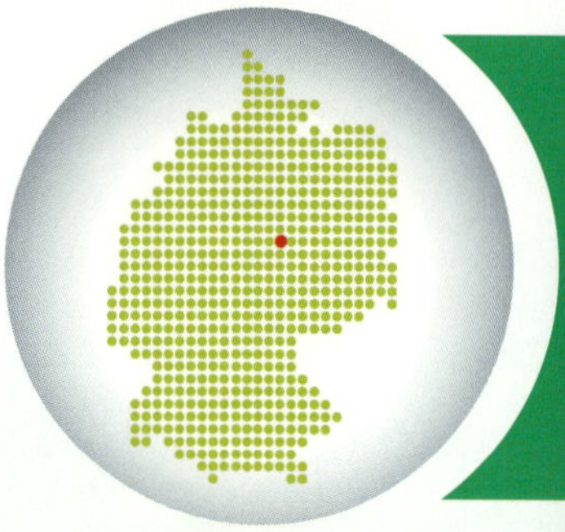

STADT UND STADTGESCHICHTE

Duderstadt, erstmals im Jahre 929 als „tuterstedti" in einer Urkunde König Heinrichs I. erwähnt, zählt zu den schönsten Fachwerkstädten Deutschlands. Das einmalige Stadtbild – die alten Straßen und Gassen verlaufen auch heute noch fast so wie vor über 700 Jahren – wird von mehr als 600 farbenfrohen traufenständigen Fachwerkhäusern der verschiedenen Stilepochen geprägt. Seine Blütezeit verdankt Duderstadt der zentralen Lage an den großen Handels- und Heerstraßen. Schon zu Beginn des 15. Jahrhunderts hatte Duderstadt 4.500 Einwohner und war damit fast so groß wie Hamburg in jenen Tagen.

Stolz überragen auch heute noch die Türme der St.-Cyriakus- und der St.-Servatius-Kirche die Dächer der Stadt. Gemeinsam mit dem Rathaus (1302), dem Westerturm und der Liebfrauenkirche des Ursulinenklosters bilden sie die unverwechselbare Silhouette Duderstadts. Das Duderstädter Rathaus, einst als „Kophus" (Kaufhaus) erbaut, diente den Händlern als Marktplatz und war Mittelpunkt städtischen Lebens. Heute ist es attraktives touristisches und kulturelles Zentrum, mit einem über neun Ebenen führenden Rundgang, der eine Zeitreise von der „Folterkammer" im Gewölbe bis hoch zu den Fledermäusen und in den Aussichtsturm zulässt. Imposant ist auch der Westerturm mit seiner schraubenartig gedrehten Spitze. Zusammen mit Warten, Wall und Mauer gehörte das alte Stadttor zum ausgeklügelten mittelalterlichen Befestigungssystem unserer Stadt. Ein Muss ist der Besuch der Ausstellung „Stadtluft macht frei". Der Stadtpark mit den Bürgergärten, die Freiflächen der Landesgartenschau Duderstadt und der 3,3 Kilometer lange Ringwall, der die Altstadt wie ein grüner Gürtel umschließt, sind willkommene Rückzugsräume für Mensch und Natur.

SEHENSWERTES

- Das Rathaus „1302" · Folterkammer · Turmstube · Touristinfo · Marktstr. 66
- St.-Cyriakus-Kirche „1247" · dreischiffige Hallenkirche · Marktstraße
- St.-Servatius-Kirche „1370" mit Arend-Orgel · Marktstraße
- Westerturm-Ensemble „1424" · Ausstellung „Stadtluft macht frei" · Spiegelbrücke
- Ursulinenkloster „1700" mit Liebfrauenkirche · Neutorstraße 9
- „Tabaluga-Haus" „1620" · Marktstraße 84
- Heinz Sielmann Natur-Erlebniszentrum auf Gut Herbigshagen
- Grenzlandmuseum Eichsfeld am ehem. Grenzübergang Duderstadt Worbis

FESTE UND FEIERN

- Fastnachtsmarkt - Mi. und Do. nach Aschermittwoch
- Frühlingsmarkt – 2. Wochenende im April
- Eichsfelder Gartenmarkt – 1.Wochenende im Mai
- Traditioneller Schüttenhof - 2. Wochenende im Juli
- Apfel- und Birnenmarkt – 1. Wochenende im Oktober
- Eichsfelder Wurstmarkt – 2. Wochenende im November
- Martinimarkt – Mi. und Do. nach Buß- und Bettag
- Weihnachtstreff am Rathaus – Im Advent

Deutsche **Fachwerk** Straße

Auskünfte

Gästeinformation Duderstadt
Rathaus Marktstraße 66
37115 Duderstadt
Tel. 05527.841-200 oder 841-214 · Fax 841-201
info@duderstadt.de
www.duderstadt.de

Rathaus

OSTERODE AM HARZ

Einwohnerzahl: 25.600

Stadtteile: Dorste, Düna, Förste, Nienstedt, Freiheit, Lasfelde, Petershütte, Katzenstein, Lerbach, Marke, Riefensbeek-Kamschlacken, Schwiegershausen, Ührde

Fläche: 102,5 km²

Lage: Am südlichen Harzrand

STADT UND STADTGESCHICHTE

Als einstige Residenzstadt der Herzöge von Braunschweig-Grubenhagen wurde Osterode bereits um 1100 nach Christus als „Villa Opulentissima" (blühender Ort) bezeichnet. In dieser Zeit stand auch schon die Burg, deren Reste heute zu einem der größten Bergfriede Mitteleuropas zählen. Auf dem Bergsporn zwischen Sösetal und Lerbachtal diente sie der Sicherung der Harzstraße, des Übergangs über das Flüsschen Söse und der Siedlung. Seit 1486 war die Burg Witwensitz der Herzogin Elisabeth von Braunschweig-Grubenhagen, ab 1512 war die Burg nicht mehr bewohnt.

Während Stadtmauer und Mühlengraben Zeugnisse der mittelalterlichen Geschichte sind, zeugt der gewaltige Barockbau des Harzkornmagazins an der Söse von der Bedeutung des Bergbaus im Oberharz. Sehenswürdigkeiten und Zeugnisse bürgerlicher Stadtkultur finden Sie in Osterode reichlich. Die historische Altstadt mit ihren beeindruckenden Fachwerkhäusern und der imposanten St. Aegidienkirche bilden eine eindrucksvolle Kulisse. Buntes Fachwerk reiht sich harmonisch aneinander. Jahrhundertealte Bürgerhäuser säumen die Straßen. „Osterode bewegt" – zu jeder Jahreszeit. Ob im Erlebnisbad, bei Segway-Touren, Kutschfahrten, Verführungs-Touren, im Theater, Kabarett oder bei Konzerten. Den Reisenden stehen zwei schöne Wohnmobilstellplätze mit Ver- und Entsorgungsstationen zur Verfügung. Die weitläufige Fußgängerzone mit ihren historischen Wirtshäusern, Straßencafés und vielen Geschäften lädt zum Einkaufsbummel und gemütlichen Verweilen ein.

SEHENSWERTES

- Harzkornmagazin · 1719 bis 1722 errichtet
- Museum im Ritterhaus
- Ritterhaus mit dem über den Rollberg wachenden Ritter
- Das „Alte Rathaus" · Bj. 1552
- St. Jacobi Schlosskirche
- Epitaph aus dem 17. Jh. in der St. Jacobi Schlosskirche
- Schachtrupp-Villa „Kaffeemühle"
- Stadtbibliothek im ehemaligen Luisen-Lyzeum
- Alte Burg auf dem Bergsporn zwischen Sösetal und Lerbach
- St. Marienkirche
- Kommandantenhaus
- Rinnesches Haus aus dem Jahre 1610
- Jornscher Kupferhammer
- Ratswaage von 1550

FESTE UND FEIERN

- Aqua-Beat-Party im Aloha Erlebnisbad
- Handwerkermarkt im Museum im Ritterhaus
- Weinfest im Museum im Ritterhaus
- Osteroder Altstadtlauf
- „Osterode gibt Gas" in der Innenstadt
- 3 freundliche Tage – das Osteroder Stadtfest
- Osteroder City-Beach-Cup
- Martinsmarkt in der Stadthalle
- Weihnachtsmarkt auf dem Kornmarkt

Deutsche **Fachwerk** Straße

Auskünfte

Stadtarchiv
Martin-Luther-Platz 2
37520 Osterode am Harz
Tel. 05522.315859
Touristinformation Osterode am Harz
Eisensteinstr. 1
37520 Osterode am Harz
Tel. 05522.318333

touristinfo@osterode.de
www.osterode.de

Museum im Ritterhaus

WERNIGERODE

Einwohnerzahl: 34.000
Stadtteile: Hasserode, Burgbreite, Nöschenrode, Stadtfeld, Harzblick
Ortsteile: Schierke, Benzingerode, Minsleben, Silstedt, Reddeber, Drei Annen Hohne
Fläche: 170 km²
Lage: Nordostflanke des Harzes, am Fuße des Brockens

STADT UND STADTGESCHICHTE

Schon der Dichter Hermann Löns war von Wernigerode mit seinen vielfältigen Fachwerkhäusern fasziniert. Er verlieh der Stadt in einem prägenden Satz den trefflichen Beinamen „Bunte Stadt am Harz". Die 1121 erstmals erwähnte Stadt liegt am Nordrand des Harzes. Seinen Besuchern bietet sie eine wahre Idylle an architektonischen Besonderheiten. Fachwerkhäuser aus sechs Jahrhunderten stellen einmalige Zeitzeugen der Geschichte dar. Das Rathaus, ein mittelalterlicher Fachwerkbau, wurde 1277 erstmals erwähnt. Ursprünglich wurde es als „Spelhus" bezeichnet und diente im Besitz der Wernigeröder Grafen auch als Vergnügungsstätte. Heute befindet sich im Rathaus die Stadtverwaltung. Heiratswilligen dient es als prächtige Kulisse für den schönsten Tag ihres Lebens. Das „Kleinste Haus", 1792 erbaut, mit einer Höhe von 4,20 Metern und einer Breite von 2,95 Metern, fügt sich fast spielerisch in das Stadtbild ein. Eines der markantesten Häuser der Stadt, das Haus „Gadenstedt", ist in einem der malerischsten und romantischsten Winkel der Stadt am Oberpfarrkirchhof gelegen. Hoch über der Stadt bestimmt in beeindruckender Weise das Schloß Wernigerode die Silhouette der Harzberge. Interessierte Besucher haben die Möglichkeit, die original eingerichteten Wohnräume des deutschen Hochadels aus der 2. Hälfte des 19. Jahrhunderts zu besichtigen.

Weitere lohnende Ziele sind das Harzmuseum, der Bürgerpark mit dem Miniaturenpark „Kleiner Harz", das Museum für Luftfahrt und Technik und der Ortsteil Schierke mit der höchsten Erhebung des Harzes, dem Brocken. Eine Fahrt mit der Brockenbahn auf den Gipfel begeistert jeden Fahrgast. Wernigerode ist zudem eine Stadt der Kultur, der Musik und des Sports.

SEHENSWERTES

- Rathaus · Marktplatz 1
- Schiefes Haus · Klintgasse 5 · 1680 als Walkmühle der Tuchmacher erbaut
- Kleinstes Haus · Kochstraße 43
- Haus Gadenstedt · Oberpfarrkirchhof 13 · 1582 von Dietrich von Gadenstedt erbautes Fachwerkhaus mit massivem Untergeschoss
- Café Wien · Breite Straße 4 · 1583 als Kaufmannshaus erbaut · eines der wenigen Renaissancehäuser der Stadt
- Krummelsches Haus · Breite Straße 72 · 1674 vom Berliner Kornhändler Heinrich Krummel erbaut · komplette Fassade mit meisterhaften Schnitzereien versehen
- Schloß Wernigerode, Leitbau des norddeutschen Historismus

FESTE UND FEIERN

- Walpurgisnacht (30. April)
- Töpfermarkt (Pfingstwochenende)
- Schierker Musiksommer (Juni bis August)
- Rathausfest (Juni)
- Neustadter Weintage (letztes Juniwochenende)
- Wernigeröder Schlossfestspiele (Juli und August)
- Altstadtfest (Juli / August)
- Weihnachtsmarkt (ab Freitag vor dem ersten Adventwochenende bis zu den Weihnachtsfeiertagen)

Deutsche **Fachwerk** Straße

Auskünfte

Wernigerode Tourismus GmbH
Tourist-Information
Marktplatz 10
38855 Wernigerode
Tel. 03943.55 378 35
Fax 03943.55 378 99
info@wernigerode-tourismus.de
www.wernigerode-tourismus.de

Rathaus

HALBERSTADT

Einwohnerzahl: 43.000

Ortsteile: Klein Quenstedt, Emersleben, Langenstein, Schachdorf Ströbeck, Athenstedt, Aspenstedt und Sargstedt

Fläche: 142,6 km²

Lage: Im Zentrum des nördlichen Harzvorlandes

STADT UND STADTGESCHICHTE

Mit seinen ehemals 1.600 Fachwerkhäusern zählte Halberstadt zu den bedeutendsten Fachwerkstädten Deutschlands. Damals wurde es noch das „Rothenburg des Nordens" genannt, doch am 8. April 1945 zerstörten Brandbomben den größten Teil der Altstadt. Erst durch die Aufnahme in das Modellstadtprogramm für Stadtsanierung von 1990 bis 1996 konnten etwa 450 Fachwerkbauten gerettet und saniert werden, darunter die Straßenzüge „Rosenwinkel" und „Voigtei". Ein sehenswertes Kleinod bildet das Fachwerkensemble „Grauer Hof", eine in sich geschlossene Hofstelle. Erhaltene Fachwerkdetails sind im Kreuzgang der Liebfrauenkirche ausgestellt. Unter anderem sind dort besonders schöne Knaggenfiguren zu sehen, die im Jahr 1532 erstmalig als Schmuckelemente in Halberstadt aufkamen.

Das Halberstädter Fachwerk gehört dem Kulturkreis des niederdeutschen Fachwerks an. Zu besichtigen sind Fachwerkstile aus sechs Jahrhunderten. Als besondere Schmuckform im Fachwerk ist die „Halberstädter Blendarkade" am Haus Bakenstraße 47 zu sehen. Diese erinnert in den Brüstungsfeldern unter den Fenstern an die Gesetzestafeln Moses. Eines der ältesten Fachwerkhäuser stammt aus der Zeit vor 1500, ein Hochständerbau, der im Steinhof steht. Bei einem Spaziergang durch die Altstadt sollten das Haus „Sankt Florian" in der Gerberstrasse 10, das benachbarte Gerberhaus und der Düsterngraben 15 besichtigt werden. Hier sind hervorragende Schnitzarbeiten in den profilierten Brüstungsbohlen zu sehen. In der Dominikanerstraße ist das „Kolpinghaus" ebenfalls vorbildlich saniert. Mit der Fachwerkkirche „St. Johannis" und ihrem freistehenden Glockenturm wird der Fachwerkgang durch Halberstadt abgerundet.

SEHENSWERTES

- „Dom St. Stephanus und Sixtus" mit seinem weltberühmten Domschatz
- „Schraube - Museum" Wohnkultur um 1900
- Romanische Liebfrauenkirche
- Burchardikloster mit dem John-Cage-Orgelkunst-Projekt
- Berend-Lehmann-Museum (jüd. Geschichte und Kultur)
- Städtisches Museum
- Vogelkundemuseum Heineanum
- Gleimhaus · Literatur und Forschungsstätte
- Weltweit ältestes Riesenweinfass im Jagdschloss Spiegelsberge

FESTE UND FEIERN

- Domfest (1. Juniwochenende)
- „Ton am Dom - Keramik, Kunst und Köstlichkeiten" (1. Juliwochenende)
- Altstadtfest (1. Septemberwochenende)
- Weihnachtsmarkt mit Weihnachtshöfen (1. Adventswochenende)

Auskünfte

Deutsche **Fachwerk** Straße

Halberstadt Information
Hinter dem Rathause 6
38820 Halberstadt
Tel. 03941.551815
Fax 03941.551089
halberstadt-info@halberstadt.de
www.halberstadt.de
mobil von jedem Ort: Halberstadt App
Zimmervermittlung, Stadtführungen, Pauschalangebote, Dom- und Museumsführungen, Souvenirverkauf

Halberstadt

OSTERWIECK

Einwohnerzahl: 11.750

Ortschaften: Berßel, Bühne, Dardesheim, Deersheim, Hessen, Lüttgenrode, Osterode am Fallstein, Osterwieck, Rhoden, Rohrsheim, Schauen, Veltheim, Wülperode, Zilly

Fläche: 213 km²

Lage: Im nördlichen Harzvorland zwischen Fallstein und Huy

STADT UND STADTGESCHICHTE

Fachwerkfreunde werden staunen, denn die über 1025 Jahre alte Fachwerkstadt Osterwieck am Rande des Nordharzes im Tal der Ilse zwischen dem Großen Fallstein und dem Harzgebirge in Sichtweite des Brockens ist malerisch. Die Stadt ist berühmt für ihre Jahrhunderte alte Baukunst. Verspieltes und ins Detail verliebtes Fachwerk ist hier überall zu finden und ein Muss für jeden fachwerkbegeisterten Touristen. Ein besonderes Flair kommt beim Erkunden von den verwinkelten Gassen mit ihrem mittelalterlichen Kopfsteinpflaster auf. Zahlreiche Stilrichtungen deutscher Fachwerkbaukunst lassen sich hier finden und entdecken. Mit Insgesamt 193 Einzeldenkmalen, darunter 162 Fachwerkhäusern aus fünf Bauepochen, ist Osterwieck ein Musterbeispiel für die Entwicklung dieser historischen Baukunst.

Aber nicht nur das: Wer sich geistig der Reformation nähern möchte, kann die zahlreichen, reich verzierten Fachwerkfassaden bewundern, die mit reformatorischen Hausinschriften versehen sind. Obwohl Luther hier nie durch die Gassen wandelte – seine Botschaft hat sich eingebrannt und steht daher bis heute unter besonderem Schutz. Dies nicht zuletzt durch die Stephanikirche, deren Kirchenschiff als eines der ersten nach der Reformation neu gebaut wurde. Die romanische Turmfront der Stephanikirche ist schon von weitem sichtbar und ein Blickfang auf der Straße der Romanik. Neben den historischen Baudenkmalen warten ebenso die reizvolle Natur des verträumten Harzvorlandes sowie liebevoll gestaltete Dörfer auf Gäste, die viel Entspannung finden werden.

SEHENSWERTES

- Stephanikirche (Straße d. Romanik) · Romanische Turmfront 913 · Chor- und Altarraum wurden 1516 erbaut · Kirchenschiff nach der Reformation neu gebaut 1552 bis 1557 · fast 90% der Mittel stellte der Rat zur Verfügung
- Fachwerkensemble Schäfers Hof mit Taubenturm von 1702 · Bauerngarten · Kapellenstraße 27
- Altstadtkern mit zahlreichen Einzeldenkmälern · 41 reformatorische Hausinschriften
- Fachwerk aus den Stilepochen der Gotik, dem Niedersächsischen Stil, der Renaissance und aus dem Barock
- Eulenspiegelhaus · Bj. 1534 · mit Schlachtruf der Reformation · gehört zu den ältesten Denkmalen
- Osterwiecks · Schulzenstraße 8 Heimatmuseum · „Altes Rathaus" der Stadt · seit 1930 Museum · erstmals 1265 erwähnt · Am Markt 1

FESTE UND FEIERN

- Internationaler Museumstag (Mai)
- Mittelstraßenfest – Tag der Regionen (September)
- Tag des offenen Denkmals (September)
- Lutherfest – Epochenfest zur Reformation (2015 und 2017 nach Ankündigung)
- Kirchenmusik in der Stephanikirche - Konzertprogramm mit wechselnden Sonderausstellungen (Termine im Veranstaltungskalender der Stephanikirche)
- Osterwiecker Weihnachtsmarkt (3. Adventswochenende nach Ankündigung)

Deutsche **Fachwerk** Straße

Auskünfte

Tourist- und Stadtinformation Osterwieck
Am Markt 10
38835 Osterwieck
Tel. 039421.793555
stadtinformation@stadt-osterwieck.de
www.stadt-osterwieck.de
Heimatmuseum Osterwieck
Am Markt 1
38835 Osterwieck
Tel. 039421.29441
museum@stadt-osterwieck.de

Voigteiplatz

HORNBURG

Einwohnerzahl: 2.650
Fläche: 22 km^2
Lage: Im nördlichen Harzvorland, Landkreis Wolfenbüttel, Niedersachsen

STADT UND STADTGESCHICHTE

Das 1000-jährige Hornburg gehört zu den schönsten Fachwerkstädten Deutschlands. Die gesamte Altstadt mit ihren rund 400 Fachwerkhäusern steht unter Denkmalschutz. 1978 wurde Hornburg Bundessieger im Wettbewerb „Stadtgestalt und Denkmalschutz im Städtebau", mehrmals diente die Altstadt als Filmkulisse. Seit 1990 ist Hornburg staatlich anerkannter Erholungsort. Die Burg, auf einem Kalksteinplateau inmitten der Stadt gelegen, war nördliche Grenzfeste der Halberstädter Bischöfe. Im 30-jährigen Krieg waren Stadt und Burg häufiges Angriffsziel kaiserlicher und schwedischer Truppen.

Die Blütezeit Hornburgs lag im 16. Jahrhundert, als die Stadt durch Hopfenanbau und Hopfenhandel zu großem Wohlstand gelangte. Dieser Zeit verdankt Hornburg seine vielen reichverzierten Renaissance-Fachwerkhäuser mit ihren bunten Fächerrosetten, darunter das Neidhammelhaus von 1563, das Storchenhaus von 1560, die Schule der ehemaligen jüdischen Gemeinde, auf deren Hof die Synagoge stand (heute das Hauptexponat des Jüdischen Museums in Braunschweig), das „Alte Zeughaus" von 1565 und das „Alte Brauhaus" im Brauerwinkel. Als schönstes Fachwerkhaus in Hornburgs Altstadt gilt das „Schuhhaus Apelroth" auf dem Marktplatz. Von den ehemals 5 Stadttoren ist das Dammtor als einziges erhalten. Es ziert das kunstvoll in Stein gehauene Stadtwappen von 1552. Ganz in seiner Nähe steht der frühbarocke Hopfenspeicher mit rekonstruierter Farbfassung aus dem Jahr 1672. Er ruht auf einem Sandsteinkellergeschoss mit einem Türbogen von 1638. Speicherluke und Hopfenfenster sind ursprünglich und damit Sinnbild für eine besondere historische Fachwerkstadt.

SEHENSWERTES

- Ev. Marienkirche · Pfarrhofstraße · Bj. 1616 · Altar und Kanzel Kunstwerke der Spätrenaissance · barocker Orgelprospekt
- Kath. Clemenskirche · Anemonenweg Bj. 1977 · nach Papst Clemens II. · geb. in Hornburg · kostbare Repliken aus der Clemenskirche in Rom · steinerne Papststatue aus dem Dom zu Bamberg
- Hagenmühle · Hagenstraße · Bj. 1604 mit laufendem Wasserrad
- Hopfenspeicher · Damm · Bj. 1672
- Heimatmuseum mit Stadtarchiv · Montelabbateplatz · Fachwerkabteilung und Papst-Clemens-Gedächtnisraum
- „Biedermeierhaus" im Burggraben
- Garten für die Sinne - Freie Schule Hornburg - Vorwerkswinkel

FESTE UND FEIERN

- Spielzeit des Altstadt-Theaters Hornburg im Haus Hagenberg (Frühjahr)
- Osterspaziergang vom Heimatmuseum zum Marktbrunnen (Ostermontag)
- Maisingen auf dem Marktplatz (1. Samstag im Mai)
- Schützen- und Volksfest der Schützenbrüderschaft von 1437 (1. Wochenende nach Pfingsten)
- City-Flohmärkte in der Altstadt (Frühjahr und Herbst)
- Bauernmarkt (September)
- Weihnachtsmarkt (Dezember)

Deutsche **Fachwerk** Straße

Auskünfte

Stadt Hornburg
Stadtmarketing Hornburg · Amt für Tourismus (Tourist-Information)
Pfarrhofstraße 5
38315 Hornburg
Tel. 05334.9491 · Fax 05334.948910
info@hornburg-erleben.de
www.hornburg-erleben.de

Neidhammelhaus

KÖNIGSLUTTER AM ELM

Einwohnerzahl: 15.781
Ortschaften: Beienrode, Boimstorf, Bornum, Glentorf, Groß Steinum, Klein Steimke, Lauingen, Lelm, Ochsendorf, Rhode, Rieseberg, Rotenkamp, Rottorf, Scheppau, Schickelsheim, Sunstedt, Uhry
Fläche: 130,6 km² · Lage: Im Osten von Niedersachsen im Landkreis Helmstedt, zwischen Braunschweig und Helmstedt

DOMSTADT AM ELM

STADT UND STADTGESCHICHTE

Um 1100 gründete der Graf von Haldensleben ein Kanonissenstift. Kaiser Lothar III. von Süpplingenburg machte es 1135 zum Benediktinerkloster und legte im gleichen Jahr den Grundstein für eine neue Kirche, den heutigen Kaiserdom, der zum einen sichtbares Zeichen seiner Macht, zum anderen würdige Grablege für sich und seine Familie sein sollte. Zeitgleich entwickelte sich der Ort Lutter, für den im 13. Jh. der Name „Königslutter“ gebräuchlich wurde, um an den König und Kaiser Lothar zu erinnern.

Die Altstadt ist geprägt durch niedersächsisches Fachwerk. Am Marktplatz sticht das Leidenfrosthaus mit seinem zweigeschossigen Erker auf ionischen Säulen und typischen Dekorelementen der Spätrenaissance hervor. Eines der ältesten Bürgerhäuser der Stadt stammt aus dem Jahr 1571 und steht in der Marktstraße. Es wurde unmittelbar nach dem großen Stadtbrand errichtet. In den Brüstungsgefachen des Obergeschosses weisen Hopfenrankenmotive auf die Braukunst und das berühmte Ducksteinbier hin, dem die Stadt lange Zeit ihren Wohlstand verdankte. Die brauberechtigten Häuser sind heute noch an den rundbogigen Toreinfahrten zu erkennen. Das trifft auch auf das schönste Fachwerkhaus in der Stadt zu, in dem heute die Bücherei und das Stadtarchiv beheimatet sind. Neben der Fachwerk- ist für Königslutter die Steinmetztradition von großer Bedeutung. Im nahe gelegenen Elm gab es zahlreiche Brüche, von denen heute allerdings kein einziger mehr in Betrieb ist. Werkstätten im Ort verarbeiteten den Stein und sorgten für den Transport.

SEHENSWERTES

- Kaiserdom · Gründung 1135 · einzigartiger Kreuzgang · rätselhafter Jagdfries · Grab Kaiser Lothars III. von
- Süpplingenburg
  Altstadt · mittelalterlich geprägtes
- Stadtbild · viel Fachwerk · einladende Plätze
- Museen · Museum Mechanischer Musikinstrumente · Dom- und Steinmetzmuseum
- Natur · Wandern und Radfahren im Elm
- Geologie · Geopark-Informationszentrum mit Otto-Klages-Ausstellung
- Freilicht- und Erlebnismuseum Ostfalen
- Findlingsgarten · Erlebnissteinbruch Hainholz

FESTE UND FEIERN

- Domfest (Ende Juni)
- Ducksteinfest (1. Wochenende im Juli)
- Sommernacht am Kaiserdom (1. Samstag im August)
- Internationale Orgelwochen Königslutter (Anfang Juli bis Ende August)
- Klassikfestival „Domkonzerte Königslutter" (September)
- Adventsmarkt rund um die Stadtkirche (3. Adventswochenende)

Deutsche **Fachwerk** Straße

Auskünfte

Tourist-Information
Am Markt 2
38154 Königslutter am Elm
Tel. 05353.912129
Fax 05353.912155
touristinformation@koenigslutter.de
www.koenigslutter.de

Leidenfrosthaus am Markt

CELLE

Einwohnerzahl: 70.000
Stadtteile: Altencelle, Altenhagen, Blumlage/Altstadt, Bostel, Boye, Garßen, Groß Hehlen, Hehlentor, Hustedt, Klein Hehlen, Lachtehausen, Neuenhäusen, Neustadt / Heese, Scheuen, Vorwerk, Westercelle, Wietzenbruch · Fläche: 176 km²
Lage: Große selbständige Stadt, 35 km nordöstlich von Hannover

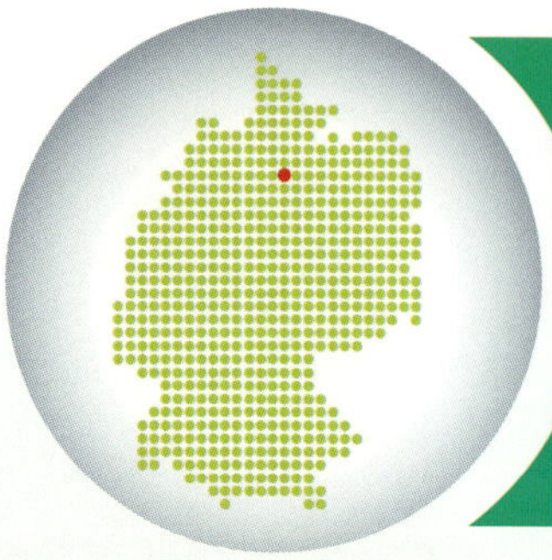

STADT UND STADTGESCHICHTE

Erstmals im Jahre 993 als Kellu, Siedlung am Fluss, urkundlich erwähnt, wurde die Stadt an der Aller im Jahr 1292 einige Kilometer weiter westlich neu gegründet. Celle entwickelte sich zu einer der wichtigsten Residenzstädte Niedersachsens. Fast drei Jahrhunderte lang, bis 1705, war die Stadt ständige Residenz der Herzöge von Braunschweig-Lüneburg und Regierungssitz des bedeutendsten welfischen Fürstentums. Die letzte Herzogin, die Hugenottin Éléonore d´Olbreuse, „Stammmutter“ mehrerer europäischer Königshäuser, brachte französischen Esprit nach Norddeutschland und nach Celle. Ihre Tochter Sophie Dorothea war die Großmutter Friedrichs des Großen. Schicksalsschwer: Die dänische Königin Caroline Mathilde, Schwester König Georgs III, lebte nach der Struensee Affäre in der Verbannung von 1772 – 1775 im Celler Schloss und starb dort im Alter von nur 24 Jahren.

Mit mehr als 450 Fachwerkhäusern allein in der Altstadt kann Celle eines der größten zusammenhängenden Fachwerkensembles Europas vorweisen. Die überwiegend giebelständigen Fachwerkhäuser, die ältesten stammen aus dem ausgehenden 15. Jahrhundert, werden durch traufständige des 17. und 18. Jahrhunderts abwechslungsreich ergänzt, deren Zwerchhäuser geben der Altstadt einen besonderen Ausdruck. An den imposanten Häusern zeigen sich Baukunst und -kultur verschiedener Jahrhunderte, die auch heute noch gut ablesbar sind. Rund zwei Millionen Besucher erleben jedes Jahr eine moderne und lebensfrohe Stadt. In einem bunten Mix aus Museen, Theatern, Musikfestivals, Konzerten, Galerien und Stadtfesten zeigt sich die ganze Vielfalt von Celle.

SEHENSWERTES

- Celler Schloss · Bj. 1292
- Residenzmuseum im Celler Schloss
- Stadtkirche · Bj. 1308 mit Fürstengruft · Stechbahn
- Rathaus · Markt 14 – 16 · Bj. 1308 mit Weserrenaissancegiebel
- Bomann-Museum · Schlossplatz 7
- 24 Stunden Kunstmuseum mit Sammlung Robert Simon · Schlossplatz 7
- Garnison-Museum · Hafenstr. 4
- Synagoge · Im Kreise 24
- Hoppener Haus · Poststraße · Bj. 1532
- Niedersächsisches Landgestüt · Spörckenstraße 10
- Landesinstitut für Bienenkunde · Herzogin-Eleonore-Allee 5
- Französischer Garten
- Glockenspiel · Geschäftshaus Ecke Zöllnerstraße/Poststraße
- Otto Haesler Bauten und Otto Haesler Museum · Rauterbergweg 1

FESTE UND FEIERN

- WASA Lauf (März)
- Celler Streetparade (Juni)
- Kunst- u. Handwerkermarkt (Pfingsten)
- Schützen- u. Volksfest (Juli)
- Celler Weinmarkt (Juli / August)
- Fète Francaise (August)
- Oldtimer & Fachwerk (August, alle 2 Jahre)
- Celler Hengstparaden (September / Oktober)
- Weihnachtsmarkt (November / Dezember)

Zertifizierte Gästeführer und Fachwerkgästeführer

Deutsche **Fachwerk** Straße

Auskünfte

Celle Tourismus und Marketing GmbH
Markt 14 – 16
29221 Celle
Tel. 05141.1212 Fax 05141.12459
info@celle-tourismus.de
www.celle-tourismus.de
www.facebook.com/celletourismus

Neue Straße

SALZWEDEL

Einwohnerzahl: 24.588
Ortschaften: 48 eingemeindete Ortsteile
Fläche: 304,53 km²
Lage: Im nordwestlichen Teil der Altmark an der Einmündung der Salzwedeler Dumme in die Jeetze

STADT UND STADTGESCHICHTE

Nahe der Burg der Markgrafen der Nordmark, die den Übergang der Handelsstraße von Magdeburg nach Lüneburg sicherte, entstand im 12. Jahrhundert eine Straßenmarktsiedlung. Aus dem Jahr 1112 stammt die früheste Urkunde, in der „Salzwitele“ erwähnt wird. Um die St. Marien- und St. Lorenzkirche entwickelte sich die heutige Altstadt mit reich geschmückten Fachwerkhäusern.1233 wird Salzwedel erstmals als „civitas“, als Stadt im Rechtssinne, bezeichnet. Ab 1247 begannen Bernhard und Heinrich von Mahlsdorf, nördlich der Altstadt eine Neustadt mit regelmäßigen und großzügigen Straßen anzulegen. Vom 13. bis ins 16. Jahrhundert wurde Salzwedel mit Mauern und Wällen befestigt. 1263 wurde die Doppelstadt in die Hanse aufgenommen. 1283 leitete man den Fluß Dumme in die Jeetze ein, um den Wasserstand zu erhöhen und somit die Schifffahrt abzusichern und mehr Schutz zu erhalten. Altstadt und Neustadt blühten auf und dieser Aufschwung setzte sich kontinuierlich bis zum Ende des 15. Jahrhunderts fort. Der Dreißigjährige Krieg und große Stadtbrände im 17. und 18. Jahrhundert verzögerten dann alle Entwicklungen. Am 13.12.1713 wurden Alt- und Neustadt zu einer Stadt zusammengefasst. Das Rathaus war nun das Gildehaus der Gewandschneider. Ende des 19. Jahrhunderts und zu Beginn des 20. Jahrhunderts erweiterte man das Stadtgebiet um Neubausiedlungen.

Die Altstadt thront auf einem unveränderten historischen Stadtgrundriss. Mittelalterliche Monumentalbauten, umgeben von überwiegend zweigeschossigen Fachwerk- und Backsteinhäusern, bilden eine untrennbare, differenzierte und harmonische Einheit. Wasserläufe mit Straßen- und Fußgängerbrücken sind in den Stadtgrundriss integriert. Begrenzt wird die Altstadt durch einen Grüngürtel mit zum größten Teil erhaltener Stadtmauer und Wallanlagen.

SEHENSWERTES

- Ehem. Propstei St. Marien - An der Marienkirche 3 · Bj. 1474 · umgebaut 16. Jh. · dreigeschossiger Fachwerkbau mit Massivtreppenturm (1754) · hohe Geschosse auf profilierten Knaggen auskragend · Inschriften und Schnitzwerk jetzt Johann-Friedrich-Danneil-Museum
- Haus Schmiedestraße 27 · Adam-und-Eva-Tor von 1534
- Hochständerhaus · Schmiedestraße 30 · 15. Jh. · im 16. Jh. erweitert mit anschließendem
- Fachwerkgebäude von 1522 Marienkirche · 15. Jh. · fünfschiffige Basilika in „Backsteingotik" mit großartiger Ausstattung
- Baumkuchenbäckerei
- Arendsee
- Klosterkirche und das Freilichtmuseum
- Diesdorf
- Langobardenwerkstatt Zethlingen
- Steingräber bei Stöckheim und Lüdelsen
- Barockkirche Osterwohle

FESTE UND FEIERN

- Hansefest (1. Wochenende im Juli)
- Nysmarkt (1. Samstag im Oktober)

Deutsche **Fachwerk** Straße

Auskünfte

Tourist-Information Salzwedel
Neuperverstraße29
29410 Hansestadt Salzwedel
Tel. 03901.422438 · Fax 31077
information@kultour-saw.de
www.salzwedel.de und www.kultour-saw.de

Altstadt mit Marienkirche

LÜCHOW (WENDLAND)

Einwohnerzahl: 9.614
Ortsteile: Beutow, Bösel, Gollau, Grabow, Jabel, Jeetzel, Kolborn, Krautze, Künsche, Loge, Lüsen, Müggenburg, Plate, Ranzau, Reddebeitz, Reetze, Rehbeck, Saaße, Satemin, Seerau an der Lucie, Tarmitz und Weitsche
Fläche: 89 km²
Lage: Im Zentrum des Wendlandes

STADT DER RUNDLINGSDÖRFER

STADT UND STADTGESCHICHTE

Erstmals wird Lüchow im Wendland als Stadt 1284 urkundlich erwähnt. Mit dem Lüneburger Stadtrecht ausgestattet gehörte es bis 1400 zu den vier bedeutendsten Städten des Fürstentums Lüneburg. Von der mittelalterlichen Stadt sind der Glockenturm als Teil der ehemaligen Stadtmauer, der Amtsturm als Rest von Burg und Schloss, die Lateinschule sowie die gotische Hallenkirche St. Johannis erhalten. 1811 wurde bei einem Stadtbrand fast die gesamte Altstadt einschließlich des Schlosses vernichtet. Unmittelbar nach der Katastrophe baute die damalige napoleonische Verwaltung die Stadt nach dem Gestaltungsplan des Salzwedeler Distriktbaumeisters Lietzmann wieder auf. Der mittelalterliche Stadtgrundriss verschwand, es entstand ein besonderes „baugeschichtliches Dokument" von zwei- und dreigeschossigen, traufständigen Fachwerkhäusern, die vielfach durch mittige Zwerchhäuser gegliedert sind. Baulicher Mittelpunkt ist das 1816 fertig gestellte Rathaus mit schlichter klassizistischer Fassade. Im Rahmen der Gebietsreform 1972 wurde Lüchow um 22 Gemeinden vergrößert. Damit war Lüchow zu einer Stadt der Rundlingsdörfer geworden und wurde von der niedersächsischen Landesregierung zum Weltkulturerbe vorgeschlagen. Die Rundlinge, im Zuge der Ostkolonisierung seit dem 12./13. Jahrhundert planmäßig angelegt und überwiegend von Slawen bewohnte Dörfer, stellen mit ihrer sektoralen Flurordnung eine heute in Deutschland einmalige Siedlungsform und Kulturlandschaft dar, besonders malerisch ist hier Satemin. Die teilweise aus dem 17. Jahrhundert erhaltenen Hallenhäuser gruppieren sich strahlenförmig um einen annähernd runden Dorfplatz und schaffen ein Fachwerkflair der besonderen Art.

SEHENSWERTES

- Fachwerkensemble Altstadt · klassizistisches Fachwerk
- Lateinschule · An der St. Johannis-Kirche 6 · Bj. 1669 · zweigeschossiges Fachwerkschulhaus
- Lange Straße 24 · dreigeschossiges, traufständiges Fachwerkhaus mit zweigeschossigem Zwerchhaus und Erker
- Steingebäude · Ev. Kirche St. Johannis · dreischiffige gotische Backsteinkirche · Amtsturm · 24 Meter hoher Ziegelrundturm · Gebäude der mittelalterlichen Burg und des Schlosses · heute Museum

FESTE UND FEIERN

- Buerbeerfest in Bösel (April)
- Spargelsonntag (Mai)
- Schützenfest (Juni)
- Stadtfest (August)
- Kulturelle Landpartie (Himmelfahrt bis Pfingsten)
- Pfingstmarkt in Satemin

Deutsche **Fachwerk** Straße

Auskünfte

Theodor-Körner-Straße 14
29439 Lüchow (Wendland)
Tel. 05841.1260

Tourist-Information:
Amtshof 1
29439 Lüchow (Wendland)
Tel. 05841.126450

Brunnen auf dem Marktplatz

DANNENBERG

Einwohnerzahl: 8.300
Fläche: 76 km²
Lage: In der Elbtalaue

STADT UND STADTGESCHICHTE

In Dannenberg wurde schon früh deutsche Geschichte geschrieben. Um 1153 richtete Volrad I. die Grafschaft ein, um 1200 begann Graf Heinrich I. von Dannenberg mit dem Bau der Burg zur Sicherung der Elbelinie nach Osten. Der Bergfried dieser Burg steht bis heute. Graf Heinrich nahm durch eine List den Dänenkönig Waldemar II. und seinen Sohn am 6. Mai 1223 gefangen und setzte beide auf der Burg Dannenberg bis 1225 fest. In einer Urkunde wurde Dannenberg 1293 erstmals als Stadt erwähnt.1569 bauten Herzog Heinrich von Braunschweig-Lüneburg und Fürst von Dannenberg an Stelle der alten Burg ein Renaissanceschloss.

Seit 2006 gibt es die Samtgemeinde Elbtalaue. Neben der Stadt Dannenberg (Elbe) gehören zu ihr die Gemeinden Damnatz, Göhrde, Gusborn, Jameln, Karwitz, Langendorf, Neu Darchau, Zernien und die Stadt Hitzacker (Elbe). Dannenberg empfängt den Besucher mit seinem geschlossenen Stadtensemble in der Kernstadt, mit umfangreicher Fachwerksubstanz, die von einfachen Handwerkshäusern bis zu dreigeschossigen Patrizierhäusern alles bietet, was das niederdeutsche Fachwerk zeigen kann. Umgeben vom Marschland, in dem Feuchtbiotope die Vogel- und Pflanzenwelt der Elbtalaue beherbergen, lockt die markante Stadtsilhouette mit dem wuchtigen Waldemarturm und der schlanken Turmspitze der Johanniskirche heute zahlreiche Besucher an, die beides suchen: Schöne und erholsame Natur und beeindruckendes Fachwerk in einer lebendigen Stadt.

SEHENSWERTES

- Rathaus · Am Markt 5 · 1780 errichtet mit einer Inschrift: Wi Börgers hebbn de Last dorvon un mütt dat all betahlen.
- Patrizierhaus · Am Markt 9 · Ende 16. Jh.
- Haus Lange Straße 18 · Bj. 1609 · prächtige symmetrische Utluchten, Ladeluke
- Ohmsches Haus · Am Thielenburger See · 1656 in Langendorf errichtet· 1971 abgebaut und 1988 in Dannenberg wieder errichtet · Zweiständerhallenhaus
- Waldemarturm · um 1200 errichtet · heute Stadtmuseum
- Ev. -luth. Pfarrkirche St. Johannis · 14. Jhd. · dreischiffige Hallenkirche
- Gutskapelle in Breese im Bruche · Bj. 1563 · steinerne Renaissancekapelle mit Fachwerksakristei und Fachwerkdachreiter · feine originale Innenausstattung

FESTE UND FEIERN

- Ostermarkt (2 Sonntage vor Ostern)
- Reitertage (1. Septemberwochenende)
- Lange Nacht der Schönen Künste (2. Sonnabend im September)
- Kartoffelsonntag (1. Novembersonntag)
- Weihnachtsmarkt (1. Adventswochenende)

Deutsche **Fachwerk** Straße

Auskünfte

Gästeinformation Dannenberg (Elbe)
Altes Rathaus Am Markt 5
29451 Dannenberg (Elbe)
Tel. 05861.808545
i.dan@web.de www.t-e-d.de
Öffnungszeiten: Montag - Freitag 9:00-18:00 Uhr
Samstag 9:00 -16:00 Uhr

Lange Straße

HITZACKER

Einwohnerzahl: 4.932

Ortsteile: Bahrendorf, Grabau, Harlingen, Hitzacker, Kähmen, Nienwedel, Pussade, Seerau, Tießau, Tiesmesland, Wietzetze, Wussegel

Fläche: 58,44 km²

Lage: Mündungsgebiet der Jeetzel in die Elbe

KLEINE STADT MIT GROSSEM CHARME

STADT UND STADTGESCHICHTE

Kleine Stadt mit großem Charme, so nannte bereits Prinz Claus von Amsberg seinen Geburtsort Hitzacker, dem 1258 die Stadtrechte verliehen wurden. Dieser Charme resultiert aus seiner einzigartigen Lage. Die Altstadt von Hitzacker liegt auf einer Stadtinsel, umschlossen vom Fluss Jeetzel, der in Hitzacker in die Elbe mündet. An dieser Stelle erhebt sich der schon von weitem sichtbare Weinberg, der zu den nördlichsten Weinbergen Deutschlands zählt. Das historische Stadtbild wird von restaurierten Fachwerkhäusern, die die schmalen Gassen auf der Stadtinsel säumen, geprägt. Zahlreiche Gasthäuser und Cafés auf der Stadtinsel laden vor historischer Kulisse zum Verweilen ein. Die abwechslungsreiche Landschaft mit ihren weitläufigen Wäldern, Wiesen und Feldern zieht Wanderer und Reiter ebenso an, wie Radfahrer, die auf dem Elberadweg die Natur erleben. Die Elbtalaue lädt zu Ausflugs- und Erkundungsfahrten auf der Elbe ein. Auch Freizeitkapitäne genießen die unverwechselbare Flusslandschaft.

Geschichtsträchtig wird es in der Zollstraße: Hier steht das herrschaftliche Zollhaus, das bereits 1589 errichtet wurde. Dieses einst freistehende Gebäude beherbergt heute das Museum der Stadt. Das älteste vollständig erhaltene Bürgerhaus findet man in der Brauhofstraße 2.

Traditionen werden gepflegt: Im Oktober wird in Hitzacker seit über 400 Jahren der Gallusmarkt auf der historischen Stadtinsel gefeiert. Am Fuße des Weinberges findet die traditionelle Weinlese statt. Nicht nur die 99 Reben sind etwas Besonderes, denn vom Weinberg genießt man einen einzigartigen Blick auf die Stadtinsel und die Flusslandschaft der Elbe.

SEHENSWERTES

- Ehemalige Riesenkastanie
- Weitblick vom Weinberg
- Das Alte Zollhaus Hitzacker (Elbe) Museum · Bj. 1589
- Der Butt auf dem Marktplatz
- Prinz Claus von Amsberg-Gedächtnisbüste
- Drawehner-Torschenke als ältestes Gasthaus · erbaut 1635 · seit 1705 Gaststätte
- Archäologisches Zentrum Hitzacker - Freilichtmuseum der Bronzezeit

FESTE UND FEIERN

- Musikwoche Hitzacker (Februar)
- Zwergentage Hitzacker (3. Juliwoche)
- Japanisches Lampionfest (letzter Freitag im Juli)
- Sommerliche Musiktage Hitzacker (vom letzten Wochenende im Juli bis zur 1. Woche im August)
- Hitzacker tischt auf (letzter Sonntag im August)
- Gallusmarkt (2. Oktoberwochenende)
- Weinlesefest mit Krönung der neuen Weinkönigin (2. Sonntag im Oktober)
- Hitzacker Herbsthärte, Volkslauf (1. Sonntag im November)
- Adventsmarkt auf der Stadtinsel (am Samstag vor dem 3. Advent)

Zertifizierte Gästeführer

Deutsche **Fachwerk** Straße

Auskünfte

Kontakt
Kur- und Touristinformation Hitzacker
Am Markt 7
29456 Hitzacker (Elbe)
05862.96970
hitzacker@elbtalaue-wendland.de
www.elbtalaue-wendland.de

Altes Zollhaus

BLECKEDE

Einwohnerzahl: ca. 10.000
Ortsteile: Alt Garge, Barskamp, Brackede, Breetze, Garlstorf, Garze, Göddingen (mit Nindorf), Karze (mit Vogelsang), Radegast, Rosenthal, Walmsburg (mit Reeßeln), Wendewisch und dem rechtselbischen Ortsteil Bleckede-Wendischthun mit den Ortschaften Neu Bleckede und Neu Wendischthun
Fläche: 139,9 km²
Lage: Direkt am unteren Ende des Mittellaufs beidseitig der Elbe im Landkreis Lüneburg

STADT UND STADTGESCHICHTE

Zwischen Geest und Marsch liegt Bleckede, ein idyllisches Hafenstädtchen im Herzen der Elbtalaue. Im Jahre 1209 vom Welfenfürsten Wilhelm von Lüneburg gegründet, durchlebte Bleckede in den folgenden Jahrhunderten eine abwechslungsreiche Geschichte. Heute bietet die Stadt mit ihren insgesamt 13 Ortsteilen entlang der Elbe nicht nur seinen Einwohnern einen naturnahen und dabei hohen Wohn- und Freizeitwert, sie hat auch Besuchern und Gästen viel zu bieten. Lüneburg ist ganz in der Nähe, außerdem liegt Bleckede im Biosphärenreservat „Niedersächsische Elbtalaue", zahlreiche überregionale Radwege, wie der Elberadweg von der Nordsee bis zur Sächsischen Schweiz, verlaufen durch das Stadtgebiet.

Mit dem „Schloss Bleckede" aus dem Jahre 1600 besitzt die Stadt eines der bedeutendsten Fachwerkschlösser in Norddeutschland. Es ist heute das „Biosphaerium Elbtalaue", das Informationszentrum für das Biosphärenreservat Niedersächsische Elbtalaue und überaus interessantes Ausflugsziel mit einer einmaligen Kombination aus Tiererlebnis, Information und Unterhaltung. Den Kernbereich Bleckedes machen eine ganze Reihe von Fachwerkbürgerhäusern aus dem 16. und 17. Jahrhundert zu einer malerischen reizvollen Altstadt. Und auch in den Ortsteilen können restaurierte niedersächsische Zweiständerfachwerkhäuser aus demselben Zeitalter bewundert werden. Ein historischer Stadtrundgang mit etwa 20 Stationen gibt interessante Eindrücke über die Stadt Bleckede und ihre mehr als 800-jährige Stadtgeschichte. Bleckede ist eine Stadt, die verzaubert.

SEHENSWERTES

- Biosphaerium Elbtalaue · Fachwerkschloss
- Burgturm am Schloss Bleckede · Blick über die Elbtalaue und Bleckede
- St. Jacobi-Kirche von 1765/66 · Taufstein von 1604 · barocke Orgel · spätgotische Kreuzigungsgruppe von 1490 · Kirchenfenster mit Motiv Grenzöffnung 1989
- Marschhufen-, Warften- und Rundlingsdörfer in der näheren Umgebung
- Findlingsring Breetze
- Hünengräber im Schieringer Forst
- Historischer Zugverkehr auf der Strecke Bleckede · Lüneburg
- Fahrraddraisine in Alt Garge

FESTE UND FEIERN

- Musikalischer Kinder- und Jugendtag auf dem Schlosshof (vor den niedersächsischen Sommerferien)
- Konzert der Festspiele Mecklenburg-Vorpommern (Juni/Juli)
- Größtes Schützenfest im Landkreis Lüneburg (Juli)
- Historisches Wochenende mit Historischem Burgfest, Oldtimertreffen und verkaufsoffener Sonntag (August)
- ElbeVeloTour – Drei Länder, drei Städte, ein Fluss (Fahrrad-Event 1. Sonntag im September für jedermann)
- Weihnachtsmarkt (am Samstag vor dem 1. Advent)

Deutsche **Fachwerk** Straße

Auskünfte

Touristeninformation der Stadt Bleckede im Biosphaerium Elbtalaue-Schloss Bleckede
Schlossstraße 10 · 21354 Bleckede
Tel. 05852.951414
Fax 05852.951499
www.bleckede-tourismus.de
Stadtverwaltung Bleckede · Lüneburger Straße 2a · 21354 Bleckede
www.bleckede.de

Schloss Bleckede-
Nordflügel

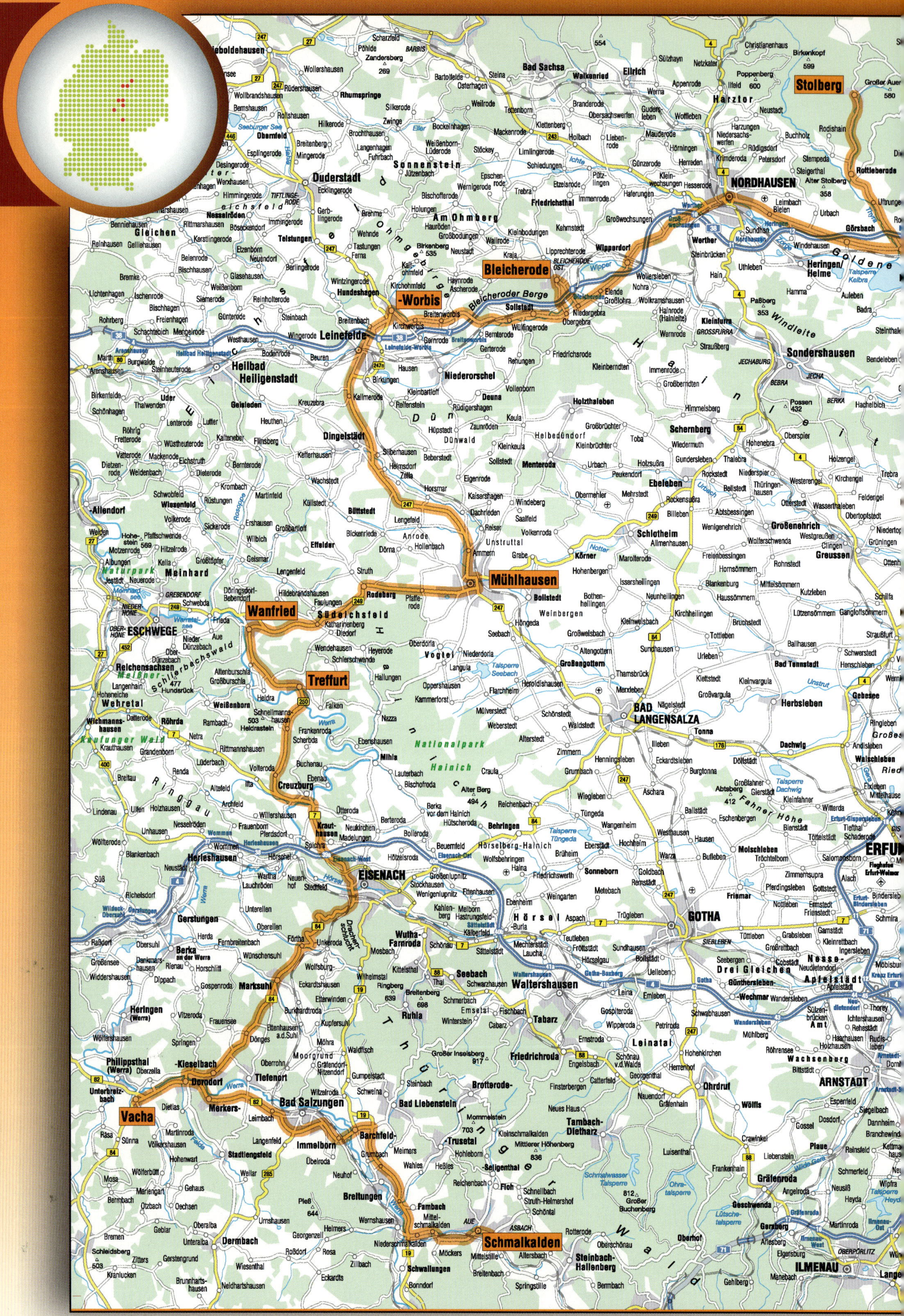
Stolberg
NORDHAUSEN
Bleicherode
-Worbis
Leinefelde
Heilbad Heiligenstadt
Duderstadt
Sondershausen
Mühlhausen
Wanfried
ESCHWEGE
Treffurt
BAD LANGENSALZA
Creuzburg
EISENACH
GOTHA
ERFURT
ARNSTADT
Nationalpark Hainich
Waltershausen
Bad Salzungen
Vacha
Schmalkalden
ILMENAU
Thüringer Wald
Goldene Aue
Hainleite
Windleite
Ohmgebirge
Bleicheroder Berge
Dün
Werra
Unstrut
Hörsel

VOM HARZ ZUM THÜRINGER WALD

Diese Regionalstrecke der Deutschen Fachwerkstraße umfasst die Orte Stolberg · Bleicherode · Leinefelde-Worbis · Mühlhausen · Wanfried · Treffurt · Vacha · Schmalkalden

Fachwerk im Mittelgebirge

Die Regionalstrecke der Deutschen Fachwerkstraße „Vom Harz zum Thüringer Wald“ führt, vom Südharz beginnend, durch sehr ausgeprägte Mittelgebirgslandschaften, fast immer in oder in unmittelbarer Nähe von Naturparks wie dem Nationalpark Hainich oder dem Biosphärenreservat „Karstlandschaft-Südharz“.

Die Strecke beginnt in der Thomas-Münzer-Stadt Stolberg, die sich am Kreuzungspunkt mehrerer Harztäler entwickelte, führt am südlichen Rand des Harzes nach Westen mit dem nächsten Haltepunkt, der Petermannstadt Bleicherode und weiter nach Worbis, bekannt durch den „Alternativen Bärenpark“.

Durch das Tal der Unstrut geht es dann weiter zur Stadt der Türme, Mühlhausen, in einem kurzen Sprung über die thüringisch-hessische Landesgrenze nach Wanfried im Werratal. An der Werra entlang führt die Strecke flussaufwärts wieder nach Thüringen in die romantische Stadt Treffurt. An Eisenach vorbei geht es dann nach Vacha vor der Rhön im oberen Werratal und schließlich nach Schmalkalden am Rande des Naturparks Thüringer Wald.

Die Grundelemente des Schmucks in den Brüstungen: Andreaskreuz, geschweiftes Andreaskreuz mit und ohne Nasen und Raute aus Kopf- und Fußbändern, mit dem Andreaskreuz durchkreutzte Raute, auch Türkenkreuz oder Bauerntanz genannt, Raute aus Eckwinkelhölzern, Raute als volles Brüstungsfeld und Virtelkreis-Radstrebe; besonders die durchkreutzte Raute hat unzählige Varianten mit geschweiften, gebogenen und geschnitzten Holzteilen.

Das Fachwerk der Strecke zeigt viele regionale Eigenarten, wie die „Thüringer Leiter“, den „Wilden Mann“ und flächige mit schmückenden Hölzern gestaltete Fassaden. Stolberg begrüßt mit über 400 Fachwerkhäusern aus fünf Jahrhunderten, darunter 18 Fachwerkhäuser vor 1530 erbaut, wie z. B. das stattliche Rathaus aus dem Jahr 1452, ohne Innentreppen, am Hang unterhalb der St. Martini Kirche stehend. In Bleicherode ragen aus dem großen Fachwerkensemble einige Bauten wie das Rathaus (1540), nach Zerstörung (1633) neu errichtet, die „Alte Kanzlei“ (1721), das Evangelische Pfarramt (1695) und das Heimatmuseum, ein Ackerbürgerhaus aus dem Jahre 1731 heraus. In Worbis fallen besonders das reich mit Schnitzwerk versehene Kurmainzer Amtshaus und das Schafrichterhaus auf. Mühlhausen mit seinen schönen und repräsentativen Fachwerkhäusern, die in der Herren- und Holzstraße, bei der Marienkirche und in der Linsenstraße stehen, und der vollständig erhaltene innere Stadtmauerring vermitteln uns bis heute das Bild einer mittelalterlichen Stadt.

Der nächste Halt, Wanfried im Werratal, glänzt mit dem ehemaligen Endhafen der Weser-Werra-Schifffahrt, der heutigen Schlagd, aber auch mit dem Ensemble um das Rathaus, der „Alten Post“ (1751) und dem Hotel „Zum Schwan“. Treffurt wird von seinem Fachwerkrathaus überragt. Zu den herausragenden Bürgerhäusern gehört das ausgezeichnet sanierte Fachwerkhaus Kirchstraße 31. In Vacha vor der Rhön ist der wichtigste Fachwerkbau das Haus Widemark, 1613 als Amtssitz errichtet und heute das Rathaus. Schließlich sticht die Stadt Schmalkalden, deren Kern zu 90 % aus Fachwerk (14.-18.Jh.) besteht, mit einer liebevoll restaurierten Altstadt, steinernen Kemenaten, der Stadtkirche St. Georg und Schloss Wilhelmsburg – eine Perle der Renaissance-Baukunst – hervor. Mit der „Weidebrunner Gasse 13“ (1367) besitzt die Stadt eines der fünf ältesten Häuser Thüringens. Mit diesem wurde gerade mit einer langjährigen Sanierung und vorbildlichen Nutzung Geschichte geschrieben.

STOLBERG

Einwohnerzahl: 1.200
Ortsteil der Gemeinde Südharz
Fläche: 67,52 km²
Lage: Südharz, im Naturpark Harz/Sachsen-Anhalt, zwischen Hasselfelde/ Harzgerode im Norden, Kyffhäuser (A38) und Nordhausen im Süden, am Ursprung des Helme-Zuflusses Thyra

STADT UND STADTGESCHICHTE

Eingebettet in eine Bilderbuchlandschaft liegt die „Perle des Südharzes", der Luftkurort Stolberg. Die 1157 erstmals urkundlich erwähnte Fachwerkstadt ist umgeben von Hangwiesen und herrlichen Mischwäldern. Der besondere Reiz Stolbergs entsteht durch das geschlossene Ensemble der über 400 Fachwerkhäuser aus fünf Jahrhunderten. Die Mehrzahl der Wohngebäude besteht aus zwei- und dreigeschossigen traufständigen Häusern aus dem 17. und 18. Jahrhundert. In der Rittergasse, Am Markt und im Kalten Tal kann der Gast jedoch auch Häuser aus dem 15. und 16. Jahrhundert entdecken, die zu den ältesten der Region zählen.

Den Mittelpunkt der ehemaligen Residenz der Grafen zu Stolberg, die bereits vor 1300 das Stadtrecht erhielt, bildet der Marktplatz. Neben den Fachwerkhäusern, wie dem 1452 erbauten Rathaus und dem Museum „Alte Münze", einem prächtigen, dreigeschossigen Renaissancefachwerkhaus aus dem Jahr 1535, sind auch die Stadtkirche St. Martini sowie Schloss Stolberg unbedingt sehenswert. Im 13. Jahrhundert erbaut, wurde die vierflügelige Schlossanlage aus verschiedenen Bauten zusammengefügt. Heute sind der Südflügel mit Schlosskapelle und die große Schlossterrasse mit Pavillon komplett saniert. Bis 2016 wird der gesamte Schlosskomplex fertig saniert sein. Auf dem Schloss kam 1506 Gräfin Juliana zu Stolberg und Wernigerode zur Welt. Sie war die Mutter von Wilhelm von Oranien und gilt als Stammmutter des niederländischen Königshauses. Und auch der Prediger und spätere Bauernführer Thomas Müntzer wurde in Stolberg (um 1489) geboren. Seit Januar 1993 trägt die Stadt den Titel „Historische Europastadt" und erhielt dadurch überregionale Anerkennung.

SEHENSWERTES

- Schloss Stolberg
- Rathaus ohne Innentreppen von 1452
- Rittertor
- Seigerturm
- St. Martini Kirche
- Museum „Alte Münze" mit historischer Münzwerkstatt · Niedergasse 19
- Museum „Kleines Bürgerhaus" · Rittergasse 14
- Josephskreuz · Josephshöhe 1
- Ritter-Museum · Rittergasse 11
- AndersweltTheater Stolberg · Am Markt 2
- Fränkischer Fachwerkbau
- Bohlenstuben · Wohnkultur des Mittelalters · kunstvolle Holzdecken und -wände · Ecksäulen

FESTE UND FEIERN

- Anprägen der Jahresmedaille (01.01.)
- Walpurgisnacht am Josephskreuz (30.04.)
- Osterfeuer (Samstag)
- Pfingstkonzert am Josephskreuz (Pfingstsonntag)
- Schützenfeste (Himmelfahrt-Wochenende und letzes Juni-Wochenende)
- Konzerte und Ausstellungen im Schloss Stolberg
- Waldfest am Josephskreuz (Mitte Juli)
- Historisches Lerchenfest (2. Wochenende im August)
- Stolberger Weihnachtsmarkt (3. Advent-Wochenende)

Ganzjährig Stadt-, Schloss- und Museumsführungen

Deutsche **Fachwerk** Straße

Auskünfte

StolbergTourismusSüdharz
Kommunaler Eigenbetrieb Südharz
Tourist-Information Stolberg
Markt 2 · 06536 Südharz OT Stolberg
Tel. 034654.454 und 19433 · Fax 034654.729
www.tourismus-suedharz.de
info@tourismus-suedharz.de

Blick zum Schloss

BLEICHERODE

Einwohnerzahl: 6.437
Ortsteile: Elende, Obergebra
Fläche: 28,27 km^2
Lage: Zwischen Harz und Hainleite, eingebettet in die Bleicheröder Berge, im Norden der Harz, im Osten die Goldene Aue

STADT AM SÜDHARZ

STADT UND STADTGESCHICHTE

Die beschauliche Kleinstadt Bleicherode liegt im Westteil des Landkreises Nordhausen am Fuß der „Bleicheröder Berge". Seine erste urkundliche Erwähnung fand das Straßendorf „Blicherode" um 1130, im Jahre 1322 verliehen die Hohensteiner Grafen dem Straßendorf begrenztes Marktrecht, 1326 wurde die Ortschaft erstmals als Stadt erwähnt und durfte ein eigenes Siegel und Wappen führen. Als ehemalige Stadt der Ackerbürger und Leineweber geben viele historische Bauwerke und Fachwerkhäuser aus dem 17., 18. und 19. Jahrhundert der Stadt ihr Gesicht. Größere Villen bezeugen den Wohlstand aus der Textil- und Kalizeit. Der historische Stadtkern wurde auf der Grundlage des Thüringer Denkmalschutzgesetzes als Denkmalensemble „Historische Altstadt Bleicherode" unter Schutz gestellt. 1997 wurde die Regionalstrecke „Vom Harz zum Thüringer Wald" der Deutschen Fachwerkstraße eröffnet. Auch Bleicherode gehört seitdem zu dieser Route, die durch drei Bundesländer führt. Zu Bleicherode gehören die Ortsteile Elende und Obergebra, zur erfüllenden Gemeinde gehören die Orte Etzelsrode, Friedrichsthal, Kehmstedt, Kleinbodungen, Lipprechterode, Kraja und Niedergebra.

Das Landschaftsschutzgebiet „Bleicheröder Berge" erstreckt sich von Bleicherode bis Ascherode im Eichsfeld. Verbindungswege von der Hainleite zum Harz führen durch die Bleicheröder Berge. Buchenwälder aber auch noch Bestände an Eiben erfreuen den Spaziergänger und Wanderer. Die durch Muschelkalkberge geprägte Landschaft ist Standort vieler Orchideenarten und es sind Stellen mit Fossilien zu finden. So bietet die Stadt Bleicherode neben dem historischen Ambiente für die Touristen ein weitgestecktes Wandergebiet.

SEHENSWERTES

- Die Alte Kanzlei · Sitz der gräflichen Regierung von 1721 · heute Stadtbibliothek · Ausstellung zur jüdischen Geschichte
- Webereigeschichte · Ausstellung über den Geographen und Kartographen Prof. Dr. August Petermann aus dem 19. Jh.
- Ev. Pfarramt · Bj. 1695
- Ackerbürgerhaus · Bj. 1731 · Heimatmuseum
- Rathaus · Bj. 1540 - 1633 neu aufgebaut
- Geburtshaus von August Petermann
- Reste der früheren Stadtmauer
- Zinsturm und Zinshaus

FESTE UND FEIERN

- Neujahrskonzert
- Karnevalsitzungen (Januar bis März)
- Frühlingskonzert (Anfang April)
- Walpurgisparty
- Kuhbrunnensingen (Juni)
- Vogelberglauf (Juni)
- Schützenfest (Juni)
- Bergmannsfest (Juli)
- Flugtage (alle 2 Jahre im August)
- Oktoberfest - Weinfeste (Oktober bis November)
- Eröffnung der Karnevalsaison am Rathaus (11.11.)
- Weihnachtsmarkt (3. Dezemberwochenende)
- Weihnachtsparty (25.12.)

Deutsche **Fachwerk** Straße

Auskünfte

Heimat- und Fremdenverkehrsverband-Regionalmarketing
Bahnhofstraße 56
99752 Bleicherode
Tel. 036338.42329
hfvvbleicherode@freenet.de
www.bleicherode-regionalmarketing.de

Stadtverwaltung Bleicherode
www.bleicherode.de

Alte Kanzlei

LEINEFELDE-WORBIS

Einwohnerzahl: Leinefelde-Worbis 19.400,
davon 4.900 im Stadtteil Worbis
Stadtteile: Leinefelde, Worbis, Beuren, Breitenbach, Breitenholz, Birkungen, Kaltohmfeld, Kirchohmfeld, Wintzingerode
Fläche: 96,55 km²
Lage: Im Mittelpunkt des landschaftlich reizvollen Eichsfeldes, zwischen den Höhenzügen des Düns und Ohmgebirges, an den Quellen von Hahle, Leine, Ohne und Wipper

STADT MIT TRADITION UND ZUKUNFT

STADT UND STADTGESCHICHTE

Die beiden größten Stadtteile Leinefelde und Worbis stellen zwei vollkommen unterschiedliche Charaktere dar: Leinefelde wurde bereits Mitte des 18. Jahrhunderts durch seinen Handel mit Wolle, Haaren, Fellen und Senf bekannt und wuchs zum zentralen Verkehrs- und Handelspunkt im Eichsfeld heran. Heute macht Leinefelde vor allem durch seinen beispielhaften Stadtumbau von sich reden, der schon mit vielen hochrangigen Städtebaupreisen, wie dem „World Habitat Award 2007“ durch die Vereinten Nationen, gewürdigt wurde.

Worbis mit seinen zahlreichen gepflegten Fachwerkhäusern in der historischen Innenstadt stellt einen touristischen und traditionsbewussten Ort im Eichsfeld dar. Seit der Gründung der Regionalstrecke „Vom Harz zum Thüringer Wald“ ist Worbis Mitglied der Deutschen Fachwerkstraße. Urkundlich erwähnt wurde Worbis als „Wurbeke“ erstmalig 1162. Die überwiegende Anzahl der Fachwerkbauten wird in die Epoche des Übergangs vom Barock zum Biedermeier eingeordnet. Daneben lässt sich aber auch ein wesentlich höheres Alter einzelner Gebäude etwa aus dem Jahr 1530 oder 1580 belegen. Das Alte Amtshaus, Sitz des Amtsvogtes Harburg-Worbis in der Kurmainzer Herrschaftszeit, weist interessante Schmuckelemente auf, wie Palmetten, Fächerrosetten, Mehrzackensterne und Balkeninschriften. Die vielen repräsentativen Bauten sind nicht nur herausragende Zeugnisse des Fachwerkbaus in Worbis, sondern gelten auch als die eindrucksvollsten Fachwerkhäuser der Region. Bei einem Stadtrundgang finden sich an den interessantesten Gebäuden wichtige Informationen zu deren Geschichte.

SEHENSWERTES

- Leinefelde: Leineringquelle · Alte Kirche · Bonifatiuskirche · Japanischer Garten · Johann-Carl-Fuhlrott-Denkmal
- Worbis: Klosterkirche „St. Antonius“ · Altes Amtshaus · Rathaus · Büschleb's Mühle · Haus „Gülden Creutz“ · Alternativer Bärenpark Wintzingerode: Burg Bodenstein
- Beuren: Burg Scharfenstein · Alter
- Wartturm · ehemaliges Zisterzienserkloster
- Birkungen: Stationsweg mit Kapelle
- Breitenholz: Wallfahrtskirche „Mariä Heimsuchung“
- Kirchohmfeld: Heinrich-Werner-Denkmal

FESTE UND FEIERN

Leinefelde:

- Fest der „Leinefelder Lämmerschwänze“ (Wochenende nach Pfingsten)
- Ringaukirmes (Juli)
- Schützenfest (Wochenende nach Himmelfahrt)

Worbis:

- Frühlingsfest (3. Wochenende im April)
- Bärenparkfest (Pfingstsonntag)
- Mühlentag in Büschleb's Mühle (Pfingstmontag)
- Brauereifest „Neunspringe“ (Pfingstmontag)
- Schützenfest (Juli)
- Krengeljäger- und Wipperfest (3. Wochenende im September)
- Weihnachtsmarkt (2. Adventwochenende)

Deutsche **Fachwerk** Straße

Auskünfte

Stadt Leinefelde-Worbis
Bahnhofstraße 43 37327 Leinefelde-Worbis
Bürgerbüro Leinefelde: Bahnhofstr. 43
Tel. 03605.200-400
Bürgerbüro Worbis: Rossmarkt 2
Tel. 036074.200-300
Info-Center Leinefelde · Zentraler Platz 1
Tel. 03605.200-585
Info-center@leinefelde.de
buergerbuero@leinefelde-worbis.de
www.leinefelde-worbis.de

Altes Amtshaus
Worbis

MÜHLHAUSEN

Einwohnerzahl: 36.000
Ortsteile: Windeberg, Saalfeld, Görmar und Felchta
Fläche: 86,35 km²
Lage: Geografischer Mittelpunkt Deutschlands, im Nordwesten des Thüringer Beckens, im Westen durch den Nationalpark Hainich und im Norden durch das Obereichsfeld begrenzt, an der Unstrut.

STADT UND STADTGESCHICHTE

Schon von den umliegenden Höhen ziehen die Kirchen und Türme der Stadt bewundernde Blicke auf sich. In der Stadt zeigt Mühlhausen mit dem um 1300 errichteten Rathaus, elf mittelalterlichen Kirchen, dem 2750 Meter langen, fast vollständig erhaltenen inneren Stadtmauerring, mit Bürgerhäusern, Straßen, Gassen und Plätzen, die eine Zeitreise wert sind sein historisches Gesicht. Als Pfalzort Ottos II. erstmals 967 erwähnt, entwickelte sich die Siedlung zur Reichsstadt, deren Bürger im Jahr 1251 die städtische Selbstverwaltung errangen. Tuchweberei, Waidanbau und die Lage an wichtigen Handelsstraßen waren die Grundlage dieser Blütezeit. Im 16. Jahrhundert ein Zentrum der frühen Reformation und des Bauernkrieges, predigte 1525 der radikale Reformator Thomas Müntzer in der Marienkirche. Mit der Reformation entwickelte sich die Stadt zu einer bis heute lebendigen Pflegestätte der Kirchenmusik. So wirkte von 1707 bis 1708 Johann Sebastian Bach als Organist an der Divi-Blasii-Kirche.

Trotz verheerender Stadtbrände blieben viele schöne und repräsentative Fachwerkhäuser aus dem 17. und 18. Jahrhundert erhalten. Zu sehen in der Herren- und Holzstraße, bei der Marienkirche, in der Linsenstraße und an vielen Einzelstandorten. Die Sanierung öffentlicher Gebäude, vieler Bürgerhäuser und des Stadtraumes seit dem Ausgang des 20. Jahrhunderts hat das historische Mühlhausen für seine Bewohner und Gäste höchst attraktiv gestaltet. Auch durch die Nähe zum UNESCO Weltnaturerbe, dem Nationalpark Hainich, ist eine ideale Kombination von Kultur- und Natururlaub in der Mitte Deutschlands möglich und empfehlenswert.

SEHENSWERTES

- Marienkirche · Bei der Marienkirche · Müntzer-Gedenkstätte
- Divi-Blasii-Kirche · Untermarkt · Wirkungsstätte Johann Sebastian Bachs
- Kornmarktkirche · Kornmarkt · Bauernkriegsmuseum
- Inneres Frauentor mit begehbarer Stadtmauer · Blobach
- Rathaus · Ratsstraße 19 · historisches Rathaus mit Reichsstädtischem Archiv
- Jakobikirche · Jakobistr. 1 · Stadtbibliothek
- Synagoge · Jüdenstr. 24 · erbaut 1841
- Kulturhistorisches Museum · Kristanplatz 7

FESTE UND FEIERN

- Größte Stadtkirmes Deutschlands (letztes Augustwochenende)
- Stadtfest (Pfingsten)
- Thür. Bachwochen (um Bachs Geburtstag im März)
- Weihnachtsmarkt (3. Dezemberwochenende)
- Mittelalterfest – Bauernkriegsspektakel (nach Ankündigung im Mai)

Zertifizierte Gästeführer in deutscher und englischer Sprache

Deutsche **Fachwerk** Straße

Auskünfte

Tourist Information Mühlhausen
Ratsstraße 20 · 99974 Mühlhausen
Tel. 03601.404770 · Fax 03601.4047711
service@touristinfo-muehlhausen.de
www.muehlhausen.de
Stadtverwaltung Mühlhausen
Ratsstraße 19 · 99974 Mühlhausen
Tel. 03601.4520
www.muehlhausen.de

Untermarkt

WANFRIED

Einwohnerzahl: 4.200
Stadtteile: Altenburschla, Aue, Heldra, Völkershausen
Fläche: 46,9 km^2
Lage: Im Werratal, mitten in Deutschland zwischen Eisenach, Göttingen und Kassel

FACHWERKSTADT AM WERRAHAFEN

STADT UND STADTGESCHICHTE

Wanfried wird im Jahr 813 erstmals urkundlich erwähnt. Entlang der Hauptstraße, einst eine wichtige Handelsstraße zum Endhafen der Weser-Werra-Schifffahrt, reihen sich Fachwerkbauten vom 16. bis 20. Jahrhundert eng aneinander. Prachtvoll zeigen sie die Schönheit einer Stadt, die sich im Herzen Deutschlands als ein echtes Idyll präsentiert. Eine stolze Stadt, der Moritz von Hessen-Kassel 1608 die Stadtrechte verlieh und deren Geschichte zum Aufstieg zu einer der „führnembsten Stedte Europas" nicht nur von der Gästeführerzunft, sondern vor allem durch die Fachwerkfassaden erzählt wird.

Für Fachwerkliebhaber ein Muss: das Fachwerkmusterhaus. Auf der Börse 1. Dort wurden althergebrachte Baustoffe, wohngesunde Innendämmung und moderne Lichttechnik verbaut, damit der Mensch mit allen Sinnen wahrnehmen kann, wie sich modernes Wohnen im historischen Haus, Baujahr 1730, anfühlt. Besonders reich verzierte Fachwerkbauten mit Symbolen der Schifffahrt und Fischerei gibt es in direkter Nachbarschaft zur evangelischen Kirche in der Schlagdstraße, die direkt zum historischen Hafen führt. Dort ist von April bis Oktober eine Erlebnisgastronomie für alle geöffnet, die kurz verweilen möchten und Entspannung suchen. Historisches Ambiente, der sonnenverwöhnte Platz am Fluss, rundum bewaldete Berge und viele Reisende, die ankommen und abfahren, machen diesen Ort besonders und sehenswert. An 29 Gebäuden der „Fachwerkstadt am Werrahafen" findet der Gast ausführliche Erklärungen über deren Geschichte, ein Stadtspaziergang durch die historische Altstadt mit zertifizierten Gästeführern ist ein Erlebnis. Wanfried ist ein Ort, der entdeckt werden will.

SEHENSWERTES

- Rathaus · Marktstraße 18 · Handelshaus aus dem 17. Jh.
- Fachwerkmusterhaus Wohnen · Auf der Börse 1 · Bj. 1730
- Historischer Hafen · An der Schlagd 2 und 3 · 17. Jh.
- Evangelische Kirche · Kirchstraße 5 · reiner neugotischer Baustil · Bj. 1885
- Plesseturm · 20 Meter hoher Holzturm · 1963 erbaut · bietet einen Blick übers Werratal bis nach Thüringen · zu erwandern über Premiumwanderweg P5
- Harmes'sches Handelshaus · Schlagdstraße 6 · 1673 im Barockstil erbaut und reich verziert
- Hotel Zum Schwan · Marktstraße 20 · 1655 als Gasthof mit Doppelerker erbaut
- Alte Post · Marktstraße 15 · 1650 errichtet als Thurn- und Taxisch'sches Postunternehmen

FESTE UND FEIERN

- Strohbärentag in Heldra (Aschermittwoch)
- Heimat- und Schützenfest (2. Wochenende im Juli)
- Kirmesveranstaltungen in allen Stadtteilen
- Weinfest (nach Ankündigung)
- Hafenfest (nach Ankündigung)
- Gewerbeschau (nach Ankündigung)
- Weihnachtsmarkt (2. Samstag im Dezember)

Zertifizierte Gästeführer und Fachwerkgästeführer

Deutsche **Fachwerk** Straße

Auskünfte

Stadtverwaltung im Rathaus, Marktstrasse 18,
www.wanfried.de/www.wanfried-2-go.de
www.buergergruppe-wanfried.de
Susanne Dahmer, Handarbeiten, Marktstrasse 5
Brombeermanns Griffelstube, Marktstrasse 34
Tourist-Information
Eschwege • Meinhard • Wanfried
Hospitalplatz 16 • 37269 Eschwege
Tel. 0 56 51 / 33 19 85 Fax 0 56 51 / 5 02 91
tourist-info@werratal-tourismus.de

www.werratal-tourismus.de

Doppel-Erker am
Hotel Schwan

TREFFURT

Einwohnerzahl: 5.300
Stadtteile: Falken, Großburschla und Schnellmannshausen mit Ortsteilen Schrapfendorf, Hattengehau und Volteroda
Fläche: 54,7 km²
Lage: In der Thüringer Welterberegion Wartburg-Hainich, in der Mitte Deutschlands

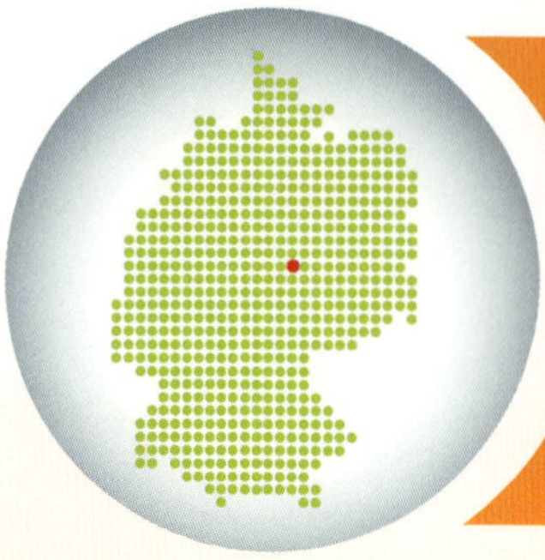

STADT UND STADTGESCHICHTE

Die Gründung der Stadt liegt im Dunkel der Geschichte verborgen. Der Name Treffurt leitet sich wahrscheinlich von den drei Furten ab, durch die man die Werra queren konnte. Auf einer Urkunde aus dem Jahr 1104 werden die Stadt und Ritter Pilgrim de Trifurte erstmals erwähnt. In dieser Zeit lassen die Herren von Treffurt auch die Burganlage zum Schutz der Werrafurten errichten. Um 1336 wird die Stadt von einem vereinten Heer aus Hessen, Thüringen und Mainz belagert und erobert. Die Sieger verwalten Treffurt fortan gemeinsam in einer sogenannten Ganerbschaft. Neben den drei großen Amtshöfen zeugen heute noch die reich verzierten Wohnhäuser wie in der Kirchstraße 31 oder das Ohrfeigenhaus von Reichtum und Repräsentationsstil der Amtmänner. Unbedingt sehenswert sind auch die früheren adeligen Burgsitze wie Trottscher Hof oder Pfuhls Hof mit ihrem reichen Fachwerkschmuck. Fachmännisch saniert erstrahlt auch unser Rathaus wieder in alter Schönheit, beschützt von St. Georg und Sankt Michael als Schnitzereien an den Turmpfeilern. Von der Hessischen Straße unterhalb des Marktplatzes bis hinauf zum Fuß des Burgberges reiht sich Fachwerkhaus an Fachwerkhaus. Einen Spaziergang durch die romantischen, krummen Pflastergassen hinauf zur Normannsteinquelle sollte man nicht verpassen.

Zahlreiche Haustafeln geben unterwegs Auskunft zu Baugeschichte und Bewohnern. Auch ein Abstecher in Treffurts fachwerkreiche Stadtteile Falken und Großburschla mit ihren historischen Hofanlagen und Dorfkirchen lohnt auf jeden Fall. Die herrliche Landschaft des Naturparks Eichsfeld-Hainich-Werratal bildet den perfekten Rahmen für Ihre Entdeckertour nach Treffurt.

SEHENSWERTES

- Rathaus · Renaissance-Fachwerkbau aus dem 16./17. Jh.
- Ohrfeigenhaus · Wohnhaus des hess. Amtmannes Bley · Bj. 1608
- Trottscher Hof · Burgsitz der Familie von Trott · Stadtmauer · Heimatmuseum
- ehemalige Amtshöfe · sächsischer Hof mit Wehrturm · Mainzer Hof mit Torbogen (1550)
- Kirchstraße 31 · wahrscheinlich ältestes Wohnhaus von 1546 · reicher Fachwerkschmuck
- Pfuhls Hof · Burgsitz der Familie von Keudel · daneben Prangersäule
- St. Bonifatiuskirche · spätromanischer Bau aus dem 13. Jh. · gotischer Flügelaltar · Epitaphien · Ausstellung „Grenzzeichen"
- Burg Normannstein · romanische Burganlage mit 3 Türmen aus dem 12. Jh.

FESTE UND FEIERN

- Karneval mit Umzug und Sitzungen (Faschingssonntag)
- Museumshoffest (Juni oder September)
- Sommerkonzert der Landeskapelle Eisenach
- Schützenfest (Juli)
- Stadtlauf und Denkmaltag (2. Septemberwochenende)
- Kirmesfeste in den Stadtteilen (September/ Oktober)

Deutsche **Fachwerk** Straße

Auskünfte

Tourist Information · Naturpark-Info Treffurt
Puschkinstraße 3 (Bürgerhaus)
99830 Treffurt
Tel. 036923.51542
info@treffurt.de
www.treffurt.de

Altes Wohnhaus
Kirchstrasse 31

VACHA

Einwohnerzahl: 5.492

Stadtteile: Oberzella, Völkershausen, Wölferbütt, Martinroda

Fläche: 19,32 km²

Lage: Freistadt Thüringen – zwischen Werratal und Rhön

STADT UND STADTGESCHICHTE

Die Stadt Vacha ist ein Geheimtipp für alle Freunde historischer Orte. 40 Jahre im Grenzgebiet der DDR sind Vergangenheit, jetzt wird der Stadtkern mit seinen im hessischen Stil erbauten Fachwerkhäusern restauriert. Im Jahr 817 erstmals urkundlich erwähnt, geht die Gründung auf keltische Besiedlung zurück, was Funde auf dem Oechsenberg belegen. Mit der Verleihung der Stadtrechte (1186 durch Kaiser Maximilian) konnte Vacha seine wirtschaftliche und politische Bedeutung erhöhen. Gelegen an der alten Handelsstraße „via regia", war es bedeutender Handelplatz, administratives und kulturelles Zentrum der Region. Den einstigen Reichtum belegen noch heute eindrucksvoll die repräsentativen Fachwerkbauten. Das Ensemble des mittelalterlichen Marktplatzes prägen Gebäude aus dem 15. Jahrhundert, verschiedene Baustile zeugen von der hohen Handwerkskunst.

Auf dem Marktplatz steht seit 1613 das imposante Rathaus, im Foyer wunderschöne Wandmalereien, die Stationen der Stadtgeschichte zeigen. Der Vitusbrunnen von 1613 und die „Alte Münze" aus im 12. Jahrhundert sind ebenfalls sehenswert oder das bildhübsche „Knusperhäuschen", die evangelische Stadtkirche, 1824 wieder aufgebaut, mit einem Turm aus dem 12. Jahrhundert. Von dort sind die Reste der Stadtmauer und Burg „Wendelstein" – Schutzburg der Stadt und Werrabrücke – zu sehen. Als eine der längsten Sandsteinbrücken führt die „Brücke der Einheit" seit 1342 über die Werra in die Stadt. Neben vielen Berühmtheiten haben auch Goethe und Napoleon ihren Fuß darauf gesetzt. Am anderen Ende der Stadt zeigt die Klosterkirche wunderschöne gotische Wandmalereien und Grabsteine. Und Vacha ist noch viel mehr – entdecken lohnt sich.

SEHENSWERTES

- Mittelalterlicher Marktplatz · Rathaus „Die Widemark" · Bj. 1613
- Kemenate · um 1600
- Knusperhäuschen · 16. Jh.
- Gedächtniswanderweg (die geschleiften Höfe im Grenzgebiet)
- Historischer Stadtrundgang (nach Themen buchbar)
- Wander- und Radwege
- Wasserwandern auf der Werra
- Stadtmuseum mit Aufstieg zum Burgturm
- Freibad in idyllischer Lage
- Oechsenberg und Gipfelkreuz

FESTE UND FEIERN

- jährliches Stadtfest
- Herzermarkt - Weihnachtsmarkt (1. Adventswochenende)
- Countryfest
- Vächer Carneval mit großem Rosenmontagsumzug

Auskünfte

Deutsche Fachwerk Straße

Der ökumenische Pilgerweg endet in Vacha und ist Teil des berühmten mittelalterlichen Jacobuswegs nach Santiago de Compostella.

Auskünft erteilt:

Stadt Vacha, Markt 4 · 36404 Vacha
Tel. 036962.2610
www.vacha.de
allgemein@vgvacha.de

oder Stadt Museum Vacha www.museum-vacha.de
museum-vacha@t-online.de
Tel. 036962.22839

Knusperhäuschen

SCHMALKALDEN

Einwohnerzahl: 20.000 und 3.000 Studenten
Ortsteile: Mittelschmalkalden, Haindorf, Möckers, Volkers, Aue, Reichenbach, Weidebrunn, Asbach, Näherstille, Grumbach, Mittelstille, Breitenbach, Wernshausen mit Niederschmalkalden und Helmers
Fläche: 98 km²
Lage: Schmalkalden liegt am Südhang des Thüringer Waldes und zieht sich mit den Eingemeindungen über das Werratal bis in die Vorderrhön.

„DENK MAL AN... SCHMALKALDEN"

STADT UND STADTGESCHICHTE

Das gut erhaltene 1140-jährige Fachwerkstädtchen ist nicht nur Ausgangspunkt für herrliche Wanderungen, auch für Historiker und Kunstinteressierte ist die heutige Fachhochschulstadt eine wahre Fundgrube. Der Altstadtkern ist ein wertvolles Zeugnis mitteleuropäischen Städtebaus. Sanierung und Denkmalpflege haben in den letzten Jahren wesentlich dazu beigetragen, die Attraktivität Schmalkaldens zu erhöhen. 2009 wurde der Altmarkt mit dem Nationalen Preis für Baukultur ausgezeichnet. Schloss Wilhelmsburg krönt als einzigartiges Bau- und Kunstdenkmal der deutschen Renaissance die Altstadt. Einst als Nebenresidenz der hessischen Landgrafen erbaut, ist sie heute ein kultureller Anziehungspunkt der Stadt.

Reiche Erzvorkommen, Bergbau und Eisen verarbeitendes Handwerk waren ab dem 14. Jahrhundert Grundlage für eine blühende Wirtschaft. Der einstige Reichtum ist im Stadtbild heute noch erkennbar. Die „Schmalkaldischen Artikel" und die „Schmalkalder Artikel" machten die Stadt schon zu Beginn der Neuzeit über die Grenzen Deutschlands hinaus bekannt. Unter dem Namen „Schmalkalder Artikel" wurden Werkzeuge und Kleineisenwaren in alle Welt exportiert. Zeugnisse dieser Vergangenheit sind das Besucherbergwerk „Finstertal" und das technische Museum „Neue Hütte". In den Mittelpunkt der europäischen Politik rückte die Stadt, als sich die protestantischen Stände 1530 gegen Kaiser Karl V. im Schmalkaldischen Bund zusammenschlossen. Zur bedeutendsten Tagung des Bundes, im Jahr 1537, legte Martin Luther seine „Schmalkaldischen Artikel" vor, die im Jahr 1580 Bekenntnisschrift der evangelischen Kirche wurden, und auf die heute noch weltweit alle evangelisch-lutherischen Pfarrer ordiniert werden.

SEHENSWERTES

- Fachwerk-Altstadt · 14. bis 18. Jh. · Steinerne Kemenaten
- Hallenkirche St. Georg · Bj. 1437-1509
- Kunsthaus am Markt · Ständerbau um 1440
- Lutherhaus · Bj. 1520
- Weidebrunner Gasse 13 · Bj. 1369 · eines der ältesten Fachwerkhäuser Thüringens
- Schloss Wilhelmsburg · 1585 - 1590 · Schlosskapelle mit der 400-jährigen spielbaren „hölzernen" Orgel, Wandmalereien und Ausstellungen zur Renaissance und Reformation und dem Epos „Iwein" nach Hartmann von Aue · 1235 · zweitälteste profane Wandmalerei nördlich der Alpen

FESTE UND FEIERN

- Schatzsuche im Besucherbergwerk (Ostern)
- Hüttenfest und Schauschmieden (Juni)
- Wandersommer (Juni bis September)
- Konzertreihe auf der Renaissanceorgel (Juni bis September)
- Schlossballnacht (Juli)
- Grubenfest im Besucherbergwerk (Juli)
- „Schmalkalder Hirschessen" (August)
- „Herrscheklasmarkt" (Dezember)
- Mittelalterlicher Weihnachtsmarkt, Schloss Wilhelmsburg (Dezember)
- Bergmännische Weihnachtsbräuche (Dezember)

Zertifizierte Gästeführer und Fachwerkgästeführer

Deutsche Fachwerk Straße

Auskünfte

Tourist –Information
Mohrengasse 1a
98574 Schmalkalden
Tel. 03683.403182
Fax 03683.604014
www.schmalkalden.com
info@schmalkalden.de

Kunstgraben

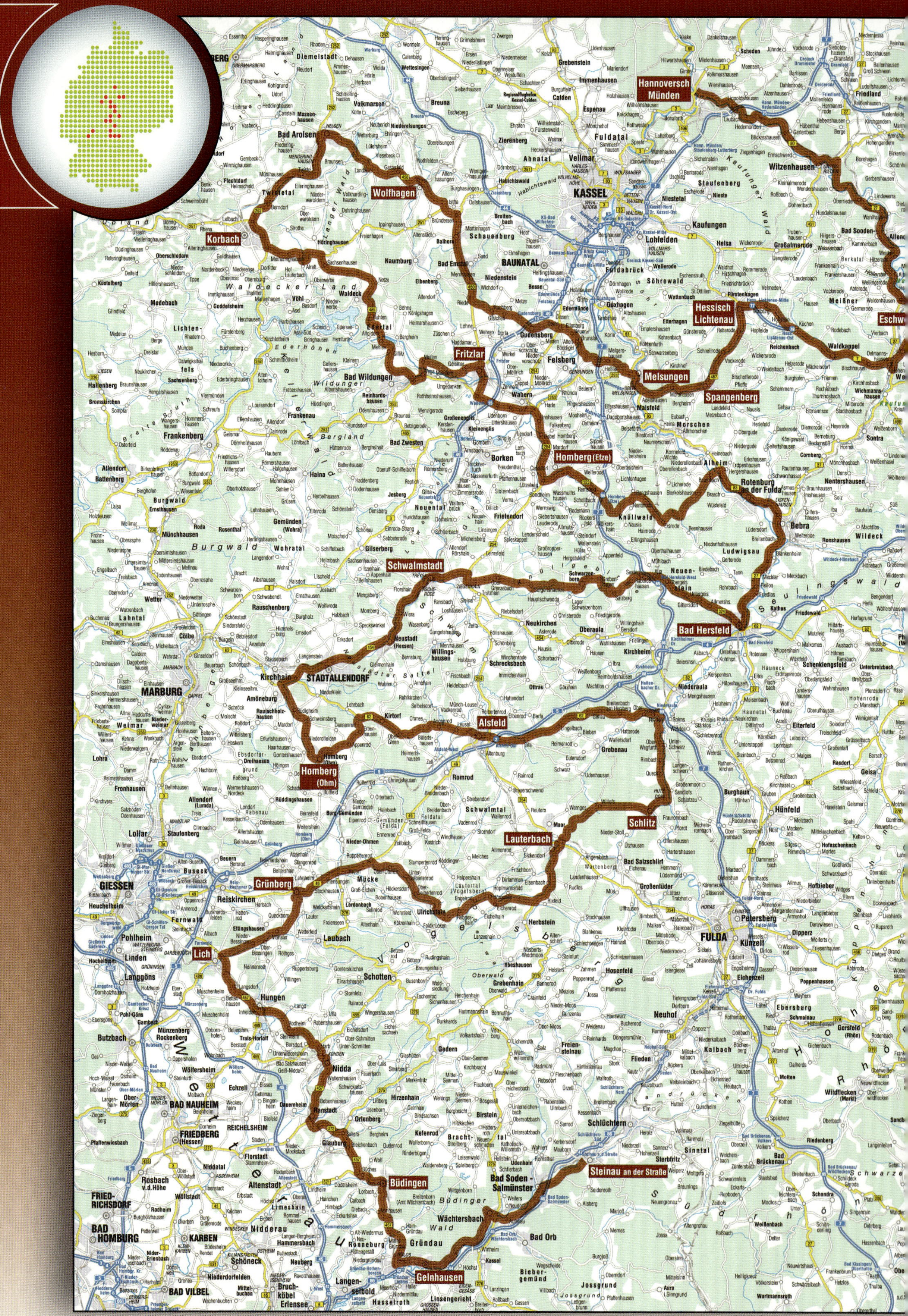
Hannoversch Münden
Wolfhagen
Korbach
Fritzlar
Melsungen
Hessisch Lichtenau
Eschwege
Spangenberg
Homberg (Efze)
Rotenburg an der Fulda
Schwalmstadt
Bad Hersfeld
Alsfeld
Homberg (Ohm)
Schlitz
Lauterbach
Grünberg
Lich
Büdingen
Steinau an der Straße
Gelnhausen
KASSEL
MARBURG
GIESSEN
FULDA

VOM WESERBERGLAND ÜBER NORDHESSEN ZUM VOGELSBERG UND SPESSART

Diese Regionalstrecke der Deutschen Fachwerkstraße umfasst die Orte Hann. Münden · Eschwege · Hessisch Lichtenau · Spangenberg · Melsungen · Wolfhagen · Korbach · Fritzlar · Homberg (Efze) · Bad Hersfeld · Schwalmstadt · Homberg/Ohm · Alsfeld · Schlitz · Lauterbach · Grünberg · Lich · Büdingen · Gelnhausen · Steinau a. d. Straße

Zwei Fachwerklandschaften

Die Strecke führt durch abwechslungsreiche Mittelgebirgslandschaften, durch zwei Bundesländer und durch zwei Fachwerklandschaften.

Von Hann. Münden in Niedersachsen, wo sich Fulda und Werra treffen, und vereinigt als Weser weiterfließen, verläuft die Route zunächst an der Werra aufwärts in das Bundesland Hessen nach Eschwege und weiter durch dichte Wälder und fruchtbare Feldfluren nach Hess. Lichtenau, Spangenberg und Melsungen im Fuldatal. Von dort führt die Route nach Wolfhagen im Norden und wieder südlich nach Korbach, Fritzlar und Homberg (Efze). Durch den Knüllwald führt die Strecke nach Bad Hersfeld und weiter über Schwalmstadt und Homberg (Ohm) nach Alsfeld, schließlich über Schlitz, Lauterbach und Grünberg nach Lich, weiter geht es dann über Büdingen, Gelnhausen, das Kinzigtal aufwärts nach Steinau an der Straße.

Fortlaufend ist diese Strecke umsäumt von sanften Bergrücken bis etwa 500 Meter Höhe mit großem, meist Laub- und Mischwaldbestand. Wegen der fruchtbaren Böden ist dieser Teil Hessens in den Tälern dicht besiedelt, d.h. zahlreiche Weiler und Dörfer über die genannten Fachwerkstädte hinaus machen die Strecke besonders abwechslungsreich.

So abwechslungsreich wie die Landschaft ist das Fachwerk dieser Regionalstrecke: In Hann. Münden gibt es städtisches, niederdeutsches Fachwerk, das seine Herkunft aus den Hallenhäusern mit den großen Eingangstoren nicht verleugnet. Die gesamten Entwicklungen giebelständiger, gotischer Häuser bis zu den eleganten Fachwerken der Renaissance und des Barocks sind zu verfolgen. Nur wenige Kilometer entfernt liegen Eschwege, Spangenberg und Melsungen in einer anderen Fachwerklandschaft. Deutlich ist hier das dreizonige, quer aufgeschlossene Haus als Entwicklungsstufe für die dörfliche wie die städtische Bausubstanz festzustellen. In den meisten Dörfern Nordhessens sind die Funktionen der landwirtschaftlichen Höfe in Gebäuden getrennt: Wohnhaus, Scheune, Stall, Remise und Backhaus. Die Wohnhäuser der Hofreiten haben über Jahrhunderte die gleiche Struktur: Gebäude von 6 bis 10 Metern Breite und etwa 11 bis 13 Metern Länge mit zwei Querschotten in drei Zonen geteilt, meist zweigeschossig. Die Funktionsgebäude in den Städten folgen wegen der unterschiedlichen Funktionen, aber auch wegen der oft noch mittelalterlichen Parzellenstruktur nicht immer dem Grundschema.

Die Entwicklung von 1470 (links) bis etwa 1550 (rechts), an einer Wand dargestellt

Am Melsunger Rathaus aus dem Jahre 1556 findet man eine frühe Mannform aus Ständer, dreiviertelgeschosshohen Streben und Kopfwinkelhölzern. Diese Form der Verstrebung löste die Verstrebungsform der Übergangszeit um 1500 ab und verbreitete sich schnell über das gesamte hessische Gebiet, weitergehend über Deutschland.

Einen Schwerpunkt im Vogelsberg und darüber hinaus in ganz Nordhessen bilden die Fachwerkkirchen, um deren Erhalt sich ein eigens gebildeter Förderkreis besonders bemüht. Die meisten dieser Kirchen gehören zu den ebenso malerischen wie kunsthistorisch wichtigen Leckerbissen an dieser Strecke der Deutschen Fachwerkstraße, die für Fachwerkliebhaber insgesamt ein „Eldorado“ darstellt.

HANN. MÜNDEN

Einwohnerzahl: 24.361
Stadtteile: Bonaforth, Gimte mit Hilwartshausen, Hedemünden, Hemeln mit Bursfelde und Glashütte, Laubach, Lippoldshausen, Mielenhausen, Oberode, Volkmarshausen, Wiershausen
Fläche: 121 km²
Lage: Am Zusammenfluss von Werra und Fulda zur Weser inmitten des Naturparks Münden

STADT UND STADTGESCHICHTE

Dort, wo Fulda und Werra sich zur Weser vereinigen, liegt dieses Kleinod historischer Baukunst. Mehr als 700 Fachwerkbauten aus sechs Jahrhunderten, Reste der Befestigungsanlagen mit Stadtmauern und Türmen, Welfenschloss, Werrabrücke sowie ein imposantes Rathaus in feinster Weserrenaissance, prägen den mittelalterlichen Stadtgrundriss bis heute. Im Bereich des Zusammenflusses von Fulda und Werra wird die Lage eines fränkischen Königshofes angenommen. Als Stadt ist Münden seit 1183 urkundlich bezeugt. Die günstige Lage und das Handelsprivileg des Stapelrechts zwischen 1247 und 1824 begründet den Aufstieg und Wohlstand der Stadt. Bereits 1327 wird eine Steinbrücke über die Werra genannt – eine der ältesten Steinbrücken Norddeutschlands. Vom Ende des 15. Jahrhunderts bis 1584 war die Stadt herzogliche Residenz, 1626 plünderte Tilly Münden. Auch im Siebenjährigen Krieg (1756 – 1763) hatte die Stadt schwer zu leiden. 1753 wurde in Münden eine Fayencemanufaktur gegründet, die bis 1854 arbeitete.

Beeindruckend sind die geschlossenen Fachwerkfassaden Hann. Mündens, die durch zahlreiche große Zwerchhäuser, durch Tauwerk und Schiffskehlen an Rähmen und Schwellen sowie durch Hängezapfen, Blendarkaden und Andreaskreuze in den Brüstungsfeldern gekennzeichnet sind. Früh erkannten die Stadtväter den Reichtum ihrer Stadt, ihres Fachwerks, initiierten Sanierungen und wurden dafür national und international geehrt. Heute ist Hann. Münden ein beliebtes Städte- und Urlaubsziel mit viel Flair und Angeboten zu Rad, Kanu, Schifffahrt, Kultur und Kunst. Über 2000 Betten in Hotels, Gasthäusern, Ferienwohnungen, Jugendherberge, Wohnmobil- und Campingplatz stehen für einen erholsamen Urlaub bereit.

SEHENSWERTES

- Fachwerkensemble Altstadt · die Broschüre „Stadtansichten-Stadtrundgänge“, die in der Tourist-Information erhältlich ist, stellt die bedeutendsten Sehenswürdigkeiten vor
- Küsterhaus St. Blasii · Kirchplatz 4 · 1457 mit Figurenknaggen
- „Ochsenkopf“ · Sydekumstraße 8 · 1528 · in reiner Geschossbauweise
- Sterbehaus Doktor Johann Andreas Eisenbart · Lange Straße 79
- Schiffsrundfahrten, mehrmals täglich (Mai bis Mitte September)
- Figurenumlauf des Doktor-Eisenbart-Glockenspiels im Rathausgiebel, täglich um 12.00, 15.00 und 17.00 Uhr
- Doktor Eisenbart-Sprechstunde, samstags um 13.30 Uhr im Rathaus (Mai bis Anfang Oktober)

FESTE UND FEIERN

- Stadtführungen, täglich um 10.30 Uhr und 14.30 Uhr ab Rathaus / Tourist-Information (Mai bis Anfang Oktober)

Tagesaktuelle Veranstaltungen im Hann. Mündener Internet-Veranstaltungskalender unter www.hann.muenden-tourismus.de

Zertifizierte Gästeführer und Fachwerkgästeführer

Auskünfte

Touristik Naturpark Münden e. V.
Rathaus · 34346 Hann. Münden
Tel. 05541.75313 Fax 05541.75404
info@hann.muenden-tourismus.de
www.hann.muenden-tourismus.de

Deutsche Fachwerk Straße

Lange Straße

ESCHWEGE

Einwohnerzahl: 19.421
Stadtteile: Albungen, Eltmannshausen, Niddawitzhausen, Niederdünzebach, Niederhone, Oberdünzebach, Oberhone
Fläche: 63,27 km²

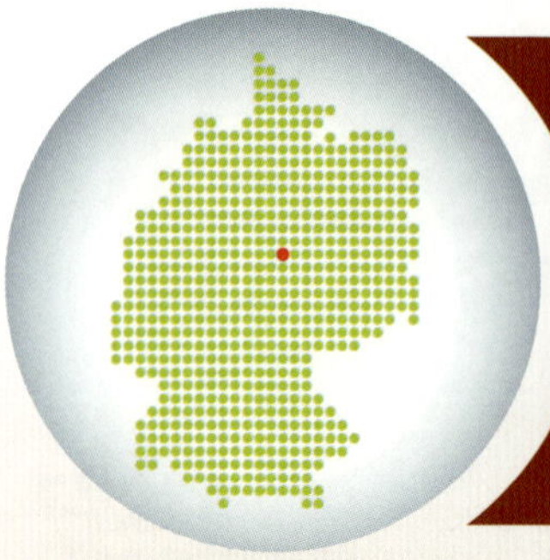

STADT UND STADTGESCHICHTE

Im Jahr 974 wird Eschwege erstmals als „Eskinivvach – Siedlung bei den Eschen am Wasser" in einer Urkunde Kaiser Ottos II. erwähnt. Die Stadtrechte erhielt Eschwege um 1215. Zu dieser Zeit wurden auch die Grundlagen für die Tuch- und Ledererzeugung gelegt, deren Einflüsse noch heute im ehemaligen Industrieviertel „Brückenhausen" zu sehen sind. Hier trifft klassisches Fachwerk auf industrielle Bauten aus dem 19. Jahrhundert. In Eschweges Altstadt sind mehr als 1000 Fachwerkbauten mit beeindruckenden Flachschnitzereien, Schmuck, Symbolik und Eckfiguren zu bewundern. Fast alle Fachwerkhäuser stammen aus der Zeit nach 1637, nur einige wenige Häuser sind älter. Diese sind sehr gut an der Wildemann–Konstruktion zu erkennen, die Mitte des 16. Jahrhunderts eingebaut wurde.

Neben diesen Fachwerk-Kostbarkeiten empfiehlt sich der Besuch wahrer Kleinode, wie dem Stadtmuseum, dem einzigartigen Zinnfigurenkabinett, dem Sophiengarten und dem Botanischen Garten. Kirchenschätze sind in der Marktkirche St. Dionys mit Fürstengruft und in der Neustädter Kirche St. Katharina zu entdecken. Am besten erkundet man die Stadt bei einer der spannenden Erlebnis-Stadtführungen. Dabei kann man mit dem „Zimmermann auf Fachwerkwanderschaft" gehen oder aber die Besonderheiten der Stadt mit interessanten Persönlichkeiten aus der Stadtgeschichte, die allerlei aus „ihrer" Zeit zu berichten wissen und längst vergangene Epochen wieder lebendig werden lassen, erleben. Das Fachwerk ist bei jeder Stadtführung ein wichtiger Baustein. Die schönsten Fachwerk-Sehenswürdigkeiten sind in der Broschüre „Eschweger Stadtspaziergang" zusammengestellt (erhältlich in der Tourist-Information).

SEHENSWERTES

- Raiffeisenhaus (1679) mit zahlreichen Motiven im Balkenschnitzwerk
- Altes Rathaus (1660) mit Glockenspiel und reichhaltigen Flachschnitzereien
- Marktplatz und Marktstraße mit zahlreichen Fachwerkbauten
- Marktkirche St. Dionys (gotisch)
- Nikolaiturm zum Besteigen mitten in der Altstadt
- Landgrafenschloss (16./17. Jh.) mit Dietemann-Kunstuhr und Frau-Holle-Brunnen
- Leuchtberge mit Bismarckturm (stadtnah)
- Werratalsee mit dem Ausflugsschiff Werranixe (stadtnah)

FESTE UND FEIERN

- Eschweger Automobilausstellung (April)
- Kinderfest (Juni)
- Johannisfest (Juni / Juli)
- Triathlon Werra Man (Juli/August)
- Open Flair Festival (August)
- Wurschtfest (September)
- Hessische Rudermeisterschaften (Oktober)
- Puppen- und Bären-Feststage (November)

Deutsche **Fachwerk** Straße

Auskünfte

Tourist-Information
Eschwege · Meinhard · Wanfried
Hospitalplatz 16 · 37269 Eschwege
Tel. 05651 331985 Fax 05651 50291
tourist-info@werratal-tourismus.de
www.werratal-tourismus.de

Raiffeisenhaus

HESSISCH LICHTENAU

Einwohnerzahl: 12.877
Stadtteile: Friedrichsbrück, Fürstenhagen, Hausen, Hirschhagen, Hollstein, Hopfelde, Küchen, Quentel, Reichenbach, Retterode, Velmeden, Walburg, Wickersrode
Fläche: 105,87 km²
Lage: Mitten in Deutschland zwischen Kassel und Eschwege

STADT UND STADTGESCHICHTE

Die Stadt „zur lichten Aue" wurde erstmals am 25.03.1289 als „Neue Stadt" urkundlich erwähnt. Sie wurde von Landgraf Heinrich I. aus strategischen Gründen infolge der thüringischen Streitigkeiten um die Erbfolge angelegt. Ihr waren von vornherein Stadtrechte verliehen, ebenso oblag ihr die Gerichtsbarkeit. Das geschlossene Fachwerkensemble mit altem Rathaus (1665) und gotischer Stadtkirche (1415) prägen die mittelalterliche Stadtanlage, die von der noch vollständig erhaltenen ovalen Stadtmauer umgeben ist. Kanzler Johannes Feige, geb.1482 in Lichtenau, prägte die Stadt maßgeblich. Von 1936 bis 1945 befand sich in Hessisch Lichtenau-Hirschhagen eine der größten Sprengstofffabriken des Dritten Reiches. Der Standort entwickelte sich zu einem Industriegebiet im „Grünen", dessen Geschichte auf dem Themenweg erlebbar ist.

Lange vor dem Hessentag, dessen Gastgeber die Stadt in 2006 sein durfte, wirbt das malerische Fachwerkstädtchen mit der Figur der Frau Holle, deren Heimat der „Hohe Meißner" ist. Frau Holle-Park und -Rundweg, dessen Herzstück das Frau Holle-Museum „Holleum" ist, zeigen an zwölf Stationen sowohl die Sagen- als auch die Märchengestalt in Verbindung mit der Historie der Stadt. Im Stadtteil Reichenbach befindet sich als kulturhistorische Kostbarkeit die romanische Kloster- und Deutsche Ordenskirche mit dreischiffiger, flachgedeckter Basilika (1140) und freigelegter Ausgrabungsfläche. Flora und Fauna inspirierten die Märchenerzähler Brüder Grimm und Johann Wolfgang von Goethe befand:„Die Gegend ist überherrlich...". Der Gast wird umfassend informiert während eines Spaziergangs durch die historische Altstadt mit einem zertifizierten Gästeführer.

SEHENSWERTES

- Historisches Rathaus mit Holleum (Frau Holle-Museum) · Landgrafenstraße 17 · Bj. 1665
- Gotische Stadtkirche · Landgrafenstraße · Bj. 1415
- Karpfenfängerteichanlage mit Frau Holle-Kunstwerken · Himmelsbergstraße
- Stadtführungen
- Hallenbad
- GrimmSteig
- Ars Natura Kunstwanderung
- Reisemobilstandorte
- Alpin-Sport
- Frau Holle-Park mit Stelen aus Granitsäulen mit abstrakten Skulpturen der Kunsthochschule Kassel
- Themenweg Hirschhagen

FESTE UND FEIERN

- Weinfest (nach Ankündigung)
- Frau Holle-Kirmes und Kirmes in den Stadtteilen
- Weihnachtsmarkt (nach Ankündigung)
- Ganzjährig Kulturveranstaltungen
- Museumstag im Holleum

Zertifizierte Gästeführer

Deutsche **Fachwerk** Straße

Auskünfte

Magistrat der Stadt Hessisch Lichtenau
Fachbereich Kultur · Tourismus und Stadtmarketing
Landgrafenstr. 52
37235 Hessisch Lichtenau
Tel. 05602.807-147 oder 114
Fax 05602.807-131
E-Mail: kultur-tourismus@hessisch-lichtenau.de
www.hessisch-lichtenau.de

Altes Rathaus mit
Frau Holle

SPANGENBERG

Einwohnerzahl: 6.200
Stadtteile: Bergheim, Bischofferode, Elbersdorf, Herlefeld, Landefeld, Metzebach, Mörshausen, Nausis, Pfieffe, Schnellrode, Vockerode-Dinkelberg und Weidelbach
Fläche: 98 km²
Lage: Seitental der Fulda im Nordosten des Schwalm-Eder-Kreises

STADT UND STADTGESCHICHTE

Weithin sichtbar thront das Jagdschloss Spangenberg auf einem hohen Kalksteinkegel. Seit 1235 begrüßt die Stadt mit diesem Blickfang ihre Gäste. Einst zur Kontrolle der Handelsstraße „die langen Hessen" von den Rittern von Treffurt errichtet, entwickelte sich Spangenberg bis zur Verleihung der Stadtrechte nach „lippstädtischem Recht" im Jahre 1309. Die weitgehend erhaltene Stadtmauer mit drei Türmen stammt aus dieser Zeit. Der Dreißigjährige Krieg brachte nicht nur der Bevölkerung große Verluste. 84 Häuser brannten nieder. Da war es hilfreich, dass viele Familien schon über Generationen neben der kargen Landwirtschaft die Leineweberei und den Flachsanbau betrieben. In Zünften organisiert gab es Mitte des 18. Jahrhundert 625 Leineweber im Amt Spangenberg, die Schockleinen in hoher Qualität herstellten.

Die Balkeninschriften vieler Häuser stammen von 1670 und 1690. Rund um den Marktplatz und in den zulaufenden Straßen und Gassen zeigt sich ein fast geschlossenes Fachwerkbild aus Handwerkerhäusern und großen Ackerbürgerhäusern. Auch ältere Bauten, Ständerbauten mit Schwertungen und Zapfenschlössern sowie hochgiebelige Häuser mit weiten Auskragungen über Knaggen stehen dort. Häufig kommen konstruktive Elemente wie Mannfiguren und Andreaskreuze vor. Spiralen, Tau- und Zopfbänder sowie Rauten, Fünferkreuze, Feuerböcke, Lebensbäume oder Schiffskehlen, Eierstäbe und Schuppungen zeigen eine Vielfalt an Schmuckelementen. Drei Kryptogramme krönen diese Baukunst. Touristisch eingebunden ist Spangenberg in die Erlebnisregion Mittleres Fuldatal in der GrimmHeimat Nordhessen. Gern erzählen die Gästeführer die Sage von Kuno und Else, nach der die Stadt den Begleitnamen „Liebenbachstadt" führt.

SEHENSWERTES

- Schloss Spangenberg · um 1235 Jagdschloss mit Jagdmuseum · Trauzimmer im Fachwerkerker und Rosengarten
- Ev. Stadtkirche St. Johannes · dreischiffige Hallenkirche · romanische Bauelemente · Grabplatte der Margarete von der Saale · Hochgrab der Landgräfin Anna und geschnitzte Pieta (um 1500)
- Historischer Burgsitz mit Backhaus und Heimatmuseum
- Altstadtresidenz mit Ballsaal · 1791
- Idealer Ausgangspunkt für Wanderungen auf dem Kunstpfad Ars Natura entlang der Fernwanderwege Wildbahn X 3 und Barbarossaweg X 8

FESTE UND FEIERN

- Kellermarkt (April bis Oktober am 1. und 3. Freitag im Monat)
- Spangenberger Musiksommer (nach Ankündigung)
- Stadtfest (nach Ankündigung)
- Kirmes (nach Ankündigung im September)
- Adventsmarkt (1. Advent)
- Internationales Reitturnier CSI*** (nach Ankündigung)
- Internationaler Museumstag (nach Ankündigung im Mai)
- Fachwerkführungen

Zertifizierte Gästeführer und Fachwerkgästeführer

Deutsche **Fachwerk** Straße

Auskünfte

MIT Spangenberg GmbH
Stadt- und Touristinformation
Rathausstraße 7
34286 Spangenberg
Tel. 05663.5090 – 40/41
Fax 05663.5090 – 43

service-center@spangenberg.de
www.spangenberg.de

Lange Gasse

MELSUNGEN

Einwohnerzahl: 14.322
Stadtteile: Adelshausen, Günsterode, Kehrenbach, Kirchhof, Obermelsungen, Röhrenfurth, Schwarzenberg
Fläche: 63,1 km²
Lage: Im Nordostteil des Schwalm-Eder-Kreises zwischen dem Melsunger Bergland und dem Homberger Hochland

FACHWERKSTADT DER BARTENWETZER

STADT UND STADTGESCHICHTE

Melsungen lohnt sich. Ein idyllischer Marktplatz, ein berühmtes Rathaus – in Melsungen, der historischen Fachwerkstadt an der Fulda mit ihrer über 1000-jährigen Geschichte, gibt es viel zu entdecken. Von der langen und bewegten Vergangenheit ist noch heute das Stadtbild geprägt. Fachwerk, wohin man auch schaut. Die Altstadt hat über die Jahrhunderte ihr einheitliches Gesamtbild erhalten. Melsungen wurde in der ersten Hälfte des 9. Jahrhunderts erstmals urkundlich erwähnt. Wahrscheinlich bestand die Siedlung an der Fuldafurt schon länger. Hier verlief die wichtige Ost-West-Verbindung zwischen dem Fritzlarer Raum und den Salzquellen von Sooden-Allendorf. Erst später gewann die Nord-Süd-Fuldatalverbindung (Nürnberger Landstraße) an Bedeutung. Der „burgus“ Melsungen wurde als kleine Stadt vermutlich 1151 erbaut und nach der Zerstörung im Jahre 1194 zu einer größeren Stadt wiederaufgebaut. In der Innenstadt reiht sich ein liebevoll restauriertes Fachwerkhaus an das andere. Mittelpunkt ist das historische Rathaus aus dem Jahre 1562/68, ein reiner Rähmbau, drei Stockwerke hoch. An seinen Ecken befinden sich vier Fachwerktürmchen. Auf dem Walmdach thront ein weiteres, in dem der „Bartenwetzer“ wohnt, der sich zweimal am Tag, um 12 und 18 Uhr, zeigt.

Flanieren - Schauen - Einkaufen – und das alles in historischem Ambiente. Geschmackvoll und innovativ gestaltete Geschäfte, ein vielfältiges Angebot, gemütliche Lokale und Straßencafés laden zum Bummeln und Verweilen ein. In Melsungen kann der Gast sich zwischen Kultur und Natur erholen. Naturliebhaber, Wanderer und Radfahrer finden hier ideale Freizeitmöglichkeiten.

SEHENSWERTES

- Fachwerkrathaus · Bauzeit 1562 bis 1568
- Landgrafenschloss mit Schlossgarten · von 1627-1632 Wohnsitz des Landgrafen Moritz des Gelehrten
- Patrizierhäuser am Marktplatz und in der Brückenstraße · älteste Fachwerkhäuser
- Bartenwetzerbrücke (1595/96) · am Sandstein der Brücke wetzten die Waldarbeiter auf dem Weg zum Stadtwald ihre Barten, die Äxte
- Stadtkirche- dreischiffige Hallenkirche · ältestes Baudokument · romanisches Eingangsportal
- Türme und Reste der ehemaligen Stadtbefestigung

FESTE UND FEIERN

- Weinfest (Ende August)
- Kirmes in den Stadtteilen
- Heimatfest (nach Ankündigung)
- Nordhessen geschmackvoll! – Spezialitätenfestival (Oktober)
- Kabarett-Wettbewerb „Scharfe Barte“ (November)
- Weihnachtsmarkt

Thematische Führungen z.B. für Einzelpersonen von Mai bis Oktober dienstags, samstags und sonntags; für Gruppen ganzjährig buchbar.

Zertifizierte Gästeführer

Deutsche Fachwerk Straße

Auskünfte

Kultur- & Tourist-Info Melsungen
Dienstleistungszentrum
Sandstraße 13
34212 Melsungen

Tel. 05661.708200
Fax 05661.708210
tourist-info@melsungen.de
www.melsungen.de

Rathaus

WOLFHAGEN

Einwohnerzahl: 14.000
Stadtteile: Altenhasungen, Bründersen, Ippinghausen, Istha, Leckringhausen, Niederelsungen, Nothfelden, Viesebeck, Wenigenhasungen und Phlippinenburg und Philippinenthal
Fläche: 111,95 km²
Lage: 30 km westlich von Kassel

STADT UND STADTGESCHICHTE

Die Geschichte der Stadt beginnt um das Jahr 1231, als Landgraf Konrad von Thüringen eine Raubgründung anlegen ließ und die landgräfliche Herrschaft gegen Mainz und Köln durchsetzte. In den folgenden Jahrhunderten entstanden die typischen Haus- und Gehöftformen der Bauernhäuser im Wolfhager-Land. Ackerbürger-, Handwerker- und Kaufmannshäuser wurden, bis auf wenige Steinbauten, als Fachwerkbauten errichtet.

Wolfhagen wurde von Stadtbränden heimgesucht, einem fiel das Rathaus mitsamt den umliegenden Wohnhäusern im Jahre 1376 zum Opfer. Kaum wieder errichtet, brannte es bei einer gewaltigen Feuersbrunst 1420 erneut nieder. Von 394 Wohngebäuden standen nach dem Dreißigjährigen Krieg noch 81 Gebäude. Der Aufbau im Grenzraum zwischen Nord- und Mitteldeutschland ist vom Nebeneinander des mitteldeutschen und des niederdeutschen Fachwerkbaus geprägt. Das „Diemellandhaus", ein Ackerbürgerhaus oft mit Einfahrtstor zur Diele an der Giebelseite, ist die städtische Variante des niederdeutschen Hallenhauses. In diesem Gebäudetyp befanden sich Wohnung, Scheune und Stallungen unter einem Dach. Gebäude, die in mitteldeutscher Bauweise errichtet wurden, sind von der Traufseite her aufgeschlossen. Sie werden als „Ernhäuser" bezeichnet und verfügen in der Regel über zwei oder mehr Wohnetagen und auffallend repräsentative Treppenhäuser. Stallungen und Scheune haben eigene Eingänge. Häufig sind sie in separaten Gebäuden untergebracht. Das Fachwerk ist reich verziert, die Stadt kann ein reizvolles und abwechslungsreiches Straßenbild vorweisen. Im Regionalmuseum Wolfhager Land ist der Geschichte des Hauses und der Fachwerkarchitektur in der Region Wolfhagen eine große Dauerausstellung gewidmet.

SEHENSWERTES

- Historische Altstadt
- Stadtkirche
- Die Alte Wache und der Märchenbrunnen
- Altes Rathaus mit Grimms Märchenkeller
- Regionalmuseum Wolfhager-Land · Ritterstraße 1
- Burggarten
- Chattenturm
- Wasserschloss u. Gutshof Elmarshausen
- Diemellandhäuser · Schützeberger Straße 11 · Dellbrückenstraße 4 – 5b und 7 · Burgstraße 1 und 6b
- Ernhäuser: Schäferstraße 1 · Burgstraße 25 · Mittelstraße 13 und Kirchplatz 4
- Handwerkerhäuser: Dellbrückenstraße 29 · Kirchplatz 9 · Große Teichstraße 18

FESTE UND FEIERN

- Johannifest (3. Maiwochenende)
- Kulturzelt (Mai bzw. Juni)
- Viehmarkt (3. Juliwochenende)
- Michaelismarkt (2. Septemberwochenende)
- Adventsmarkt (2. Adventswochenende)
- Kneipenfestival

Deutsche **Fachwerk** Straße

Auskünfte

Stadtverwaltung Wolfhagen
Stadt- & Tourist-Info
Rathaus · Burgstraße 33 – 35
D-34466 Wolfhagen
Tel. 05692.602-102 und 103
tourist-info@wolfhagen.de
www.wolfhagen.de

Kirche, Alte Wache
und Brunnen

KORBACH

Einwohnerzahl: 23.500
Stadtteile: Kernstadt Korbach und 14 Ortsteile (Alleringhausen, Eppe, Goldhausen, Helmscheid, Hillershausen, Lelbach, Lengefeld, Meineringhausen, Nieder-Ense, Nieder-Schleidern, Nordenbeck, Ober-Ense, Rhena, Strothe)
Fläche: 124 km²

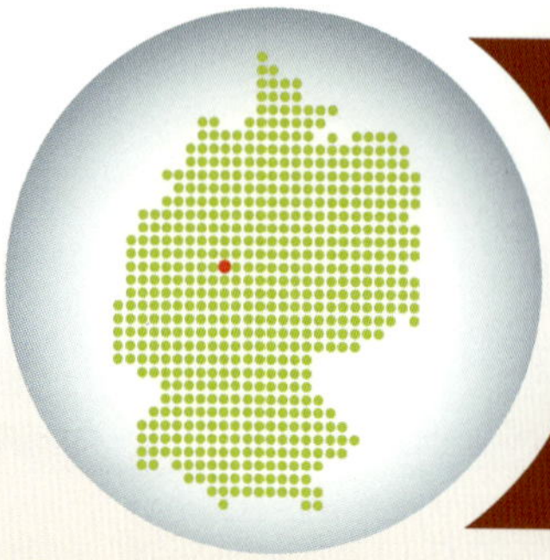

HANSESTADT KORBACH GOLDRICHTIG

STADT UND STADTGESCHICHTE

Korbach entwickelte sich Ende des 8. Jahrhunderts aus einem karolingischen Reichshof, der 980 erstmalig erwähnt wird. Die Stadt lag am wichtigen Schnittpunkt der Handelsstraßen von Frankfurt nach Bremen und von Köln nach Leipzig und wurde rasch zu einem bedeutenden Marktort. 1188 erhielt sie das Soester Stadtrecht. Nach der Vereinigung von Alt- und Neustadt im Jahr 1377 setzte sich der Aufschwung fort. Aufgrund der günstigen Lage an den Handelsstraßen wandten sich Korbacher Kaufleute dem Fernhandel zu und sind seit dem 15. Jahrhundert in Deventer (Flandern) und Reval (Estland) nachweisbar. Spätestens seit dieser Zeit war Korbach – als einzige Stadt im heutigen Hessen – auch Mitglied der Hanse.

Heute kann der Gast den Spuren der Geschichte auf der „Goldspur Korbach" durch die Altstadt folgen. Die mächtigen Türme der beiden gotischen Hallenkirchen St. Kilian und St. Nikolai, mittelalterliche Befestigungsanlagen mit doppeltem Stadtmauerring, Steinkammern als Lagerhäuser des Handels und ein eindrucksvolles Rathaus mit Rolandsfigur sind Zeugnisse von Selbstbewusstsein, Macht und Reichtum der Vergangenheit. Auf einer Stadtführung durch die romantischen Fachwerkgassen erlebt man das besondere Flair der Altstadt, bei einem Besuch im Wolfgang-Bonhage-Museum Korbach ein architektonisch spannendes Kapitel der hessischen Museumslandschaft. Außerdem locken Deutschlands größte Goldlagerstätte mit Besucherbergwerk, Lehrpfad und Aussichtsturm und die weltbekannte Fossilienfundstätte „Korbacher Spalte". Sie bezeugt Landschaft und Lebewelt vor 250 Mio. Jahren, als Korbach noch am Äquator lag und die ältesten Vorfahren der Säugetiere die Erde bevölkerten.

SEHENSWERTES

- Rathaus · Stechbahn 1 · Bj. 1377 · bis heute Sitz von Verwaltung und Tourist-Information
- Wolfgang-Bonhage-Museum Korbach · Kirchplatz 2 · historisches Fachwerk- und Steinhaus-Ensemble
- Patrizierhaus · Katthagen 13 · Bj. 1593 · einziges Fachwerkhaus, das den Stadtbrand von 1664 unversehrt bis heute überstanden hat
- Hartwigsches Haus · Stechbahn 9 · Bj. 1720 · stattliches Fachwerkhaus mit barockem Schmuck-Portal
- Stadtbücherei · Prof. Kümmell-Str. · Stechbahn · Bj. um 1670
- Gasthaus „Zur Waage" · Marktplatz 5 · Bj. 1730 · steht auf Grundmauern des Altstädter Rathauses am historischen Marktplatz
- Doppelter Stadtmauerring · umzieht die gesamte historische Alt- und Neustadt · Baujahr 13.-15. Jh.
- Fachwerkgassen in der Altstadt (z.B. Violinenstr. · Tempel · Oberstr.)

FESTE UND FEIERN

- Kiliansmarkt (Juni)
- Altstadt-Kulturfest (Juli)
- Herbstmarkt (September)
- Mittelalterlicher Markt (Oktober)

Deutsche Fachwerk Straße

Auskünfte

Besuchen Sie uns und erleben Sie die mittelalterliche Hansestadt Korbach!
Tourist-Information Korbach
Stechbahn 1 (Rathaus) · 34497 Korbach
Tel. 05631.53232 · Fax 53320
info@korbach.de · www.korbach.de
Zahlreiche Gäste- und Erlebnisführungen

Blick vom Museum
zum Rathaus

FRITZLAR

Einwohnerzahl: 14.250
Stadtteile: Cappel, Geismar, Haddamar, Lohne, Obermöllrich, Rothhelmshausen, Ungedanken, Wehren, Werkel, Züschen
Fläche: 88,78 km²
Lage: Auf einer Flussterrasse der Eder, 30 km südlich von Kassel

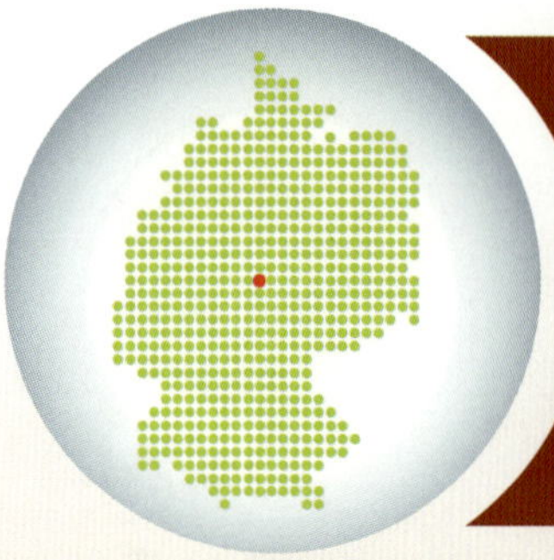

STADT UND STADTGESCHICHTE

Ihre Gründung führt die fast 1300-jährige Stadt auf das Werk des Heiligen Bonifatius zurück, der im Jahr 723 das Heiligtum der Chatten, die Donareiche, fällte. Aus ihrem Holz baute er eine dem Hl. Petrus geweihte Kirche und gründete ein Kloster. 919 wurde Heinrich I., der „Vogler", in Fritzlar zum König erhoben. Viele Königs- und Kaiserbesuche, Reichs- und Kirchenversammlungen im 11. und 12. Jahrhundert bezeugen ebenso wie die noch heute weitgehend erhaltene Stadtbefestigung die besondere Stellung der alten Handelsstadt. Im 12. und 13. Jahrhundert errichtete man den Dom mit der spätromanischen Doppelturmanlage, ein exquisites Zeugnis romanisch-gotischer Baukunst.

Der Fritzlarer Marktplatz gilt als einer der schönsten Marktplätze Hessens und als ein Kleinod deutschen Fachwerkbaus. Eindrucksvolle Fachwerkbauten, vom 15. bis ins 20. Jahrhundert errichtet, säumen geschlossen den Platz. Darunter das Kaufhaus der Michaelsbruderschaft mit seinem viergeschossigen Erker, das Ständerhaus Markt 22 und das gründerzeitliche Haus Nägel. Auch in den umliegenden Altstadtgassen stehen viele bedeutende Fachwerkbauten, allen voran das Hochzeitshaus, Nordhessens größter Fachwerkbau. Ähnlich eindrucksvoll ist der Domplatz mit der Basilika St. Petri und dem mächtigen Rathaus, das älteste Amtshaus Deutschlands. Dessen Fachwerkobergeschoss wurde nach einem großen Brand 1441 errichtet, 1839 abgetragen und 1963 mit einer Schieferverkleidung rekonstruiert. Die historischen Gebäude sind mit Informationstafeln versehen. Kleine inhabergeführte Läden und Boutiquen laden zum Bummeln, Cafés und Restaurants zum Verweilen ein. Der Wochenmarkt mit frischen Produkten aus der Region findet ganzjährig mittwochs und samstags auf dem Marktplatz statt.

SEHENSWERTES

- St. Petri Dom · Domplatz · päpstliche Basilika minor mit Dommuseum und Domschatz · Dombibliothek und Krypta
- Rathaus · Zwischen den Krämen 5 · ältestes Amtshaus Deutschlands
- Hochzeitshaus · Am Hochzeitshaus 6 – 8 · größter Fachwerkbau Nordhessens (Renaissance) mit dem Regionalmuseum
- Gildehaus der Michaelsbruderschaft (1480) · Marktplatz 4
- Marktplatz mit Fachwerkensemble und Rolandsbrunnen (Renaissance, 16. Jh.)
- Grauer Turm · Am Grauen Turm · größter erhaltener städt. Wehrturm Deutschlands von 1274 · Ausstellungen zu Episoden der Stadtgeschichte auf drei Etagen u. Aussichtsetage
- Ev. Stadtkirche · Gießener Straße · gotische Hallenkirche 14. Jd.

FESTE UND FEIERN

- Rosenmontagsumzug
- Fritzlarer Pferdemarkt (2. Juliwochenende)
- Kultursommer Open Air „Fritzlar vor dem Dom" (1. Augustwochenende)
- Mittelalterliches Kaiserfest (alle zwei Jahre (2014 ff.), 3. Augustwochenende)
- Weihnachtsmarkt (2. Advent)
- Advent in den Höfen (4. Advent)

Zertifizierte Gästeführer und Fachwerkgästeführer

Auskünfte

Touristinformation Fritzlar
Zwischen den Krämen 5
34560 Fritzlar
Tel. 05622.988672
Fax 05622.988626
touristinfo@fritzlar.de
www.fritzlar.de

Altstadtführungen 1. April bis 15. Oktober
Di-Fr 10.30 Uhr · So u. Feiertag 11 Uhr
Ab Eingang Rathaus · 3€/Person · Kinder bis 14 Jahre in Begleitung Angehöriger frei.
Ohne Anmeldung.

Deutsche Fachwerk Straße

Historischer Marktplatz

HOMBERG (EFZE)

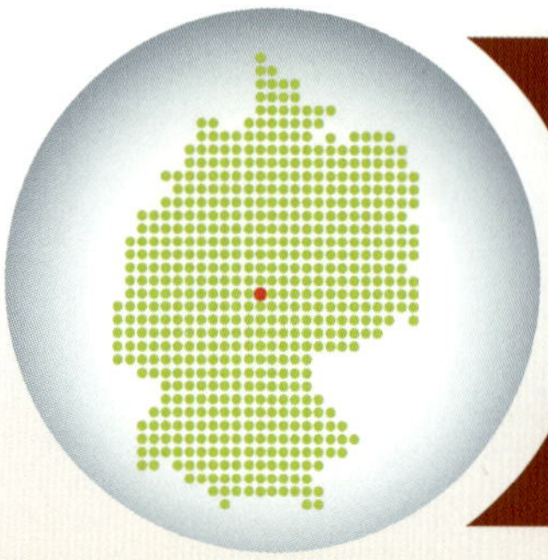

Einwohnerzahl: 14.370
Stadtteile: Allmuthshausen mit dem Dorf Rückersfeld, Berge, Caßdorf, Dickershausen, Holzhausen, Hombergshausen mit der Siedlung Lengemannsau, Hülsa, Lembach, Lützelwig, Mardorf, Mörshausen, Mühlhausen, Relbehausen, Rodemann, Roppershain, Sondheim, Steindorf, Waßmuthshausen, Welferode, Wernswig
Fläche: 99,99 km^2
Lage: Im Übergangsgebiet zwischen Westhessischer Senke und dem Knüll

STADT UND STADTGESCHICHTE

Im Schutz der im 12. Jahrhundert errichteten Hohenburg entwickelte sich Homberg. An den „Langen Hessen" gelegen, wurde es zu einer wirtschaftlich erfolgreichen Stadt, zuerst unter den Landgrafen von Thüringen und später unter den Landgrafen von Hessen. Die Bedeutung der Stadt führte dazu, dass dort 1526 die wichtigste kirchenpolitische Tagung stattfand, die Homberger Synode. Auf dieser wurde unter Landgraf Philipp dem Großmütigen der Entschluss gefasst, in Hessen die Reformation einzuführen. Obwohl die Stadt und das Schloss während des 30-jährigen Krieges stark gelitten haben, war Homberg immer wieder Zentrum wichtiger politischer Entscheidungen, hier sei nur der Dörnbergaufstand von 1809 genannt, also die Revolte der Hessen gegen die Herrschaft Napoleons.

Homberg präsentiert sich heute mit seiner Alt- und Neustadt, der so genannten Freiheit, mit einem erfreulich geschlossenem Stadtbild. Dazu gehören die typischen städtischen Symbole wie Mauer, Tore, Türme, Rathaus, Markt und als Zeugen des Wohlstandes zahlreiche stattliche Fachwerkhäuser. Auf dem über verschiedene Ebenen aufsteigenden Marktplatz, der von der hochgotischen Stadt- und Reformationskirche dominiert wird, finden sich auch die aus dem Mittelalter stammenden Schirnen. Von besonderem Reiz sind die repräsentativen Fachwerkfassaden von der Gotik, über die Renaissance und Barock, bis zu verputzten Bauten des Klassizismus. Heute wird das Fachwerk als wandlungsfähiges Bauelement für Wirtschaft und Gastronomie neu entdeckt und als innovativer und interessanter Werkstoff für Ferienwohnungen genutzt, die gerade in der Homberger Altstadt entstehen.

SEHENSWERTES

- Ehemaliges Damenstift Wallenstein · ehemaliger Burgsitz · Anfang 17. Jh.
- Spätmittelalterliches Rathaus mit massivem Erdgeschoss · um 1608
- Ehemaliges Hochzeitshaus · um 1517
- Zehntscheune · Anfang 15. Jh. · mit gotischem Schuppenputz
- Gasthaus Krone · um 1480 am Markt
- Gotisches Haus · um 1425 in Ständerbauweise errichtet · mit rückwärtiger Erweiterung und Holzportal · 1553
- Haus zum Schultheisen · um 1600 · auffällige Sandsteinreliefs
- Löwenhaus, Marktplatz 2 · um 1617 · reich geschnitzter Fachwerkdekor
- Markt 16 · gewaltiger Fachwerkbau von 1668 · seit 1701 Engelapotheke
- Fünffensterhäuser am Markt aus Kassler Tradition (du Ry) um 1800
- zahlreiche Burgmannensitze
- Hohlebachmühle · Anlage um 1415

FESTE UND FEIERN

- Marktplatzkonzerte (Juni bis Anfang September)
- Burgbergfestival (Mitte Juli)
- Weinfest (Anfang August)
- Herbstmarkt (1. Sonntag im Oktober)
- Snowparty (1. Sonntag im November)
- Clobesmarkt (immer am Wochenende um den 6. Dezember)
- Rabatt(z)markt (Ende Dezember)

Zertifizierte Gästeführer und Fachwerkgästeführer

Deutsche Fachwerk Straße

Auskünfte

TouristInfo Homberg · Marktplatz 19 · 34576 Homberg (Efze)
Tel. 05681.939161 · Fax 05681.939162
touristinfo.homberg-efze@t-online.de
http://www.homberg-efze.eu

Markt

BAD HERSFELD

Einwohnerzahl: 28.772

Stadtteile: Allmershausen, Asbach, Beiershausen, Eichhof, Heenes, Hohe Luft, Johannesberg, Kathus, Kohlhausen, Petersberg und Sorga

Fläche: 73,83 km²

Lage: Landkreis Hersfeld-Rotenburg, Nordosten von Hessen

STADT UND STADTGESCHICHTE

Die Kur- und Festspielstadt Bad Hersfeld blickt auf eine ereignisreiche Geschichte zurück. 769 gründete Erzbischof Lull ein Benediktinerkloster, heute die größte romanische Kirchenruine der Welt. Als „Stiftsruine" ist sie durch die Bad Hersfelder Festspiele international bekannt geworden. Erstmals wurde Hersfeld als Stadt im Jahr 1170 erwähnt. Durch den Zusammenhalt der Bürger in der Vitalisnacht 1378 und nicht zuletzt dank der Unterstützung des badischen Oberstleutnants Lingg von Linggenfeld, sich dem Befehl des französischen Kaisers Napoleon zu widersetzen, die Stadt im Jahr 1807 zu plündern und niederzubrennen, konnten zwei Katastrophen abgewendet werden. Die wunderschöne Altstadt mit ihren Fachwerkhäusern blieb erhalten. Und auch durch ihre logistisch gute Lage - bereits im Mittelalter an der Via Regia gelegen – ist die Stadt mitten in Deutschland noch heute ein wichtiger Logistikstandort.

Im historischen Stadtkern finden sich über 200 denkmalgeschützte Häuser. In der Altstadt direkt gegenüber der Stadtkirche befindet sich das Küsterhaus von 1452, welches als eines der ältesten und schönsten Fachwerkhäuser Hessens gilt. Das Renaissance-Rathaus wurde erstmals im Jahre 1371 urkundlich erwähnt, nach dem Umbau des gotischen Gebäudes in den Jahren 1607-1612 erscheint es heute im Stil der Weserrenaissance. Großzügige Parkanlagen wie der Kurpark, der 2013 neu gestaltete Schilde-Park und die alten Stadtbefestigungen in den Leonard-Müller-Anlagen rahmen die Innenstadt ein und warten darauf, erkundet zu werden.

SEHENSWERTES

- Küsterhaus · Am Kirchplatz · Bj. 1452
- Baumeisterhaus · Klausstraße · Bj. 1609
- Renaissance-Fachwerkhäuser am Markt · um 1570/1580
- Stiftsruine
- Gotische Stadtkirche · Am Kirchplatz · um 1300
- Renaissance-Rathaus · Weinstraße · erste Erwähnung 1371
- Hotel „Zum Stern" · Linggplatz · über 1000 Jahre alte Grundmauern · ab 1622 Postkutschenstation · heute Hotel und Restaurant
- Fabrikhallen der Benno-Schilde AG · Benno-Schilde-Platz · historisches Backsteingebäude · Erlebnis-Museum „wortreich"

FESTE UND FEIERN

- Bad Hersfelder Festspiele (Juni bis August)
- Lullusfest – ältestes Volksfest Deutschlands seit 852, (Woche des 16. Oktober)
- LiveJazz, Open-Air-Festival (Ende Mai)
- Weinfest (Mitte Juli)
- Weihnachtsmarkt (Ende November bis Weihnachten)

Auskünfte

Deutsche Fachwerk Straße

Tourist-Information im Schilde-Park
Benno-Schilde-Platz 1
36251 Bad Hersfeld
Tel. 06621.201274
info@bad-hersfeld.de · www.bad-hersfeld.de

Bad Hersfelder Festspiele: www.bad-hersfelder-festspiele.de
Erlebnis-Museum wortreich: www.wortreich-badhersfeld.de

Küsterhaus 1452
Am Kirchplatz

SCHWALMSTADT

Einwohnerzahl: 18.500
Stadtteile: Treysa und Ziegenhain, Allendorf, Ascherode, Dittershausen, Florshain, Frankenhain, Michelsberg, Niedergrenzebach, Rommershausen, Rörshain, Trutzhain und Wiera
Fläche: 84,74 km²
Lage: Im Schwalmbecken am Westrand des Knüllgebirges

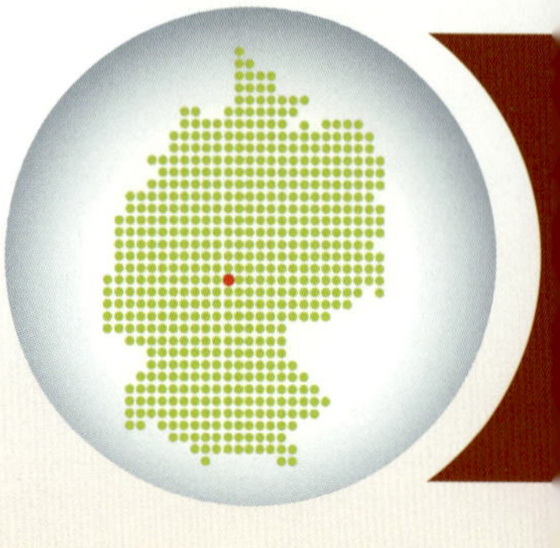

STADT UND STADTGESCHICHTE

Im Jahr 1971 wurden die Städte Treysa und Ziegenhain und deren umliegende Dörfer zur Stadt Schwalmstadt zusammengefasst. Die Geschichte dieser Verwaltungseinheit ist noch recht jung, ihre historischen Wurzeln hingegen reichen bis ins erste Jahrtausend n. Chr. zurück. Treysa zählt zu den ältesten Städten Hessens. Um 800 gehörte der Ort zum Besitz des Klosters Hersfeld, Anfang des 13. Jahrhunderts wird erstmals die Burg erwähnt. Im 30-jährigen Krieg wurde die Stadt teilweise durch Brände vernichtet, die Fachwerkgebäude stammen deshalb weitgehend aus der Zeit nach 1650. Das historisch wichtigste Gebäude Treysas ist die Totenkirche, die Pfarrkirche St. Martin, deren Langhaus bereits 1260 fertiggestellt war. 1830 durch Blitzschlag zerstört, ist sie eine Ruine. Um das Rathaus, den Marktplatz und die Straßen der Altstadt Treysas dominieren die Fachwerkgebäude. Am zurückhaltenden Fachwerkschmuck fallen Gliederungs- und Schmuckelemente auf. Darunter auf Knaggen ruhende Erker und Eckerker oder ein Brüstungsfries mit Fächerrosetten.

Ziegenhain liegt am Übergang des historischen Fachwerkhandelsweges „Durch die kurzen Hessen“ über die Schwalm, nur etwa zwei Kilometer von Treysa entfernt, im Flusstal. Der Flussübergang ist seit Mitte des 11. Jahrhunderts urkundlich erwähnt. Schon in der Mitte des 13. Jahrhunderts erhielt Ziegenhain Stadtrechte. Die später zur Festung ausgebaute Stadt war so wehrhaft, dass sie über Jahrhunderte nur wenig zerstört wurde. Der Festungsbau, die „Wasser-Festung“ ist heute noch sehr gut erhalten. Das Fachwerk Ziegenhains zeichnet sich innerhalb eines großen, vielfach ungestörten Fachwerkensembles durch das Rathaus, zwei Burgmannenhäuser und zahlreiche Bürgerhäuser aus. Die Bürgerbauten reichen vom 16. bis ins 20. Jahrhundert.

SEHENSWERTES

Treysa:
- Rathaus · Marktplatz 1 · 1649 bis 1651 · dreigeschossiger Fachwerkbau
- Haus Marktplatz 5 · mittelalterlicher Ständerbau · prächtiger Eckerker
- Haus Steingasse 29; 17. Jh. · Fachwerk mit dreigeschossigem Erker

Ziegenhain:
- Rathaus · Wiederholdstraße 24 · 1843/44 · zweigeschossiges Mansarddach mit annährend gleich geneigtem Unter- und Oberdach mit Haubendachreiter
- Burgmannensitz „Zum Rosengarten“ · Muhlystraße 3 · Bj. um 1620 · repräsentativer Fachwerkbau · dreigeschossige in das Dach reichende Eckerker

FESTE UND FEIERN

- Salatkirmes (Ziegenhain, 2. Wochenende nach Pfingsten)
- Weinfest an der Totenkirche (Treysa, 2. Wochenende im Juli)
- Hutzelkirmes (Treysa, 2. Wochenende im August)
- Kunst- und Handwerkermarkt (Ziegenhain, 1. Sonntag im September)
- Michaelismarkt (Treysa, 3. Sonntag im September)
- Schwälmer Weihnachtsmarkt (Ziegenhain, 3. Adventswochenende)
- Scherzmarkt (Treysa i.d.R. 28.12.)

Zertifizierte Gästeführer und Fachwerkgästeführer

Deutsche Fachwerk Straße

Auskünfte

Schwalm-Touristik
Paradeplatz 7
34613 Schwalmstadt-Ziegenhain
Tel. 06691.71212 · Fax 5776
schwalmstadt@rotkaeppchenland.de
www.schwalm-touristik.de
Bürgerbüro Schwalmstadt
Marktplatz 1 · 34613 Schwalmstadt-Treysa
Tel. 06691.2070 · Fax 207180
info@schwalmstadt.de
www.schwalmstadt.de

Haus Rosengarten

HOMBERG (OHM)

Einwohnerzahl: 7.600

Stadtteile: Appenrod, Bleidenrod, Büßfeld, Dannenrod, Deckenbach, Erbenhausen, Gontershausen, Haarhausen, Höingen, Homberg, Maulbach, Nieder-Ofleiden, Ober-Ofleiden, Schadenbach

Fläche: 88 km²

Lage: Mitten in Hessen, im Dreieck zwischen Marburg – Giessen – Alsfeld

STADT UND STADTGESCHICHTE

Die früheste schriftliche Erwähnung Hombergs (Hohunburch) ist einer Urkunde aus dem Jahr 1065 zu entnehmen. Zu dieser Zeit gab es in Homberg bereits einen größeren königlichen Wirtschaftshof als Mittelpunkt einer umfangreichen königlichen Grundherrschaft. Planung und Anlage der seinerzeit durch eine Stadtmauer mit wehrhaften Türmen und Stadttoren umgürteten mittelalterlichen Stadt direkt unterhalb der massiven Burganlage ließen da nicht lange auf sich warten, denn im Jahre 1234 besaß Homberg bereits die Stadtrechte.

Das auf einem Basaltkegel gelegene Städtchen mit mittelalterlichem Kern lädt mit beschaulichen Gassen, liebevoll gepflegten Fachwerkhäusern und vielen kleinen Geschäften zum Bummeln ein. Homberg ist reich an Baudenkmalen aus mehreren Jahrhunderten wie das Fachwerk-Rathaus, die Stadtkirche und das alte Brauhaus mit dem markanten Wehrturm. Hoch oben über dem Städtchen erhebt sich das ehemals herrschaftliche Schloss, heute im Besitz der Stadt Homberg. Das gemütliche Schlosscafé ist Sonntagnachmittag geöffnet. Die Aussicht vom Schlossberg ist grandios. Weit breitet sich das Becken des Ohmtals vor dem Auge aus. Mittendrin erhebt sich die markante Amöneburg. Zu Füßen Hombergs, entlang der Ohm, befinden sich historische Mühlen, teils mit Bewirtschaftung und selbstgekeltertem Apfelwein. Gut gepflegte Wanderwege, darunter der Premiumwanderweg „Sagenhaftes Schächerbachtal" und die Themenwanderung „GeoTour Felsenmeer" haben Homberg bereits weit über die Grenzen Hessens hinaus bekannt gemacht. Die gut beschilderte „Schloss- und Altstadtrunde" lädt zur Erkundung der historischen Innenstadt ein.

SEHENSWERTES

- Homberger Schloss · ca. 11. Jh. · mit Holzpfeilern und Fachwerk aus dem 16. und 17. Jh. · Schlossgartenrundweg mit phantastischen Ausblicken und „Hohlem Baum" (1000-jährige Linde)
- Fachwerk-Rathaus auf dem Marktplatz · Bj. 1539 · Löwenbrunnen
- Stadtkirche · um 1220 · als Pseudobasilika einzigartig in Oberhessen
- Brauhausturm mit Brauhaus · 12. Jh. · heute Museum (So. 15 – 17 Uhr) · auf der Stadtmauer
- Totenkapelle mit Fachwerkturm am Friedhof · Bj. 1579
- Steinernes Haus (Mönchskloster) mit Fachwerkfront
- Fachwerkensemble „Alte Apotheke" und „Stadtwirtshaus" am Marktplatz

FESTE UND FEIERN

- Brunnenfest und Grenzgang (3. Juliwochenende)
- Schlossfest (2. Juliwochenende)
- Kulturwochen „Ohm sweet Ohm" (August - September)
- Stadtfest „Apfel Fest und Flüssig" sowie der traditionelle „Kalte Markt" (Ende Oktober)
- Stadtführungen, Schlossführungen und Wanderführungen

Deutsche **Fachwerk** Straße

Auskünfte

Tourist-Information Homberg (Ohm)
Marktplatz 2
35315 Homberg (Ohm)
Tel. 0 66 33.18443
www.homberg.de

Rathaus

ALSFELD

Einwohnerzahl: ca. 17.000

Stadtteile: 16

Fläche: 129,7 km²

Lage: Im Vogelsbergkreis, direkt an der A 5 zwischen Frankfurt und Kassel

„... MUSS MAN ERLEBEN!“

STADT UND STADTGESCHICHTE

Wenn Mauern und Gewölbe sprechen könnten, wüssten sie dem Besucher viel über die Geschichte der Stadt Alsfeld zu erzählen ... Adelesfelt, wie Alsfelds ursprünglicher Name lautete, entstand im 8. und 9. Jahrhundert als Hofsitz der Karolinger. Die urkundliche Ersterwähnung stammt aus dem Jahre 1069. In der Chronika Hessica von Dillich aus dem Jahre 1605 wird Alsfeld als vornehmer Ort genannt – und als Hauptstadt Hessens. Die Chronisteneinschätzung kam damals nicht von ungefähr: Durch die günstige Lage auf dem Weg von Frankfurt nach Thüringen erlangte Alsfeld schnell Bedeutung. Es wurde Münzort, erhielt Marktrechte und spätestens 1222 Stadtrechte.

Die Fachwerkbauten sind eine Augenweide. Vor allem das Rathaus, das 1878 auf Beschluss der Alsfelder Stadtoberen abgerissen werden sollte. Dies wurde zum Glück verhindert. Seitdem kam niemand mehr auf ähnliche Gedanken. Im Gegenteil: Bewahren, Pflegen, Sanieren: das ist in Alsfeld die Devise. Das Ergebnis hat auch den Europarat überzeugt: 1975 erklärte er Alsfeld zur Europäischen Modellstadt. Über 400 Fachwerkhäuser aus sieben Jahrhunderten machen den Gang durch die Altstadt zum spannenden Ausflug in die Geschichte. Bei einem Stadtrundgang kann sich der Gast vom Zauber längst vergangener Zeiten fesseln lassen. Dort heißt es: Geschichte pur erleben, in den engen Gassen, malerischen Winkeln und an lauschigen Plätzen. Die Faszination der prächtigen Fachwerkhäuser mit ihren farbigen Gestaltungen, kunstvollen Schnitzwerken, Schreckköpfen und tiefgründigen Sprüchen ist allerorts präsent. Von allen ist das monumentale Alsfelder Rathaus mit seiner frühen Rähmbaukonstruktion aus den Jahren 1512 bis 1516 und der erstmals vorkommenden „Alsfelder Strebe“ ein echtes Unikat der Fachwerkbaukunst. Authentisch, außergewöhnlich, überraschend, faszinierend ist diese Stadt. Kurzum: Alsfeld ist einfach anders, Alsfeld ist ein Gefühl! Wer einmal in Alsfeld war, der kommt bestimmt wieder.

SEHENSWERTES

- Weltbekanntes Fachwerk-Rathaus mit Alsfelder Elle · Marktplatz
- Weinhaus mit „Pranger“ · mittelalterliches Ständerhaus am Marktplatz
- Hochzeitshaus · Marktplatz
- Walpurgiskirche · Kirchplatz
- Dreifaltigkeitskirche · Mainzer Tor
- Regionalmuseum · Rittergasse
- Märchenhaftes:
- Märchenhaus mit HexeStubb · Sackgasse 2
- Grabbrunnen · Grabborn
- Leonhardsturm · Fulder Tor
- Schwälmer Brunnen · Obergasse

FESTE UND FEIERN

- Pfingstmarkt mit großem Jahrmarkt
- Kräuter - und Märchentag
- Stadt- und Heimatfest
- Zauberhafte Nacht mit Varieté, Zauberei, Akrobatik und nächtlichem Einkaufen
- Rotkäppchenwoche
- Märchenhafter Weihnachtsmarkt mit Märchengasse
- Spezialitäten-Markt (3. Samstag im Monat)

Offene Stadtführung (1. und 3. Samstag im Monat)

Zertifizierte Gästeführer und Fachwerkgästeführer

Deutsche Fachwerk Straße

Auskünfte

Tourist Center Alsfeld
Markt 3
36304 Alsfeld
Tel. 06631.182165
www.alsfeld.de
tca@alsfeld.de

Öffnungszeiten:
Montag-Freitag: 09:00 – 18:00 Uhr
Samstag: 10:00 – 14:00 Uhr

Rathaus

SCHLITZ

Einwohnerzahl: 9.700
Stadtteile: Hemmen, Hartershausen, Üllershausen, Pfordt, Fraurombach, Sandlofs,Hutzdorf, Queck, Rimbach, Unter-Wegfurth, Ober-Wegfurth, Unter-Schwarz, Bernshausen, Nieder-Stoll, Ützhausen, Willofs
Fläche: 142 km²
Lage: Idyllisch und waldreich zwischen Vogelsberg und Rhön gelegen

STADT UND STADTGESCHICHTE

Die 1200-jährige Geschichte der Burgenstadt Schlitz beginnt urkundlich im Jahr 812, als auf dem Hügel Slitese eine kleine romanische Säulenbasilika, die heutige Stadtkirche, geweiht wird. Seit alters her besteht in Schlitz die Leinenweberei, deren Erzeugnisse damals wie heute überall begehrt sind. Heute gilt das zusätzlich auch noch für die Produkte der Schlitzer Kornbrennerei. Stolz und verträumt zugleich erhebt sich das markante mittelalterliche Stadtbild aus den Flussauen. Mit ihren vier Burgen besitzt die Stadt eine der malerischsten Silhouetten in Deutschland. Das Zentrum des Ortes bildet der Marktplatz mit St. Georgsbrunnen. Der komplett erhaltene historische Altstadtbereich / Burgenring ist nur durch zwei Tore (Obertor / Untertor) erreichbar und wird geprägt von liebevoll restaurierten Fachwerkhäusern und Ensembles aus mehreren Jahrhunderten. Nicht verpassen sollte man den einmaligen Ausblick vom Plateau des mit einem Aufzug erreichbaren Hinterturms. In der Weihnachtszeit verwandelt sich der Turm in die „Größte Weihnachtskerze der Welt" und lockt an den Adventswochenenden zahlreiche Besucher zum romantischen Weihnachtsmarkt am Marktplatz.

Aber Schlitz hat noch viel mehr zu bieten, Kultur und Natur ergänzen sich perfekt. Ein sehr gut ausgebautes Radwegenetz, der Bahnradweg Hessen und Fulda-Radweg R1, durchqueren das Schlitzerland. Ein ausgedehntes Wanderwegenetz führt durch saftige Flussauen, über sonnendurchflutete Feldwege oder durch schattige, würzig duftende Wälder. Kanufahren, Reiten oder der Besuch des Hochseilgartens, Surfen am Pfordter See, Angeln an Fulda und Schlitz oder das Schlitzerland mit dem Mountainbike erkunden, für den sportlich ambitionierten Besucher wird einiges geboten. Campingplatz, Wohnmobilstellplätze und ein beheiztes Freibad stehen den Besuchern am Damenweg zur Verfügung.
Schlitz und das Schlitzerland – immer einen Besuch wert!

SEHENSWERTES

- Burgensilhouette
- Historischer Burgenring mit liebevoll restaurierten Fachwerkbauten
- Marktplatz mit Marktbrunnen
- Stadtkirche aus dem Jahr 812
- Rathaus
- Vorderburg mit Burgmuseum sowie dem „Festsaal" der Stadt Schlitz
- Hinterturm mit Auffahrt
- Hallenburg (Sitz der Hess. Landesmusikakademie) · Schlossgarten
- Kirche im Ortsteil Fraurombach mit Seccomalereien
- Bauernhausmuseum „Buisch ahl Huss" im Ortsteil Fraurombach
- Offene Stadtführung (Sa. 16.00 Uhr · April bis Oktober · Treffpunkt Hof der Vorderburg)
  Stadtführungen · Bardenführung · Nachtwächterführung buchbar

FESTE UND FEIERN

- Internationales Trachten- und Musikfestival mit einzigartigem Festzug und Trachtengruppen aus der ganzen Welt (ungerade Jahre 2. Juliwochenende)
- Runkelrübenfest – die Schlitzer Antwort auf Halloween (gerade Jahre Samstag vor Halloween)
- Weihnachtsmarkt unter der größten Kerze der Welt: an allen 4 Adventswochenenden (Sa./So.) ab 12.00 Uhr
- Kirmes und Backhausfeste in den Ortsteilen
- Regelmäßige Konzerte und Open-Air Konzerte der Landesmusikakademie Hessen

Deutsche **Fachwerk** Straße

Auskünfte

TouristInfo Schlitz
An der Kirche 4
36110 Schlitz
www.schlitz.de
info@schlitz.de
Tel. 06642.9700
Fax 06642.97056

Stadtansicht

LAUTERBACH

Einwohnerzahl: 13.200

Stadtteile: Allmenrod, Frischborn, Heblos, Maar, Reuters, Rimlos, Rudlos, Sickendorf, Wallenrod und Wernges

Fläche: 102 km²

Lage: Die Kreisstadt Lauterbach liegt am Fuß des Vogelsberges, im Herzen vom Hessen

„IN LAUTERBACH HAB' ICH MEIN STRUMPF VERLOR'N..."

STADT UND STADTGESCHICHTE

Lauterbach wurde 812 erstmals urkundlich erwähnt und erhielt 1266 die Stadtrechte. Eng mit Lauterbach verbunden ist die Geschichte der Riedesel Freiherren zu Eisenbach, die im Mittelalter als Lehensherren das Junkerland um Lauterbach regierten. In früheren Jahrhunderten war Lauterbach ein Ackerbürger- und Handwerkerstädtchen, die Leinweberei stand an erster Stelle. Durch die Milchwirtschaft im Vogelsberg gelangte die Molkerei zu besonderer Leistungskraft, der bekannte „Strolch Camembert" hat hier seinen Ursprung. Der Strolch als Symbolfigur hat die Jahrhunderte überlebt und verkörpert noch heute den Bekanntheitsgrad Lauterbachs.

Lauterbach weist eine reiche Fachwerksubstanz vom 16. bis zum 20. Jahrhundert auf. Romantische Fachwerkpartien werden unterbrochen von imposanten Steingebäuden. Damit steht der Marktplatz an erster Stelle und ist gleichzeitig Ausgangspunkt zu den interessantesten Plätzen und Gebäuden der Innenstadt. Qualifizierte Gästeführer in ihren historischen Kostümen begleiten den Gast auf dem Rundgang durch die historische Altstadt. Auch auf eigene Faust, anhand einer Broschüre und entsprechenden Hinweistafeln an den Sehenswürdigkeiten, kann man die Stadt entdecken. Neben viel „Geschichte zum Anfassen" laden schöne Geschäfte zum Einkaufen und Bummeln ein. Kulinarische Spezialitäten wie Beutelches, Salzekuchen oder Hausmacher Wurst und dazu noch ein „Lauterbacher Pils" runden den Besuch ab. Als Freizeit- und Sportstadt verfügt Lauterbach über ein Freizeitzentrum in idealer Lage mit Erlebnisbad „Die Welle", Eissport-Arena, 18-Loch Golfanlage, Tennishalle und -plätzen. Im Tourist-Center Stadtmühle gibt es weitere wertvolle Tipps für erlebnisreiche Stunden in der „Stadt des verlorenen Strumpfes".

SEHENSWERTES

- Fachwerkensemble „Am Graben", zahlreiche sehenswerte Fachwerkhäuser
- Lateinschule mit Schulbogen · Bauzeit: 1581 bis 1708
- Goldener Esel · Bj. um 1525 · längstes Fachwerkgebäude Oberhessens, komplett historisch verschindelt
- Schrittsteine über die Lauter mit Denkmal „Lauterbacher Strolch"
- Stadtkirche · spätbarocke Hallenkirche · 1763 bis 1767
- Riedesel-Burg mit Amtshaus · 16. und 17. Jh.
- Stadtpalais Hohhaus · 1769 -1773 · heute Museum mit bedeutenden kunstgeschichtlichen und heimatkundlichen Sammlungen
- Schloss Eisenbach · Stammsitz der Riedesel Freiherren zu Eisenbach

FESTE UND FEIERN

- Frühlingsmarkt (Sonntag vor Ostern)
- Lauterbacher Pfingstmusiktage
- Lauterbacher Prämienmarkt (in der Fronleichnamswoche)
- Lauterbacher Sockenfest (2. Septemberwochenende)
- Herbstmarkt und Kunsthandwerker- und Brauchtumsmarkt (1. Sonntag im November)
- Weihnachtsmarkt (2.+ 3. Adventswochenende)

Deutsche Fachwerk Straße

Auskünfte

Tourist-Center Stadtmühle
Marktplatz 1
36341 Lauterbach
Tel. 06641.184112
Fax 06641.184212
info@lauterbach-hessen.de
www.lauterbach-hessen.de

Baumeister-Jockel-Brunnen
am Oberen Graben

GRÜNBERG

Einwohnerzahl: 14.072
Stadtteile: Beltershain, Göbelnrod, Grünberg, Harbach, Klein-Eichen, Lardenbach, Lehnheim, Lumda, Queckborn, Reinhardshain, Stangenrod, Stockhausen, Weickartshain und Weitershain
Fläche: 89,25 km²
Lage: Am Westrand des Vogelsberges

FACHWERK AUF DEM GRÜNEN BERG

STADT UND STADTGESCHICHTE

Grünberg liegt in einer einzigartigen Landschaft mit dichten Wäldern. Hessische Fachwerkgeschichte der letzten 500 Jahre ist wie in einem Bilderbuch in den romantisch verwinkelten Altstadtgassen präsent. Darunter stark vorkragende Geschosse der ältesten Häuser aus der Zeit um 1500 mit besonderen Fachwerkmustern. Der Marktplatz war und ist das Herzstück der historischen Altstadt. Der Diebsturm, mit seinem außergewöhnlichen Grundriss in Tropfenform, wurde um 1300 als Teil der Stadtbefestigung errichtet. Lange Zeit Gefängnis, dient er heute als Aussichtsturm, von dem aus bei klarer Sicht die Höhenzüge des Taunus und die Skyline der Hochhäuser in Frankfurt zu sehen sind. Im ehemaligen Augustinerinnenkloster hat im Jahr 2007 das Grünberger Museum im Spital Einzug gehalten. Neben der Geschichte Grünbergs ist ein Teil dem Südamerikaforscher Theo-Koch-Grünberg mit einer ständigen Amazonas-Regenwald-Ausstellung gewidmet.

Im Zuge einer umfassenden Altstadtsanierung wurden zahlreiche Fachgeschäfte harmonisch in die alten Häuser integriert und laden den Besucher zu einem gemütlichen Einkaufsbummel ein. Zudem gibt es ein modernes Freizeit- und Familienbad, der Nordic Natur & Aktiv Park, Sportanlagen und Tennisplätze. Pferdefreunde sind auf dem Islandpferdehof Hestavin willkommen. Gelegen an den Fernradwegen R 6 und R 7, dem „Vulkanradweg“ und „Lumda-Wieseck-Radweg“, bieten auch Wanderrouten des „westlichen Vogelsberges“ die Möglichkeit, zahlreiche Tages- und Mehrtageswanderungen zu unternehmen. Unterkunftsmöglichkeiten, wie Landgasthaus, Hotel, Ferienwohnungen, Wohnmobilstellplatz sowie Campingplatz direkt am Freizeit- und Familienbad bieten für jeden Gast die richtige Bleibe.

SEHENSWERTES

- Museum im Spital
- Brunnental
- Historische Altstadt
- Diebsturm
- Barfüßerkloster

FESTE UND FEIERN

- Gallusmarkt (Mitte Oktober)
- Fahrrad- und Inliner-Sonntag „Grünberg auf der Rolle“ (Anfang Mai)
- Internationales Folk-Festival (2. Wochenende im August)

Deutsche **Fachwerk** Straße

Auskünfte

Tourist-Information
Grünberg
Staatl. Anerkannter Luftkurort
Rabegasse 1
35305 Grünberg
Tel. 06401.804118
info@gruenberg.de
www.gruenberg.de

Marktplatz

LICH

Einwohnerzahl: 13.850

Stadtteile: Eberstadt, Nieder-Bessingen, Ober-Bessingen, Birklar, Muschenheim, Langsdorf, Bettenhausen und Kloster Arnsburg

Fläche: 77,64 km²

Lage: Im Tal der Wetter zwischen Vogelsberg und Wetterau

STADT UND STADTGESCHICHTE

Das Zentrum der 1200 Jahre alten ehemaligen Festungs- und Residenzstadt wird geprägt von einem einheitlichen Fachwerkhäuserensemble. Architektur, Tradition und Gegenwart verbinden und ergänzen sich harmonisch miteinander und prägen das gesamte Stadtbild. Urkundlich tritt Lich zum ersten Mal 790 im Lorscher Codex in Erscheinung. Zahlreiche Hinweise vorgeschichtlicher Besiedelung im Wettertal und im Bereich der heutigen Gemarkung belegen, dass Lich als Ansiedlung wesentlich älter ist. Das Megalithgrab bei Muschenheim und die zahlreichen Hügelgräber im Stadtwald zeugen davon. In der Nähe des ehemaligen Zisterzienserklosters Arnsburg verläuft heute der Limes. Ausgrabungen eines während der Chattenkriege 83 bis 85 n. Chr. unter Kaiser Domitian angelegten Kohortenkastells sind heute auf der „Alteburg" zu sehen. Der Wetterübergang einer alten Ost-West-Verbindung und dessen Sicherung bestimmten die Geschichte der Stadt Lich, die heute ein staatlich anerkannter Erholungsort ist.

Die Anlage des Schlossparks lässt das Schloss als ehemalige Wasserburg erkennen. Die um 1316/17 erbaute Marienstiftskirche, mit Grabdenkmälern der Licher Herrscher und der um 1775 geschnitzten Arnsburger Kanzel, zählt mit dem als Glockenturm dienenden Stadtturm zu einer der Sehenswürdigkeiten. Kennzeichnend für den historischen Baustil der Stadt ist das Fachwerk. Die Blütezeit der Bürger- und Bauernhäuser manifestiert sich im Textorhaus, dem heutigen Heimatmuseum am Kirchenplatz. Auf einem Rundgang durch die Stadt kann der Gast weitere Geschichten zu historischen Fachwerkbauten und der Stadtgeschichte allein erkunden oder sich vom Stadtschreiber Melchior in längst vergessene Zeiten (ent)führen lassen.

SEHENSWERTES

- Schloss des Fürsten zu Solms-Hohensolms-Lich mit Schlosspark
- Licher Heimatmuseum (Textorhaus) – Kirchenplatz 4 · 17. Jh.
- Evangelische Marienstiftskirche · Kirchenplatz · 16. Jh.
- Stadtturm · heutiger Glockenturm · öffentlich zugänglich mit herrlicher Aussicht über Lich
- Rosengärtchen · Kirchgasse 2 · Fachwerkbau aus dem 16. Jh. · Umbau 17. Jh.
- „Frankfurter Hof" · Fachwerkbau mit Gewölbekeller aus dem 14. Jh.
- Ehemaliges Amtsgericht · Amtsgerichtsstraße 4 · erstmals um 1247 als Gerichtsort erwähnt
- Zahlreiche Fachwerkbauten in der Altstadt
- Licher Privatbrauerei · gegründet 1854 durch Johann Heinrich Jhring
- Zisterzienser Klosteranlage · Stadtteil Kloster Arnsburg

FESTE UND FEIERN

- Licher Kulturtage (März)
- Historischer Markt mit Altstadtfest (2 Wochen vor Pfingsten)
- Heimatmuseumsfest (letzter Sonntag im August)
- Festival „Hessenjazz" (1.Wochenende im September)
- Kulinarischer Kunst- und Handwerkermarkt (Freitag und Samstag vor Totensonntag)

Deutsche Fachwerk Straße

Auskünfte

Stadtverwaltung im Rathaus
Unterstadt 1
35423 Lich
Tel. 06404.8060
info@lich.de
www.lich.de

Bürgerbüro der Stadt Lich
Kirchenplatz 12a
35423 Lich
Tel. 06404.806100
buergerbuero@lich.de

Altstadt

BÜDINGEN

Einwohnerzahl: 21.500
Stadtteile: Aulendiebach, Büches, Büdingen, Calbach, Diebach am Haag, Düdelsheim, Dudenrod, Eckartshausen, Lorbach, Michelau, Orleshausen, Rinderbügen, Rohrbach, Vonhausen, Wolf und Wolferborn
Fläche: 122,86 km²
Lage: Am östlichen Rand des Rhein-Main-Gebietes, etwa 35 km nordöstlich von Frankfurt am Main

STADT UND STADTGESCHICHTE

Wer Büdingen betritt, begibt sich auf eine Zeitreise. In der Stadt, die ihr historisches Gesicht erhalten hat, kann der Besucher im geschlossenen Ortsbild eine über Jahrhunderte gewachsene Entwicklung nacherleben. Es ist geradezu spürbar, wie im Schutze der Burg des Ysenburger Grafenhauses seit dem Hochmittelalter ein aufstrebendes Städtchen entstand. Aus Burgmannensitzen vor der Residenz wurde eine bürgerliche, von Privilegien geschützte Stadtgesellschaft, die sich zur Spätgotik ein großes Rathaus, die kunstvoll gestaltete Marienkirche sowie repräsentative Fachwerk- und Steinhäuser leisten konnte. Im ausgehenden Mittelalter wurde der mächtige Befestigungsring errichtet, dessen Hauptzugang das Jerusalemer Tor ist. Die zwei Kilometer lange, begehbare Bastion mit ihren 22 Türmen gilt als Sinnbild für den veränderten Festungsbau seit dem Aufkommen von Feuerwaffen.

Fachwerkliebhaber werden vom Charme Büdingens verzaubert sein. In der Schlossgasse verkörpern die ältesten Bauwerke der Stadt den Kern Büdinger Fachwerkkunst. Dort errichteten die Vasallen der Herren von Büdingen als Burgmannen ihren Sitz. Vom „Steinernen Haus" bis zum Eingang des Schlosses bilden die Gebäude ein erlesenes Fachwerkspalier. Allen voran der großartige Fachwerkbau des Luckischen Hofes, einem Meisterwerk echter Zimmermannskunst der Übergangszeit zwischen Spätgotik und Renaissance, Anfang des 16. Jahrhunderts. Besonders die Form und Konstruktion der Mittelständer(Firstständer), die mit Kopf- und Fußstreben nicht nur den echten Wilden Mann in Perfektion zeigen, sondern auch die Fassade schmücken ragt heraus.

SEHENSWERTES

- Schloss Büdingen (12. Jh.) · Schlossgasse 1
- Jerusalemer Tor · Vorstadt- Doppeltor von 1503 mit Sandrosenmuseum
- Festung mit Türmen · besonders Bollwerk und Hexenturm (1390-1490)
- Luckischer Hof (1506 -1507) · Schlossgasse 11 · figurenreicher Giebel mit „Wilden Männern" u. Viertelkreisstreben
- Ehemaliges Pfarrhaus · Rathausgasse 2
- Marienkirche (1476-1491) · spätgotische Hallenkirche mit prachtvollem Netzgewölbe · Kirchgasse
- Oberhof (1569/70) · ältester Renaissancebau der Stadt · Obergasse
- 50er-Jahre Museum im „Haus zum Schwan" „1500" Auf dem Damm 3

FESTE UND FEIERN

- Gärtnermarkt, Kinderfest und Froschparade (April/Mai)
- Altstadtfest (Wochenende nach Pfingsten)
- Kulturnacht einmal jährlich im Wechsel mit Mittelalterfest (2. Wochenende im Juli)
- Landpartie auf Schloss Büdingen (2. Wochenende im September)
- Büdinger Weihnachtszauber (Mittwoch - Sonntag vor dem 2. Advent)

Deutsche **Fachwerk** Straße

Auskünfte

Tourist-Information Büdingen
Marktplatz 9
63654 Büdingen
www.buedingen.info
Tel. 06042.96370 · Fax 06042.963710
mail@buedingen.info
www.facebook.com/Buedingen

Lukischer Hof

GELNHAUSEN

Einwohnerzahl: 22.000
Stadtteile: Hailer, Haitz, Höchst, Meerholz, Roth
Fläche: 45,18 km²
Lage: Im Kinzigtal, zwischen Vogelsberg und Spessart

STADT UND STADTGESCHICHTE

Wer durch die verwinkelten, kopfsteingepflasterten Gassen der Gelnhäuser Altstadt wandelt, atmet die Geschichte einer einst prächtigen mittelalterlichen Reichsstadt an nahezu jeder Häuserfassade, jedem Brunnen und jedem Turm, den er passiert. Gelnhausen blieb von den Bombenteppichen des Zweiten Weltkriegs verschont und so präsentiert sich die im Jahr 1170 von Stauferkaiser Friedrich I. Barbarossa neu gegründete Stadt am Fluss Kinzig heute mit bestens erhaltenen Teilen der alten Stadtbefestigung. Die Marienkirche samt ihrer romanischen und frühgotischen Bauelemente und die Kaiserpfalz, der alte Palast des Stadtgründers, sind Kostbarkeiten der Stadtgeschichte. Doch Gelnhausen ist kein Freilicht-Museum: Die prächtig sanierten Fachwerkhäuser, darunter auch das „Gotische Haus“ aus dem 14. Jahrhundert, eines der ältesten Fachwerkhäuser Hessens, wurden einst von reichen Kaufleuten, Händlern und Adligen erbaut und beherbergen heute Geschäfte, Wohnungen, Restaurants und Cafés.

Seine Blütezeit erlebte Gelnhausen in den ersten zwei Jahrhunderten nach seiner Gründung. Die Stauferkaiser statteten die Bürger mit allerhand Privilegien aus. Die Verleihung der Marktrechte sorgte dafür, dass sich zahlreiche wohlhabende Kaufleute in Gelnhausen niederließen und die Stadt rasch wuchs. Denn Gelnhausen lag an „Des Reiches Straße“, der Fernhandelsstraße Frankfurt-Leipzig, einer der Hauptverkehrsadern im damaligen Reich. Auch zahlreiche Persönlichkeiten erblickten im Lauf der Jahrhunderte in Gelnhausen das Licht der Welt, zum Beispiel der bedeutendste Barockschriftsteller Hans Jakob Christoffel von Grimmelshausen, der Telefonerfinder Philipp Reis und der Trickfilm-Pionier Oskar Fischinger.

SEHENSWERTES

- Gotisches Haus · Kuhgasse 5 · Fachwerkhaus aus dem 14. Jh.
- Grimmelshausen · Geburtshaus · Schmidtgasse 12
- Philipp-Reis-Geburtshaus · Langgasse 45 · traufständiges Fachwerkhaus
- Rathaus · Obermarkt 7 · Bj. 1333
- Marienkirche · zwischen 1170 und 1250 erbaut · das Wahrzeichen Gelnhausens
- Johanniterhaus · Holzgasse 4 · Anfang 14. Jh.
- Kaiserpfalz · im 12. Jh. auf rund 12.000 Eichenpfählen errichtete Pfalz
- Romanisches Haus · Untermarkt 2 · im 12. Jh. errichteter dreigeschossiger Massivbau
- Ehemalige Synagoge · Brentanostraße 8 und 10 · In der zweiten Hälfte des 17. Jh. wieder aufgebaute Synagoge

FESTE UND FEIERN

- Barbarossamarkt, großes Volksfest (2. Märzwochenende)
- Schelmenmarkt, großes Volksfest (2. Oktoberwochenende)
- Weihnachtsmarkt (um das 3. Adventswochenende)
- Waldpartien (nach Ankündigung)
- Chorfestivals (nach Ankündigung)
- Gelnhäuser Jazztage (nach Ankündigung)
- Umweltmesse „Öko-Trends“ (1. Wochenende im September)

Zertifizierte Gästeführer und Fachwerkgästeführer

Deutsche **Fachwerk** Straße

Auskünfte

Tourist-Information der Stadt Gelnhausen
Obermarkt · Hinter Haus Nr. 24
63571 Gelnhausen
Tel. 06051.830300 · Fax. 06051.830303
tourist-information@gelnhausen.de
www.gelnhausen.de
www.facebook.de/gelnhausen.erleben

Der Untermarkt mit dem
Denkmal für Telefonerfinder
Philipp Reis

STEINAU AN DER STRAßE

Einwohnerzahl: 11.600

Stadtteile: Bellings, Hintersteinau, Marborn, Marjoß, Neustall, Rabenstein, Rebsdorf, Sarrod, Seidenroth, Uerzell, Ulmbach

Fläche: 105 km²

Lage: Im oberen Kinzigtal am nördlichen Rand des Spessarts

STADT UND STADTGESCHICHTE

Schon im 10. Jahrhundert wurde der Ort an der Kinzig urkundlich erwähnt. Gegen Ende des 13. Jahrhunderts kam Steinau unter die Herrschaft der Grafen von Hanau. Am 4. Juli 1290 verlieh Rudolf von Habsburg Steinau Stadtrechte und auf der Basis der Marktrechte wurde der Handel weiter ausgebaut. Die Bedeutung Steinaus wuchs mit dem Reiseaufkommen der Handelsstraße Frankfurt – Leipzig, der Via Regia, die über Jahrhunderte die große West-Ost-Achse des Reiches war und der Stadt Steinau ihren Namen „an der Straße" gegeben hat. Reichtum und Wohlstand jener Zeit sind bis heute an der Bausubstanz abzulesen. Im 15. Jahrhundert wurde die Stadt im Westen und Osten jeweils mit einer Vorstadt erweitert. Bedeutendster Architekt war in der Mitte des 16. Jahrhunderts Baumeister Asmus. 1736 änderten sich die Herrschaftverhältnisse für Steinau. Die Stadt ging von den Grafen von Hanau an das Kurfürstentum Hessen-Kassel.

Die Brüder-Grimm-Stadt Steinau an der Straße besticht durch ihren historischen Stadtkern mit eindrucksvollen Fachwerkhäusern. Innerhalb der gut erhaltenen Stadtbefestigung präsentiert sich Steinau heute als romantische Kleinstadt mit mittelalterlichen Strukturen. Herausragend ist hierbei das Renaissance-Schloss. Das schönste Fachwerkhaus ist das ehemalige Amtshaus. Hier wohnte von 1791 – 96 Philipp Wilhelm Grimm, Amtmann in Steinau, mit seiner Familie. Die später als Märchensammler und Wissenschaftler berühmt gewordenen Söhne Jacob und Wilhelm Grimm verlebten hier glückliche Kinderjahre. Die Zeichnungen des Malerbruders Ludwig Emil Grimm erzählen vom damaligen Leben.

SEHENSWERTES

- Brüder Grimm-Haus · Brüder-Grimm-Straße 80 · Bj. 1562 · ehemaliges Amtshaus · heute Museum zu Leben und Werk der Brüder Grimm
- Museum Steinau · das Museum an der Straße · Brüder-Grimm-Straße 80 · Steinau als Station an der Alten Handelsstraße Frankfurt-Leipzig
- Schloss Steinau · erbaut von 1528-1555 · heute Museum
- Rathaus · Brüder-Grimm-Str. 47 · Bj. 1561
- Märchenbrunnen auf dem Marktplatz „Am Kumpen"
- Marionetten-Theater „Die Holzköppe"
- Ältestes Fachwerkhaus Steinaus · Bj. 1520 · Privatmuseum
- Hutten`sches Hospital · Brüder-Grimm-Str. 84

FESTE UND FEIERN

- Märchensonntag (1. Sonntag im August)
- Steinauer Puppenspieltage (Herbst)
- Katharinenmarkt (Oktober)
- Steinauer Weihnachtsmarkt (Erster Advent)

Zertifizierte Gästeführer und Fachwerkgästeführer

Deutsche **Fachwerk** Straße

Auskünfte

Verkehrsbüro Steinau
Brüder-Grimm-Straße 70
36396 Steinau an der Straße
Tel. 06663.96310
verkehrsbuero@steinau.de
www.steinau.de

Brüder Grimm-Haus

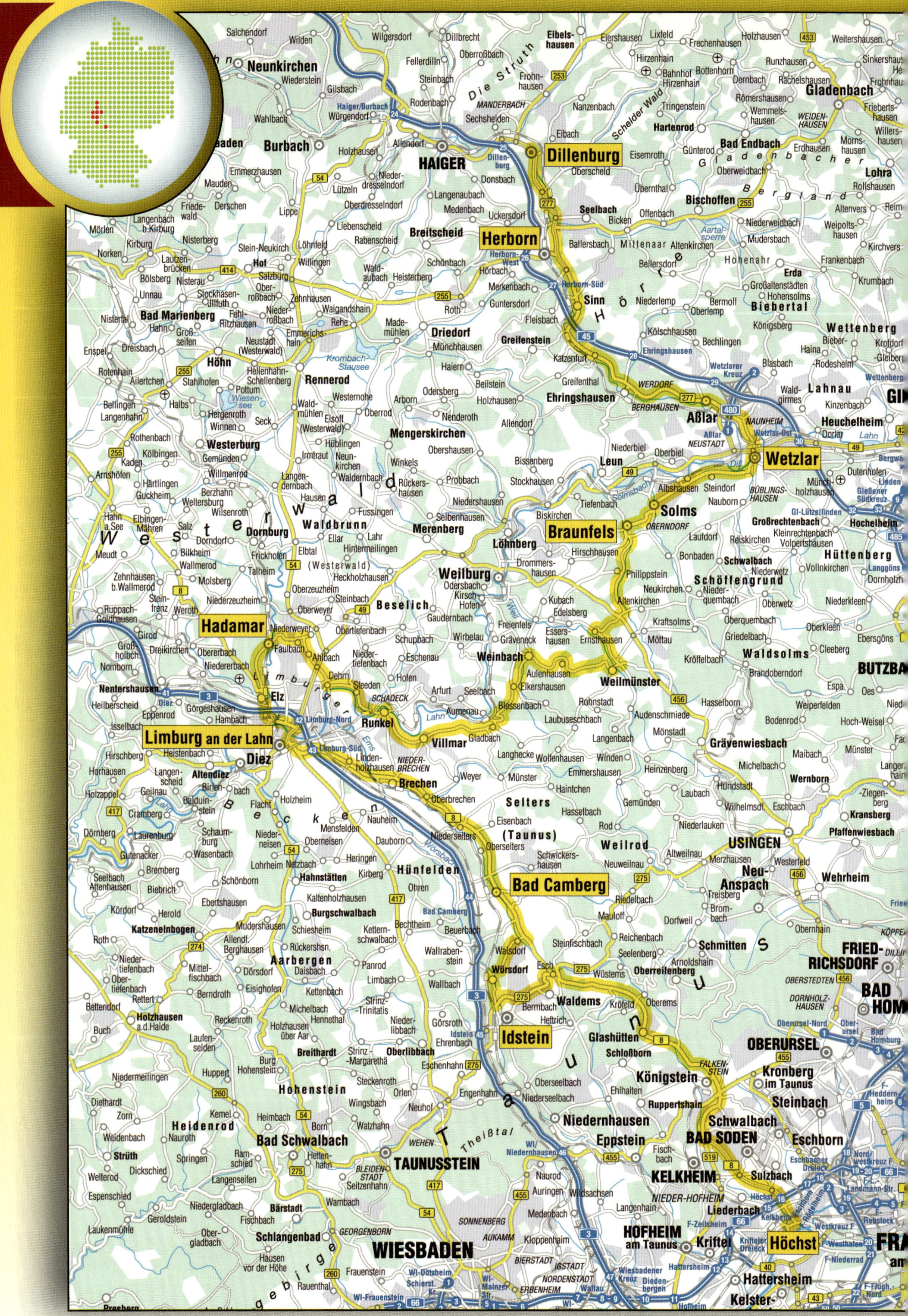
Dillenburg
Herborn
Wetzlar
Braunfels
Solms
Hadamar
Limburg an der Lahn
Bad Camberg
Idstein
Höchst
Weilburg
Weilmünster
Wiesbaden
Taunusstein
Kelkheim
Bad Soden
Hofheim am Taunus
Usingen
Neu-Anspach
Oberursel
Kronberg im Taunus
Königstein
Niedernhausen
Eppstein
Haiger
Diez
Westerwald
Taunus
Hörre
Gladenbacher Bergland
Limburger Becken
Lahn

VOM WESTERWALD ÜBER LAHNTAL UND TAUNUS ZUM MAIN

Diese Regionalstrecke der Deutschen Fachwerkstraße umfasst die Orte
Dillenburg · Herborn · Wetzlar ·
Braunfels · Hadamar · Limburg a. d. Lahn · Bad Camberg · Idstein · Frankfurt-Höchst

700 Jahre Fachwerkgeschichte

Die „Gelbe Strecke" führt durch typische Mittelgebirgslandschaften und die westlichen Ausläufer von Westerwald und Taunus. Die Täler sind malerisch und eng, Städte und Dörfer liegen oft in schmalen Tallagen. Meist sind die Fachwerkhäuser giebelständig, die Höfe in L-Form, seltener sind Dreiseithöfe in U-Form.

Das Fachwerk an dieser Strecke ist hessisch-fränkisch. Zu den Besonderheiten gehören die Renaissancewellengiebel, Fachwerk mit einem kleinteiligen Raster. Alle Fachwerkkonstruktionen im mittleren Deutschland bilden sich auf dieser Strecke gut ab, beginnend mit einer Reihe von Gebäuden in Limburg aus dem späten 13. Jahrhundert. Die Geschossbauweise mit gotischen Merkmalen stammt aus der Übergangszeit von etwa 1470 bis 1550, daneben fein gestaltete Fachwerkkonstruktionen der Renaissance und ein Großteil barocker Fachwerke bis zu Fachwerkbauten des Klassizismus. Die vorherrschende Mann-Form für die Verstrebungen zeigt, dass ein überwiegender Teil der Konstruktionen in der zweiten Hälfte des 16. Jahrhunderts und weiter vor allem nach dem Dreißigjährigen Krieg entstanden sind.

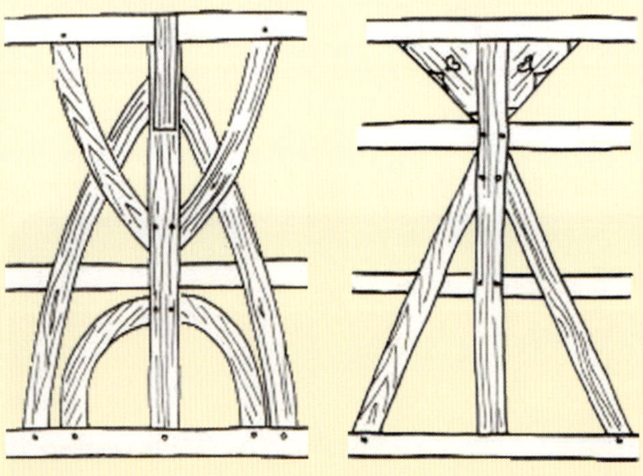

Die Entwicklung vom „Wilden Mann" zum „Mann", links die Verstrebungsform, die als „Wilder Mann" bezeichnet wird, hier zusätzlich mit Radstreben, rechts ein „Mann" ohne Gegenstreben (ohne Arme)

Auf den Reichtum an Schmuck und Symbolik an dieser Strecke wird besonders hingewiesen. Das Fachwerk aus Schwellen, Rahmen, Ständern, Riegeln, Fuß- und Kopfstreben überzieht oft netzartig die Fassaden. Meist als Schmuck, seltener als Symbole oder gar konstruktiv, treten Andreaskreuze, Feuerböcke, Leiterfachwerk, geschweifte Kurzstreben und Türkenkreuze auf. Man trifft auf figürliche Schnitzarbeiten als Flachreliefschnitzereien, Säulendarstellungen an den Eckständern, Spiralen und Schuppen, Herzen und Wappen, aber auch Taubänder, Zahnschnitte, Eierstäbe und Perlbänder.

Schließlich künden Schriftbalken von stolzen, oft frommen Bauherren und begabten Zimmerleuten.

Die Strecke beginnt in Dillenburg mit seinem gewachsenen Altstadtkern und unter anderem dem „Alten Amtshaus", führt über Herborn mit dem bedeutenden Rathaus und der „Hohen Schule". Der nächste Stopp ist Wetzlar mit einem bedeutenden Fachwerkbestand zwischen der „Alten Lahnbrücke" und dem Dom. In Braunfels begeistert der geschlossene Marktplatz, aber auch die fein geschnitzten Neidköpfe. Hadamar besitzt – am Rathaus beginnend – an zahlreichen Fachwerkgebäuden feinsten Schnitzschmuck. In Limburg erwartet die Fachwerkenthusiasten ein eindrucksvolles Fachwerkensemble mit vielen Bauten aus dem Mittelalter, die zum ältesten Fachwerkbestand Deutschlands zählen. Bad Camberg ist die nächste Stadt auf der Route, das Haus Sadony und das über 100 Meter lange Amtshaus ragen heraus. In Idstein sind es das „Killingerhaus" und der als Hotel dienende „Hoerhof", die besonders auffallen. Die Strecke endet in Höchst am Main, dem Stadtteil Frankfurts, wo unter anderem der Schlossplatz und das Dalberghaus begeistern.

GELBE STRECKE

DILLENBURG

Einwohner: 23.790

Stadtteile: Donsbach, Eibach, Frohnhausen, Manderbach, Nanzenbach, Niederscheld und Oberscheld

Fläche: 23,790 km²

Lage: Mittelhessen am Fuße des Rothaargebirges und am Rande des Westerwaldes

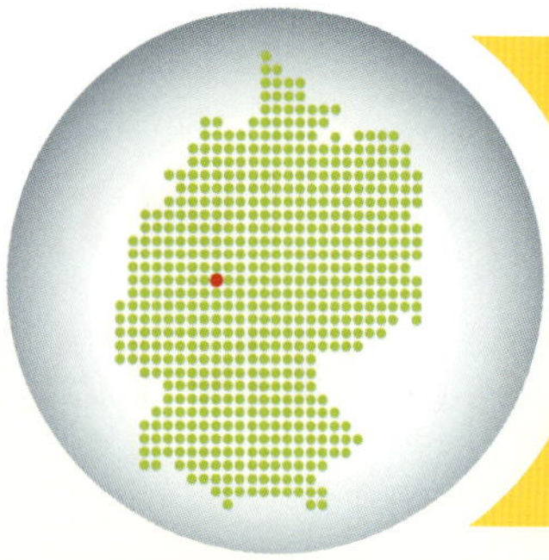

STADT UND STADTGESCHICHTE

Schon von Weitem ist der alles überragende Wilhelmsturm auf dem Schlossberg oberhalb von Dillenburg zu sehen. Er wurde zu Ehren Wilhelm I., des Gründers der Niederlande, errichtet, der an dieser Stelle 1533 geboren wurde. Die gewaltige Schlossanlage wurde während des Siebenjährigen Krieges (1756 – 1763) zerstört. Geblieben sind die unterirdischen Verteidigungsanlagen des ehemaligen Schlosses, die Kasematten. Sie sind eine einzigartige Besucherattraktion und gehören zu den größten Verteidigungsanlagen West-Europas aus der frühen Neuzeit. Im darüber gelegenen Wilhelmsturm befindet sich das moderne Oranien-Nassauische Museum.

Die 1254 erstmals urkundlich erwähnte Stadt Dillenburg wird umgeben von den bewaldeten Höhen des beginnenden Westerwaldes. Das Rathaus, das barocke Archiv, die Orangerie, die historischen Gebäude des hessischen Landgestüts und zahlreiche Fachwerkhäuser aus dem 18. Jahrhundert prägen ihr Bild. In der Stadtkirche (1489 – 1501) befindet sich die Grablege des Hauses Nassau-Dillenburg, aus dem das niederländische Königshaus hervorgegangen ist. Führungen durch die Altstadt und Stadtkirche bringen den Gästen die Sehenswürdigkeiten und die Geschichte des malerischen Städtchens näher.

Um die Stadt führt ein weites Netz von markierten Radfahrwegen und ausgeschilderten Wanderwegen. Naturliebhaber können sich mit dem »Rothaarsteig«, dem »Westerwaldsteig« und dem »Lahn-Dill-Berglandpfad« auf gleich drei Premiumwanderwege und eine Vielzahl lokaler Wanderrouten freuen. Sie führen durch eine abwechslungsreiche Landschaft mit dichten Wäldern, großflächigen Weiden auf den Höhen und engen Tälern mit klaren Gebirgsbächen.

SEHENSWERTES

- Schlossberg mit: Wilhelmsturm (1872 – 1875) · Kasematten (15./16. Jahrhundert) · Villa Grün (1914/1915)
- Hessisches Landgestüt mit: Marstall (1771) · Reithalle (1789 – 1790) · Prinzenhaus (1772) · Orangerie/ Kutschenmuseum (1719) · Hofgarten (1489)
- Altstadt mit zahlreichen Fachwerkhäusern und historischen Gebäuden: Stadtkirche (1489 – 1501) · Archivgebäude (1764) · ehemaliges Stadtschloss (1737) · Haus Stremmel (1650) · Gasthaus »Zur Krone« (17. Jahrhundert) · Dillturm (1597) · Altes Rathaus (1724) · Hartig-Haus (1723) · Altes Pfarrhaus (1531 – 1533)

FESTE UND FEIERN

- Historisches Lagerleben (Pfingsten)
- Internationales Fahrturnier für
- Einspänner (Fronleichnam)
- Weinfest (1. Wochenende im August) Aquarena Nacht - Stadtfest (nach Ankündigung)
- Schlossbergfestival – Kulturfest (nach Ankündigung)
- Mittelalterliches Schlossberg-Spektakel (nach Ankündigung)
- Hengstparaden (alle zwei Jahre in ungeraden Jahren)

Deutsche **Fachwerk** Straße

AUSKÜNFTE

Tourist-Info Stadt Dillenburg
Hauptstraße 19
35683 Dillenburg

Tel. 02771 .896151
Fax 02771 .896159

www.dillenburg.de
touristinfo@dillenburg.de

Altes Rathaus

HERBORN

Einwohner: 21.000
Stadtteile: Amdorf, Burg, Guntersdorf, Hirschberg, Hörbach, Merkenbach, Schönbach, Seelbach, Uckersdorf
Fläche: 64 km^2
Lage: Im Dreiländereck Hessen, Nordrhein-Westfalen und Rheinland-Pfalz

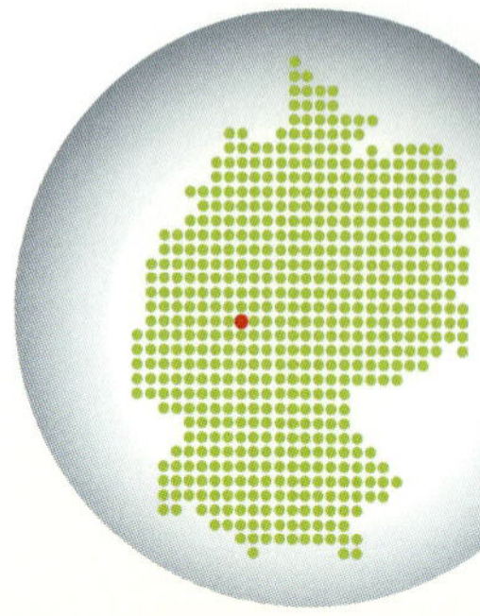

STADT UND STADTGESCHICHTE

Herborn zählt zu den besterhaltenen mittelalterlichen Stadtanlagen Deutschlands. Der geschlossene historische Stadtkern mit verzierten Fachwerkbauten zeugt von stolzen Kaufmanns- und Bürgergeschlechtern in der Handelsstadt. Im Jahr 1048 wird Herborn zum ersten Mal urkundlich erwähnt. Am Schnittpunkt alter Handelswege gelegen, war Herborn einst bedeutender Marktort zwischen Siegerland und Wetterau und erhielt bereits 1251 die Stadtrechte von König Wilhelm von Holland. Man begann mit dem Bau von Schloss Herborn und der Stadtmauer, deren Reste neben vielen gut erhaltenen Türmen heute noch zu finden sind. Als Sitz einer reformierten Hochschule, 1584 gegründet durch Graf Johann VI. von Nassau, erlangte die Stadt im 16. und 17. Jahrhundert kultur- und geistesgeschichtlich europaweite Bedeutung. Der Bibelübersetzer Piscator lehrte, der Pädagoge Comenius studierte hier. Der Züricher Drucker Corvin verlegte 1585 seine Werkstätten nach Herborn und sorgte so dafür, dass Herborn einer der bedeutendsten Druckereistandorte Mitteleuropas wurde.

Die prachtvollen Fachwerkhäuser innerhalb der Stadtmauer wurden oft als Doppelhäuser angelegt. Die Fassaden auf Butter-, Korn- und Holzmarkt sowie in Ober- und Untergasse zeigen ein hohes Maß an handwerklichem Können. Das älteste Wohnhaus der Stadt von 1445 steht in der Mühlgasse, weitere Baudenkmale aus acht Jahrhunderten bereichern das lebendige Stadtbild. Unterhaltsame Stadterkundungen mit Gästeführern sowie Themenführungen, darunter auch eine »Fachwerk-Spezial-Tour«, sind zu jeder Jahreszeit ein Erlebnis.

SEHENSWERTES

- Rathaus · Marktplatz · Hauptstraße · Baujahr 1589 · mit Uhrturm und Wappenfries
- Hohe Schule · Fachwerkbau mit Turm · Schulhofstraße/Mühlgasse · Bj.1446
- Pauls Hof · Corvinsche Druckerei · Schulberg 26 – 28
- Doppelhaus Markt 1 und 2 · Bauzeit 1726 – 1728
- Haus Bast · Kornmarkt
- Haus Pasor · Kornmarkt 15 – 17
- Steingebäude: 1.000-jährige Evangelische Stadtkirche mit gotischem Chor und Netzgewölbe
- Schloss Herborn
- Vogel- und Naturschutztierpark im Stadtteil Uckersdorf

FESTE UND FEIERN

- Weinfest (1. Juliwochenende)
- Erdbeer- und Kartoffelsonntag (1. Sonntag im Juni · 2. Sonntag im September)
- Sommerfest (letzter Samstag im Juli)
- Martinimarkt (um den 11.11.)
- Herborn in der Vorweihnachtszeit (illuminierte Altstadt)

Deutsche **Fachwerk** Straße

AUSKÜNFTE

Stadtmarketing Herborn GmbH
Rathaus Eingang Marktplatz
Hauptstraße 39
35745 Herborn
Tel. 02772.7081900
www.herborn.de
www.stadtmarketing-herborn.de
tourist@herborn.de

Altstadt

WETZLAR

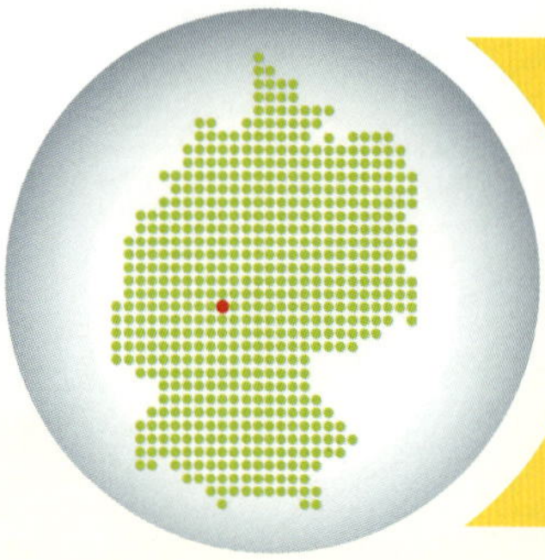

Einwohnerzahl: 52.000
Stadtteile: Garbenheim, Naunheim, Hermannstein, Nauborn, Steindorf, Dutenhofen, Blasbach, Münchholzhausen
Fläche: 75,67 km²
Lage: Mittelhessen nördlich des Hochtaunus am Zusammenfluss von Dill und Lahn

STADT UND STADTGESCHICHTE

Die Anfänge der Stadt Wetzlar reichen bis ins 8. Jahrhundert zurück, obwohl die Ersterwähnung erst 1141 erfolgte. Im Jahre 897 weihte der konradinische Bischof Rudolf von Würzburg an der Stelle des heutigen Domes eine Salvatorkirche, der sich kurze Zeit später das Marienstift anschloss. 1180 bestätigte Kaiser Friedrich Barbarossa die Privilegien „seiner" Wetzlarer Bürger und die aufstrebende Stadt entwickelte sich zur Reichsstadt. Als die Reichsstadt seit der Mitte des 14. Jahrhunderts verarmte, betraf dies die gesamte Stadtbevölkerung, die sich hinter die Mauern zurückzog und die Vorstädte veröden ließ. Das Reichskammergericht hatte von 1693 bis 1806 seinen Sitz in Wetzlar. 1772 war Johann Wolfgang Goethe vier Monate als Rechtspraktikant am Reichskammergericht eingeschrieben und verliebte sich in die bereits verlobte Charlotte Buff. Kurz nach Goethes Abschied aus Wetzlar erschoss sich sein Bekannter Carl Wilhelm Jerusalem aus Liebeskummer. Dessen Schicksal und Goethes eigene Wetzlarer Erlebnisse bildeten den Anstoß zu seinem Briefroman „Die Leiden des jungen Werthers".

In der zweiten Hälfte des 19. Jahrhunderts setzte mit optischen und eisenverarbeitenden Betrieben die Industrialisierung der seit 1815 preußischen Stadt ein. Die lebhafte Geschichte Wetzlars erkennt man noch heute an der ebenso lebhaften Baugeschichte. Ob steinerne Lahnbrücke, unvollendeter Dom, ehemaliger Deutschordenshof oder Gebäude aus der Reichskammergerichtszeit, die Geschichte begleitet die Besucher in der gesamten Altstadt. Alle bedeutenden (Fachwerk-) Gebäude sind beschildert und anhand des historischen Rundwegs zu erkunden.

SEHENSWERTES

- Haus zum Reichsapfel · Engelsgasse 2 · dreigeschossiges barockes Fachwerkhaus · Bj. 1607
- Zur Alten Münz · Eisenmarkt 9 · Fachwerkbau von 1599
- Jerusalemhaus · Schillerplatz 5 · mit charakteristischem Doppelerker · Gedenkstätte zu Goethes „Werther"
- Ältestes Fachwerkhaus Wetzlars · Brodschirm 6 · dreigeschossiger Wandständerbau mit Hängepfosten
- Wohnhaus · Fischmarkt 9 · im 18. Jahrhundert bekanntes Gasthaus
- Dom · Domplatz · Kirchenbauwerk aus romanischer und gotischer Epoche
- Deutschordenshof · Lottestraße 8-10 · Lottehaus- Stadt- und Industriemuseum · Viseum
- Palais Papius · Kornblumengasse 1 · beherbergt die Sammlung von Lemmers-Danforth

FESTE UND FEIERN

- Gallusmarkt (Oktober)
- Festspiele (Mai/Juni bis Anfang August)
- Sommernachtsweinfest (Ende Juli)
- Brückenfest (Anfang September)
- Weihnachtsmarkt (Dezember)
- Ochsenfest (nach Ankündigung)

Zertifizierte Gästeführer und Fachwerkgästeführer

Deutsche **Fachwerk** Straße

AUSKÜNFTE

Tourist-Information Wetzlar
Domplatz 8
35573 Wetzlar
Tel. 06441.997755
Fax 06441.997759
tourist-info@wetzlar.de
www.wetzlar-tourismus.de

Haus zum Reichsapfel

BRAUNFELS

Einwohner: 11.000

Stadtteile: Altenkirchen, Bonbaden, Neukirchen, Philippstein, Tiefenbach

Fläche: 47,29 km²

Lage: Am nördlichen Taunusrand in unmittelbarer Nähe zum romantischen Lahntal

STADT UND STADTGESCHICHTE

Im Jahre 1246 wird Braunfels erstmalig urkundlich erwähnt. Die Entwicklung des Ortes ist eng verbunden mit der Geschichte des Schlosses und der Grafen und Fürsten zu Solms-Braunfels. Seit 1260 diente Schloss Braunfels den Herren zu Solms als Wohnburg. Freiheitsbriefe aus dem Jahre 1607 können als erste Schritte zur Stadtwerdung angesehen werden. Im 18. Jahrhundert profitierte die Stadtentwicklung vom Ausbau des Braunfelser Schlosses zur fürstlichen Residenz. Heute laden die malerische Altstadt und der historische Marktplatz mit den reich verzierten Fachwerkhäusern zum Verweilen ein.

Freunde des Fachwerks kommen in Braunfels voll auf ihre Kosten. Einmalig in seiner Geschlossenheit ist das gesamte Altstadtensemble rund um den Marktplatz am Fuße des imposanten, zinnenreichen Schlosses. Auf Anweisung des Grafen Wilhelm Moritz wurde nach dem großen Schlossbrand von 1679 der Braunfelser Marktplatz ab dem Jahre 1696 planmäßig angelegt und einheitlich gestaltet. Es sollten »die Häuser eines wie das andere 60 Schuh lang und 40 Schuh in der Breite gebaut werden«. Heute besteht das wunderschöne Marktplatzensemble aus 13 Gebäuden, die fast alle zwischen 1700 und 1720 errichtet wurden. Zahlreiche Restaurants und Cafés am Marktplatz laden zum Verweilen und Genießen ein. Durch die »Unterste Pforte«, das um 1350 erbaute älteste Gebäude am Marktplatz, den aus dem Jahre 1460 stammenden »mittleren Torturm« und die aus dem 15. und 16. Jahrhundert stammende »Talpforte mit Glockenturm« verläuft die Straße hinauf zum Schloss. An zahlreichen Gebäuden finden Besucher der Stadt Erläuterungen zur Geschichte der Häuser. Ein besonderes Erlebnis sind Altstadt- und Erlebnisführungen mit erfahrenen Stadtführern. Ein Muss für alle Braunfels-Gäste ist der Besuch des Braunfelser Schlosses mit seiner beeindruckenden Möbel-, Gemälde- und Waffensammlung. Einen abschließenden Blick vom Bergfried hinab ins Lahntal sollte man sich nicht entgehen lassen.

SEHENSWERTES

- Schloss Braunfels · 1246 erstmals erwähnt
- Marktplatzensemble · Bauzeit: ca. 1700 bis 1728 · Fachwerk mit Mann-Figuren, Gefachverzierungen, Zwerchhäusern
- Historisches Postgebäude · Am Kurpark 11 · Bj. 1902 · bedeutender Schnitzschmuck
- Haus Henrich · Schütt 5 · ehem. Amtskasse · Bj. 1901 · Eckturm und Erker
- Palais Hartleben · Schlossstraße 9 · Bj. 1681 · reich geschnitzte Ständer
- Fürstliche Rentkammer · Belzgasse 1 · Bj. um 1700 · repräsentativer Fachwerkbau mit reich verzierten Brüstungsfeldern

FESTE UND FEIERN

- Ostermarkt (am Wochenende fünf Wochen vor dem Osterfest)
- Kräutermarkt (im Mai, nach Ankündigung)
- Sommerkonzerte (von Mai bis August, sonntags von 16 bis 17 Uhr im Kurpark)
- Weinfest (letztes Juni-Wochenende)
- Opern im Schlosshof (im Sommer, nach Ankündigung)
- Kreativa-Markt (Anfang November)
- Christnikelsmarkt (2. Advent-Wochenende)

Deutsche Fachwerk Straße

AUSKÜNFTE

Tourist-Information Braunfels
Am Kurpark 11
35619 Braunfels

Tel. 06442.93440
Fax 06442.934422

touristinfo@braunfels.de, www.braunfels.de
www.facebook.com/braunfels.erleben

Erker am historischen Postgebäude

HADAMAR

Einwohner: 13.000

Stadtteile: Niederhadamar, Nieder- und Oberzeuzheim, Ober- und Niederweyer, Faulbach

Fläche: 40,97 km²

Lage: Am Ufer des Elbbachs zwischen Westerwald und Lahn

STADT UND STADTGESCHICHTE

Hadamar wurde erstmals im Jahre 832 in einer karolingischen Tauschurkunde erwähnt. Im 14. Jahrhundert Residenz der Grafen von Nassau-Hadamar, erhielt der Ort 1324 die Stadtrechte. Unter dem Fürsten Johann Ludwig von Nassau-Hadamar, Generalbevollmächtigter des Kaisers bei den Friedensverhandlungen zur Beendigung des 30-jährigen Krieges, begann im 17. Jahrhundert der großzügige Ausbau Hadamars zur Residenzstadt mit prachtvollem Renaissance-Schloss. Damals entstanden die reizvollen Fachwerkhäuser, die zum Stadtbild gehören. Das heutige Rathaus wurde 1639 erbaut und ist mit kunstvollen Schnitzereien im Eingangsbereich und schmuckem Glockentürmchen ein Blickfang auf dem Untermarkt. Nur wenig später entstand das benachbarte »Haus Duchscherer«, ein Fachwerkbau mit reicher Ornamentik und einem Erker, auf dem die Geschichte von Adam und Eva dargestellt ist. Das Haus Borngasse 7 ziert ein elegantes Hermenportal mit Putten, Pilastern und Rankwerk, nur wenige Schritte weiter schmückt ein besonders dekoratives, barockes Eingangsportal den Fachwerkbau des »Hotel Nassau-Oranien«. Die stattliche »Hammelburg«, ein Ende des 16. Jahrhunderts entstandenes Fachwerkgebäude, bildet mit einem alten Stadttor eine malerische Einheit.

Die Fürstenstadt Hadamar bietet ihren Besuchern Kulturerlebnisse der besonderen Art, wie etwa den 68 Meter langen Silhouettenfries »per aspera ad astra« des frühen Lebensreformers Karl Wilhelm Diefenbach und die Scherenschnittsammlung Engert im Stadtmuseum, Meisterwerke des »Hadamarer Barock« in der gotischen Liebfrauenkirche und der Stadtpfarrkirche, eine Sammlung von über 800 Weihnachtkrippen aus aller Welt, das Glaskunsthandwerk sowie den Englischen Rosengarten auf dem Herzenberg.

SEHENSWERTES

- Rathaus · Untermarkt · Renaissance-Fachwerkbau erbaut 1639
- Renaissanceschloss · Bauzeit: 1614 – 1629
- Stadtmuseum im ehemaligen Marstall des Schlosses
- Krippenmuseum
- Spätgotische Liebfrauenkirche aus dem 14. und 15. Jahrhundert (Kulturdenkmal von nationalem Rang)
- Barocke Stadtpfarrkirche · 18. Jahrhundert
- Gedenkstätte für die Opfer der Euthanasie auf dem Mönchberg
- Neu eröffnetes Glasmuseum im Renaissance-Schloss
- Englischer Rosengarten auf dem Herzenberg

FESTE UND FEIERN

- Frühlingsmarkt
- Deutscher Mühlentag (Pfingstmontag)
- Liebfrauenkonzerte (Juni – September)
- Kirmes in allen Stadtteilen
- Stadtfest (letztes Augustwochenende)
- Flohmarkt mit über 600 Ständen am 3. Oktober
- Schlossweihnacht (1. und 2. Adventwochenende)
- Krippenschau (Dezember bis Januar)

Deutsche **Fachwerk** Straße

AUSKÜNFTE

Stadtverwaltung im Rathaus
Fremdenverkehrsamt Hadamar
Untermarkt 1
65589 Hadamar
Tel. 06433.89157 · 89174 und 890
Fax 06433.89155
fremdenverkehrsamt@hadamar.de
www.hadamar.de

Rathauserker

LIMBURG A. D. LAHN

Einwohner: 34.500
Stadtteile: Ahlbach, Dietkirchen, Eschhofen, Lindenholzhausen, Linter, Offheim, Staffel
Fläche: 45,15 km²
Lage: Mitten im Lahntal, zwischen Westerwald und Taunus

STADT UND STADTGESCHICHTE

Ganz gleich aus welcher Richtung man sich Limburg nähert, sobald der Blick in das klimatisch so begünstigte Limburger Becken fällt, ist der 7-türmige Limburger Dom ein optischer Höhepunkt, der auf einem steilen Felsen über Lahn und Altstadt thront. Eines der imposantesten hessischen Baudenkmale, mit der für einen Dom so ungewöhnlich kurzen Bauzeit von nur 20 Jahren, 1215 bis 1235, verbindet Einflüsse rheinischer Spätromanik und französischer Frühgotik.

Limburg ist eine attraktive Stadt, deren Reize nicht nur vom imposanten Eindruck des Domes ausgehen, sondern auch vom märchenhaften Charme der verwinkelten Fachwerk-Altstadt. Diese ist in ihrer Geschlossenheit beinahe einmalig in Deutschland, deren wohltuende Wirkung sich kaum ein Gast entziehen kann. Die hohen, mehrgeschossig vorkragenden Häuser mit ihren reich verzierten Giebeln stehen dicht gereiht und bilden schmale, verwinkelte Gassen, die sich unvermutet zu freundlichen Plätzen weiten. Die Fachwerkbauten mit ihren reichen, oft figürlichen Schnitzereien, entstammen dem 13. bis 19. Jahrhundert. Die Gebäude Römer 2 – 4 – 6 aus dem Jahr 1289 und Nr. 1 aus 1296, zählen zu den ältesten erhaltenen Fachwerkbauten in Deutschland. In der Altstadt finden sich Burgmannenhöfe und Stiftsherrenhäuser, Wohnhäuser wohlhabender Patrizier und Hallenhäuser, die typischen Geschäfts- und Wohnhäuser der Handelsherren.

Doch nicht nur die Stadt selbst ist für den Besucher interessant. Auch das romantische Lahntal lädt Wasserwanderer, Radfahrer und Wanderfreunde mit seiner herrlichen Flusslandschaft und zahlreichen Sehenswürdigkeiten flussauf und flussab zu den verschiedensten Entdeckungen ein.

SEHENSWERTES

- Fachwerk-Altstadt-Ensemble mit Dom, Burg und Lahnbrücke mit Brückenturm
- Haus Römer 2 - 4 – 6 · Bj. 1289
- Haus Rütsche 5 · Hallenhaus aus dem 13. Jahrhundert
- Alte Stiftsvikarie · Domplatz 7 · Bj. 1544
- St.-Georgs-Dom · französische Frühgotik vereint mit rheinischer Spätromanik – eines der faszinierendsten Sakralgebäude des europäischen Hochmittelalters
- Schloss mit Wohnturm · 13. Jahrhundert
- Lahnbrücke (1315 – 1354) mit Brückenturm
- Domschatz mit Kreuzreliquiar im Diözesanmuseum
- St.-Anna-Kirche mit Glasmalereien aus dem 14. Jahrhundert
- Städtische Kunstsammlungen
- Fahrgastschifffahrt sowie Bootsverleih an der Lahn
- Konzerte in der Josef-Kohlmaier-Stadthalle

FESTE UND FEIERN

- Altstadtfest (Juni)
- Rheingauer Weintage (Juli)
- Summer Games (August)
- Flohmarkt (September)
- Oktoberfest (Oktober)
- Christkindlmarkt (Dezember)

Deutsche
Fachwerk
Straße

AUSKÜNFTE

Tourist-Info Limburg a. d. Lahn
Bahnhofsplatz 2
65549 Limburg a. d. Lahn
Tel. 06431.203 222
Fax 06431.3293

touristinfo@stadt.limburg.de
www.limburg.de

Dom über Altstadt

BAD CAMBERG

Einwohnerzahl: 14.200
Stadtteile: Dombach, Erbach, Oberselters, Schwickershausen und Würges
Fläche: 54,64 km²
Lage: Im Hintertaunus, 20 km von Limburg/Lahn entfernt

STADT UND STADTGESCHICHTE

Bad Camberg (ehemals Camberg) wurde im Jahre 1.000 erstmals erwähnt und erhielt 1281 die Stadtrechte. Seit 1974 bilden die Kernstadt Bad Camberg und die Stadtteile Dombach, Erbach, Oberselters, Schwickershausen und Würges die Stadt Bad Camberg. Das „Bad" wurde 1981 verliehen, seit 1927 hat sich das Kneippheilbad, übrigens das älteste in Hessen, der Kneippkur basierend auf den fünf Säulen - Heilpflanzen, Bewegung, Wasser, Ernährung und Lebensordnung - nach Pfarrer Kneipp verschrieben. Wassergüsse, Massagen oder eine Bad Camberger Lehmpackung im MEDIAN Therapiezentrum am Kurpark haben schon so manche Krankheit erfolgreich vertrieben oder einer vorgebeugt. Das Ganze muss es sein: Körper, Geist und Seele in Einklang zu bringen.

In der historischen Altstadt laden hübsche Fachwerkhäuser, enge Gassen, erkergeschmückte Höfe und mächtige Türme aus dem Mittelalter sowie der gepflegte Kneipp-Kurpark mit dem Kneipp-Kräutergarten und Wasserspielen zum Verweilen ein. Kururlaub und der Wohlfühlfaktor spielen eine große Rolle in Bad Camberg. Getreu dieser alten Weisheit präsentiert Bad Camberg für seine Gäste ein vielgestaltetes, interessantes Kur- und Freizeitangebot – sei es musikalischer oder sportlicher Natur. Kurkonzerte, Theateraufführungen, Tanzabende, Themenstadtführungen, Wandern auf den über 200 Kilometer langen Wanderwegen, Radfahren auf einem ausgewiesenen Radwegenetz, Nordic-Walking im Stadtwald oder das moderne Freizeit- und Erholungsbad sind nur eine Auswahl an Aktivitäten, die zur Entspannung, Erholung und Unterhaltung dienen. Für die Wohnmobilisten stehen acht Stellplätze in der Jahnstraße bereit, nur fünf Minuten bis zur historischen Altstadt.

SEHENSWERTES

- Historisches Amthofgebäude · Bj. 1605 · Länge: 136 Meter
- Kreuzkapelle und Fußfälle · markantester Punkt im Goldnen Grund
- Obertorturm und Hohenfeldkapelle · Bj. 1380
- Untertorturm · der »schiefe Turm« von Bad Camberg
- Kneipp-Kurpark mit Kneipp-Kräutergarten · 50 verschiedene Baumarten
- Marktplatz und historische Altstadt · Fachwerkensemble
- Stadt- und Turmmuseum
- Kath. Pfarrkirche St. Peter und Paul · Zopfstilkirche mit Deckenfresken von Guiseppe Appiani

FESTE UND FEIERN

- Frühjahrsmarkt (2. Wochenende nach Ostern)
- Kneipperlebnistag mit Kräutermarkt im Kneipp-Kurpark (Juni)
- Lampionfest im Kneipp-Kurpark (2. Juli-Wochenende)
- Höfefest und Kunsthandwerkermarkt (1. August-Wochenende)
- Open Air Amthoffestspiele (August)
- Bad Camberger Erlebnisnacht (September)
- Kerb (2. Oktoberwochenende)
- Tage der Gesundheit · Herbstmarkt· Stoff und Stöffche (letztes Oktoberwochenende)
- Christkindlmarkt (1. Adventwochenende)

Deutsche Fachwerk Straße

AUSKÜNFTE

Kurverwaltung Bad Camberg
Am Amthof 15
65520 Bad Camberg
Tel. 06434 .202411
kurverwaltung@bad-camberg.de
www.bad-camberg.de

Detail des Amtshof

IDSTEIN

Einwohner: 26.500

Stadtteile: Dasbach, Ehrenbach, Eschenhahn, Heftrich, Kröftel, Lenzhahn, Nieder-Oberrod, Niederauroff, Oberauroff, Walsdorf, Wörsdorf

Fläche: 80 km²

Lage: Im Rhein-Main-Gebiet, eingebettet im Taunus

FACHWERKSTADT IM TAUNUS

STADT UND STADTGESCHICHTE

Einen wahrhaft königlichen Aufstieg erfährt Idstein im Mittelalter. 1102 erstmals erwähnt, wird es bald vom Nassauer Grafen Walram zur Residenz erhoben und erhält 1287 von Rudolf von Habsburg das Stadtrecht. 1292 wird der nassauische Graf Adolf, der in Idstein residiert, zum Deutschen König gekrönt.

An diese königliche Zeiten erinnert der »König-Adolf-Platz« im Zentrum der kompakten Altstadt. Hier stehen prachtvolle Bürgerhäuser aus dem 16. bis 18. Jahrhundert mit Mannfiguren, geschweiften Streben, Feuerböcken, Wappen und Neidköpfen. Das reich verzierte »Killingerhaus« ist heute Sitz der Tourist-Info und des Stadtmuseums. Das außergewöhnliche Dreigestirn mit »Schiefem Haus, Rathaus und Kanzleitor« präsentiert sich seit 2012 in neuer Optik: Das mehr als 200 Jahre durch Schiefer geschützte Fachwerk am Kanzleitor wurde freigelegt. Hinter dem Tor erschließt sich der ehemalige Burgbereich mit herrschaftlichen Fachwerkbauten, Residenzschloss, gräflichem Garten und dem »Hexenturm«, Wahrzeichen Idsteins. Unweit der mit Bildern von Rubensschülern ausgeschmückten »Unionskirche« steht in der Obergasse der »Höerhof«, ein stattliches Wohnhaus des Schlossbaumeisters Henrich Heer von 1620. Bis heute prägen die mit der Stadterweiterung um 1700 gebauten Häuser und Nebengebäude der Handwerker und Bauern die Wohnkultur der Altstadt.

Wer alleine, während einer Stadtführung oder mit den »Gartenweibern« durch die schmalen Altstadtgassen flaniert, wird von der Fülle und Farbenpracht der Fachwerkfassaden begeistert sein – und einzigartige Details und romantische Winkel entdecken.

SEHENSWERTES

- Killingerhaus · König-Adolf-Platz · prachtvoller Fachwerkbau von 1615
- Idsteiner Dreigestirn König-Adolf-Platz Rathaus (1698) · Kanzleitor (1497) · Schiefes Haus (1728)
- Höerhof · Obergasse 26 · Bj. 1620 · mit pittoreskem Innenhof und geschnitztem Erker
- Unionskirche · Martin-Luther-Straße · künstlerisch bedeutendster
- Sakralbau in Nassau nach dem Dreißigjährigen Krieg · 38 Gemälde der Rubensschule
- Residenzschloss · Obere Schlossgasse · älteste Teile vor 1550
- Schlossgarten · Obere Schlossgasse · nach historischen Ansichten
- Ansichten von 1650 angelegt »Hexenturm« · Obere Schlossgasse ·
- Bergfried der früheren Burganlage · Bj. 1170

FESTE UND FEIERN

- Idsteiner Frühling (Ende März)
- Weinfest (Himmelfahrt)
- Alteburger Märkte (Sommer)
- Idstein JazzFestival (Juni/Juli)
- Herbstmarkt (Oktober)
- Weihnachtsmarkt (1. WE im Dezember)

Zertifizierte Gästeführer und Fachwerkgästebegleiter

Deutsche Fachwerk Straße

AUSKÜNFTE

Tourist-Info Idstein · Killingerhaus
König-Adolf-Platz
65510 Idstein

Tel. 06126.78 620
Fax 06126.78 865

tourist-info@idstein.de
www.idstein.de

Kanzleitor

HÖCHST

Einwohner: 14.600
Stadtteil: Von Frankfurt am Main
Fläche: 4,7 km²

HÖCHST LEBENDIGES FACHWERK

STADT UND STADTGESCHICHTE

Höchst hat in seiner 7,5 Hektar umfassenden Altstadt das größte geschlossene Fachwerkensemble Frankfurts. Es ist ein lebendiger und farbiger Stadtteil im Westen der Main-Metropole mit reichhaltigen Zeugnissen einer bewegten Geschichte. Neben der malerischen Altstadt mit verwinkelten Gassen und schönen Fachwerkhäusern bieten sich dem Besucher ein spätmittelalterliches Schloss, ein barocker Palast, ein gotischer Zollturm und die karolingische Justinuskirche, die als ältestes Bauwerk im Frankfurter Stadtgebiet gilt. Erste Erwähnung fand Höchst 790 als »Villa Hostato« und erhielt 1355 das Stadtrecht als Teil des Kurmainzer Territoriums. Im 18. Jahrhundert erlebte die Stadt ihren wirtschaftlichen Aufschwung: 1746 erfolgte die Gründung der Höchster Porzellanmanufaktur; die italienische Handelsfamilie Bolongaro richtete 1771 ein Handelskontor ein und ließ den Bolongaropalast erbauen. 1863 begann die industrielle Entwicklung. 1928 wurde Höchst nach Frankfurt eingemeindet.

Die Höchster Altstadt steht seit 1972 unter Denkmalschutz. Die meisten Fachwerkhäuser auf mittelalterlichem Stadtgrundriss stammen aus der Zeit nach dem großen Brand von 1586. Idyllisch gelegen am Ufer des Mains, wo Fähre, Fahrradweg und Schiffsanlegestelle zusammentreffen, ist Höchst ein lohnenswertes Ausflugsziel, um durch die mittelalterlichen Straßen zu flanieren, die vielfältigen Sehenswürdigkeiten zu besichtigen, oder in der Höchster Porzellan-Manufaktur den Entstehungsprozess des »weißen Goldes« kennenzulernen. Die malerische Naturlandschaft lässt sich wunderbar am neu gestalteten Mainufer, der Parkanlage Wörthspitze oder der Schwanheimer Düne entdecken.

SEHENSWERTES

- Justinuskirche · Justinusplatz 2–4 · errichtet um 830
- Höchster Schlossplatz – Fachwerkensemble 16. bis 18. Jahrhundert mit Zollturm
- Altes und Neues Schloss · Höchster Schlossplatz 16 · aus dem 14.
- Bolongaropalast · Bolongarostraße 109 · errichtet 1772–1774
- Kronberger Haus · Bolongarostraße 152 · errichtet 1577-1580
- Dalberger Haus · Bolongarostraße 186 · Herrenhaus der Renaissance · Bj. 1582
- Ehem. Hospitaltrakt des Antoniterklosters · Bolongarostraße 143 · Bj. um 1516
- Haus Zum Anker · Bolongarostraße 173 · stattliches Fachwerkhaus von 1482
- Höchster Porzellan-Manufaktur · Palleskestraße 32 · gegründet 1746

FESTE UND FEIERN

- Höchster Schlossfest mit dem Höchster Kunstmarkt (Juni/Juli)
- Barock am Main – Theaterfestival (Juli/August)
- Höchster Orgelsommer (Mai–September)
- Sommernacht am Schloss – Open-Air-Festival der Kleinkunst (Juni)
- Weihnachtsmarkt (1. Adventwochenende)

Zertifizierte Gästeführer und Fachwerkgästeführer

Deutsche **Fachwerk** Straße

AUSKÜNFTE

Tourismus+Congress GmbH Frankfurt am Main
Kaiserstraße 56 · 60329 Frankfurt am Main
Tourist-Information Frankfurt-Hauptbahnhof · Empfangshalle
Tourist-Information Frankfurt-Römer · Römerberg 27
Tel. 069.21238800
Fax 069.21237880
info@infofrankfurt.de
www.frankfurt-tourismus.de

Zollturm

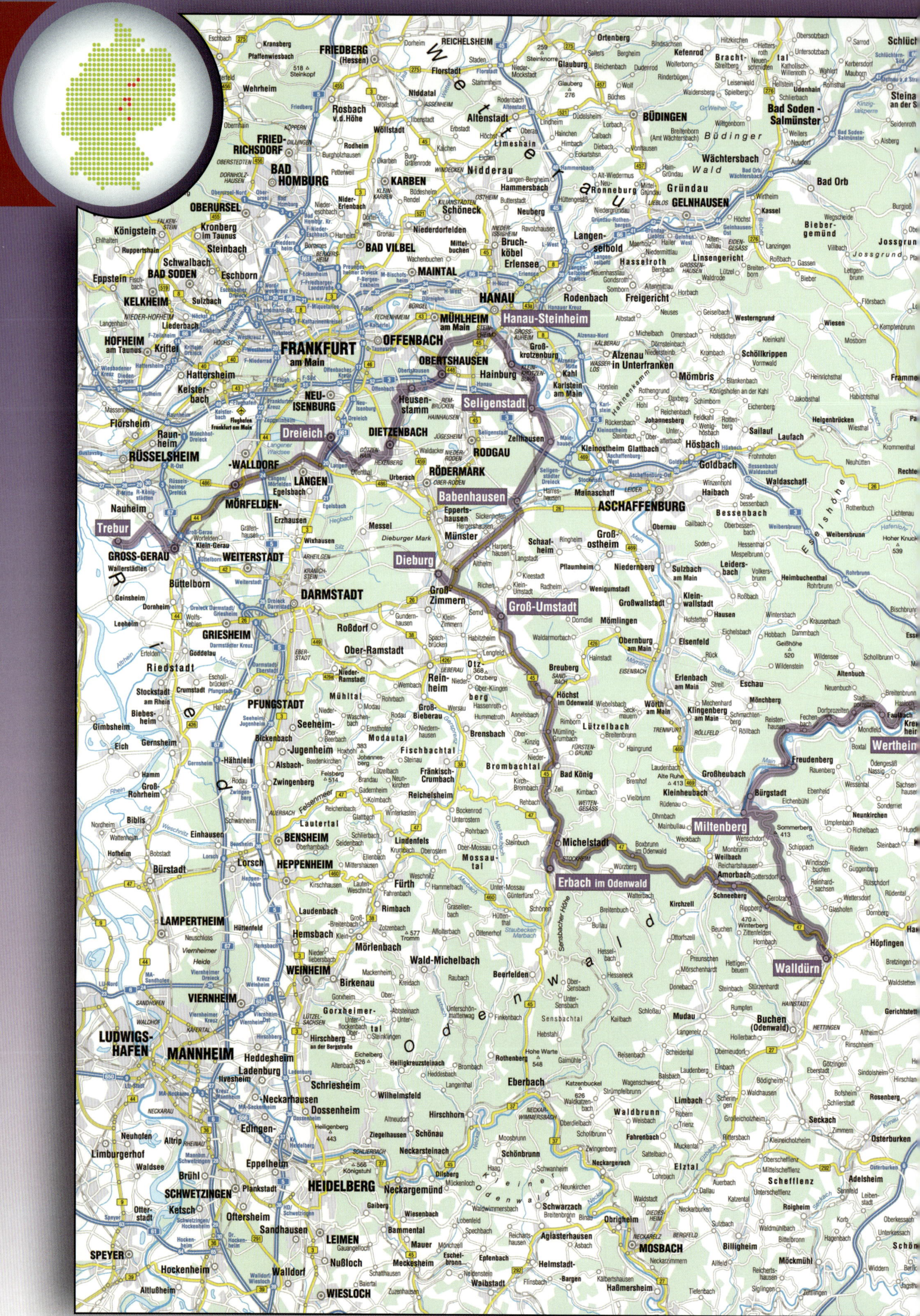
Trebur
Dreieich
Hanau-Steinheim
Seligenstadt
Babenhausen
Dieburg
Groß-Umstadt
Erbach im Odenwald
Miltenberg
Walldürn
Wertheim
FRANKFURT am Main
OFFENBACH
HANAU
DARMSTADT
ASCHAFFENBURG
HEIDELBERG
MANNHEIM
LUDWIGS-HAFEN
Wetterau
Odenwald
Ried

VOM RHEIN ZUM MAIN UND ODENWALD

Diese Regionalstrecke der Deutschen Fachwerkstraße umfasst die Orte Trebur · Dreieich · Hanau Steinheim · Seligenstadt · Babenhausen · Dieburg · Groß-Umstadt · Erbach i. Odenwald · Walldürn · Wertheim

Fränkisches Fachwerk

Die Strecke wird geprägt von den Flusslandschaften des Rheins und Mains und vom vulkanischen Odenwald, das Fachwerk vom mitteldeutschen – ehemals fränkisch genannten – Fachwerkstil.

Im Rheintal beginnt die Strecke mit Trebur, führt nach Dreieich im alten Reichsforst, um dann in Steinheim den Main zu erreichen. Steinheim gehört heute zur Stadt Hanau – insgesamt dicht besiedeltes Gebiet. Die Fachwerkstraße bleibt zunächst am Main bis nach Seligenstadt, führt dann über Babenhausen, Dieburg, Groß-Umstadt nach Erbach im Odenwald. Nach Walldürn wird in Miltenberg wieder der Main erreicht, eine der malerischsten Regionen im Main-Viereck. Von dort geht es mainaufwärts nach Wertheim. Insgesamt durchquert die Route viele reizvolle, kleinstrukturierte Landschaften und führt mit Fahrstrecken, meist unter 25 km, von Fachwerkstadt zu Fachwerkstadt.

Das Fachwerk dieser Strecke ist stark mitgeprägt von Mainfranken, behäbige oft große Häuser, ein hoher Anteil an Massiverdgeschossen, sehr solide Konstruktionen mit kräftigen Hölzern charakterisieren die Fachwerkkonstruktionen. Auch auf dieser Strecke gehen die ältesten Häuser bis in das frühe 14. Jahrhundert zurück. Besonders ausgeprägt ist aber die Spätgotik, etwa von 1450 bis 1550, mit allen Phasen des Wechsels von der Einzelverstrebung zur Bundverstrebung. Mit Einzelverstrebung ist dabei die Aussteifung mittelalterlicher Bargefüge gemeint, bei der jeder Ständer durch Fuß- oder zusätzlich auch durch Kopfbänder ausgesteift wurde, während bei der Bundverstrebung mittels wandhoher Streben jeweils nur an den Eck- oder Bundständern (an die Bundständer schließen die Innenwände an) die Horizontalaussteifung erreicht wurde.

Neben den reich ausgestatteten Fassaden im mainfränkischen Einflussgebiet berührt die Strecke auch Odenwaldregionen mit kargen Böden, mit einer früher eher armen Bevölkerung und deshalb auch einfachem Fachwerk. Es gibt hier viele Beispiele, in denen die sozialen Unterschiede früherer Generationen in ihren Fachwerkhäusern sichtbar bleiben.

Das „normale" mitteldeutsche Haus, das sog. „Ernhaus" ist durch Querwände in drei Zonen geteilt. In der Zone zur Straße war dabei die „Gute Stube" untergebracht, in der mittleren Zone, dem Ern, der Flur, die Treppe und die Küche und in der hinteren Zone Kammern. Oft sind in den Höhenlagen der Mittelgebirge die drei Zonen um eine oder zwei weitere Zonen verlängert worden, um auch die übrigen Funktionen, z. B. einer landwirtschaftlichen Nebenerwerbsstelle, unter einem Dach unterbringen zu können.

Varianten von Brüstungsschmuckhölzern wie sie Meister Wilhelm aus Franfurt 1668 in seinem Band „Architectura Civilis" aufgezeichnet hat.

Reisen zur Entwicklung des Fachwerks kann man in fast jeder Stadt an der Strecke unternehmen, man kann sich aber auch die Perlen insgesamt heraussuchen. In Trebur ist es das Alte Rathaus von 1577 wie das Rathaus in Dreieich-Sprendlingen, in Hanau-Steinheim das Zunfthaus der Fischer und Schiffer mit Dreipassbögen, um 1460 errichtet, in Seligenstadt das „Alte Haus" von 1327, ein weiterer Ständerbau von 1427 und schließlich das Einhardhaus aus dem Jahre 1596, in Babenhausen ein gut gestaltetes Haus aus der Übergangszeit, Am Hexenturm 22, vermutlich 1484 errichtet, in Dieburg ein Ständerbau von 1384, in Groß-Umstadt das ehemalige Pförtner- und Zollhaus, in Erbach ist es das Tempelhaus, um 1365 gebaut und in Walldürn schließlich das im rein alemannischen Fachwerkstil 1448 errichtete Rathaus. In Miltenberg ragen das „Schnatterloch" und der „Riesen" aus dem Jahre 1590 und in Wertheim am Main das älteste Fachwerkhaus der Stadt, ein Firstständerbau, um 1450 errichtet, heraus.

TREBUR

Einwohner: 13.100
Ortsteile: Trebur, Astheim, Geinsheim, Hessenaue
Fläche: 50,14 km²
Lage: Trebur liegt im Zentrum des Städtedreiecks Frankfurt/Main, Mainz/Wiesbaden und Darmstadt

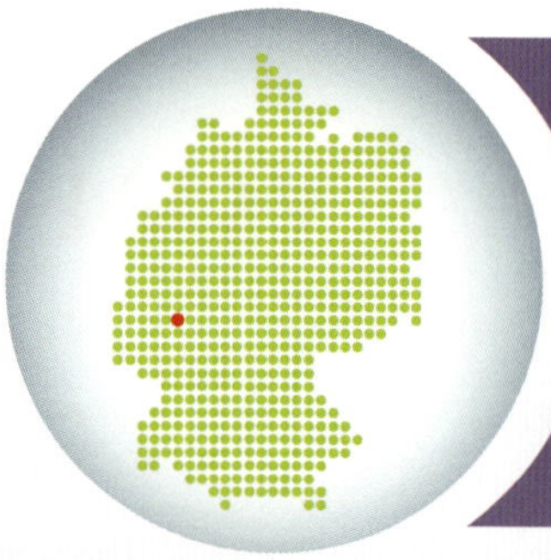

KAISERPFALZ TREBUR

STADT UND STADTGESCHICHTE

In Trebur entstand bereits vor dem 9. Jahrhundert ein Königshof mit einem ausgedehnten Fiskalbezirk. Diesem unterstanden zahlreiche Orte, darunter auch Treburs heutiger Ortsteil Astheim. In dieser Zeit wurde der Hof zu einer repräsentativen Königspfalz ausgebaut. Zwischen 829 und 1077 sind 57 Königsaufenthalte bekannt, von denen einige von reichsgeschichtlicher Bedeutung waren. 829 wird Trebur erstmals in einer hier von Kaiser Ludwig dem Frommen ausgestellten Urkunde schriftlich erwähnt. In der Salierzeit ist besonders das Schicksal Kaiser Heinrichs IV. mit Trebur verbunden. Im Alter von drei Jahren wurde er 1053 in Trebur zum König gewählt. Heinrich feierte hier 1066 seine Hochzeit mit Berta von Turin. 1076 traten auf dem Höhepunkt des Investiturstreits die oppositionellen Fürsten in Trebur zusammen und verlangten von Heinrich IV., sich mit Papst Gregor zu vergleichen („Bußgang nach Canossa").

Die einstige Königspfalz hat mehr als 300 überwiegend altfränkische Fachwerkgebäude aus der Zeit um 1700, die es in Trebur und seinen Ortsteilen zu entdecken gibt. Wer sich für reizvolle Fachwerkarchitektur und romantische Innenhöfe interessiert, ist in Trebur richtig. Auf dem Rundgang durch Trebur findet der Gast an vielen Gebäuden ausführliche Erklärungen über deren Geschichte. Es lohnt sich, ein wenig Zeit mitzubringen und einen Ausflug nach Trebur mit einer Radtour zu verbinden. Auf gut ausgebauten Radwegen kommt man dort in ebener Landschaft durch Wiesen und Felder, vorbei an liebevoll restaurierten Fachwerk-Bauernhöfen ganz bequem bis zum Rhein.

SEHENSWERTES

- Wilhelm-Leuschner Platz 1 · Altes Rathaus · Bj. 1577 · ältestes Fachwerkhaus Treburs
- Astheimer Str. 8 · Rotes Fachwerkhaus · um 1680
- Hauptstr. 17 · ehem. Schultheißenhaus
- Museum · um 1680 · Nauheimer Str. 14
- Obere Pforte 20/22 · ehemalige Mädchenschule
- Obere Pforte 32 · Haus mit Stellmacherzeichen
- Laurentiuskirche mit der Dreymann-Orgel · 1844 · und Lutherstatue mit dem Schwan. Die Kirche steht auf dem Gelände der ehemaligen mittelalterlichen Königspfalz
- Michael-Adrian-Observatorium der Astronomie-Stiftung Trebur · das T1T gehört zu Europas größter öffentlich zugänglicher Sternwarte
- Planetenweg · Beginn ist am Kreisel Richtung Rüsselsheim

FESTE UND FEIERN

- Spass un' Nass (im Juni)
- Jazz und Spargel (im Juni)
- Trebur Open Air (1. Wochenende im August)
- Kerben in den Ortsteilen
- Spass uff de Gass (September)
- Weihnachtsmarkt (2. Adventswochenende)

Deutsche **Fachwerk** Straße

Auskünfte

Gemeindeverwaltung Trebur
Rathaus · Herrngasse 3
65468 Trebur
kulturbuero@trebur.de www.trebur.de
Tel. 06147.20816 · Fax 06147.3969
Rundgänge und Führungen: Termine auf Anfrage
Historischer Rundgang
Nachtwächterführung
Kulinarischer Spaziergang
Kernsaaf un' Amerika (Mundartrundgang mit gespielten Szenen)

DREIEICH

Einwohner: 40.997

Stadtteile: Buchschlag, Dreieichenhain, Götzenhain, Offenthal, Sprendlingen

Fläche: 53,28 km²

Lage: Dreieich liegt im Städtedreieck Frankfurt-Offenbach-Darmstadt am nördlichen Rande des vorderen Odenwaldes.

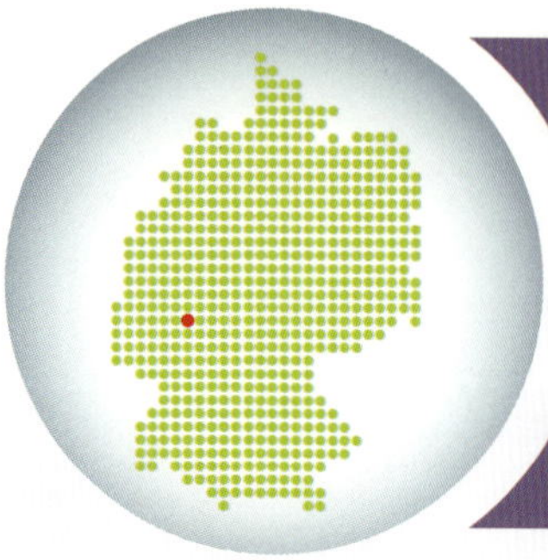

FACHWERKSTADT MIT BURGRUINE

STADT UND STADTGESCHICHTE

Die Stadt Dreieich entstand 1977 aus den Städten Dreieichenhain und Sprendlingen sowie den Gemeinden Buchschlag, Götzenhain und Offenthal. Buchschlag - Der Name geht auf einen Waldbezirk in der Gemarkung „Mitteldick" zurück. Der Ort wurde 1904 von dem Frankfurter Kaufmann Jakob Latscha gegründet. Buchschlag hat bis heute den ursprünglichen Charakter einer Villenkolonie bewahrt. Sprendlingen - Ersterwähnung 834 in einer Urkunde Ludwigs des Deutschen an das Kloster Lorsch. Die Reformation führte 1528 der Reformator der Dreieich, Erasmus Alberus, ein. Sprendlingen gilt als Ort der Pflasterer und Maurer. Später wurde die Textilindustrie dominierend, was zum Beinamen „Jeanstown" führte. Dreieichenhain geht auf eine Turmburg der Salierzeit zurück. Um den Ort führt eine Stadtmauer von 1.025 Meter Länge; in der historischen Altstadt befinden sich 125 schmucke Fachwerkhäuser aus dem 16. bis 19. Jahrhundert. Durch die Fahrgasse führen der Europäische Fernwanderweg E1, der Hessen-Wanderweg Nr. 4 und der 50. Breitengrad. Götzenhain - Um 1200 planmäßig für die nahe Burg Dreieichenhain angelegt, wurde 1318 erstmals erwähnt. Die Reformation wurde von Erasmus Alberus eingeführt. Interessante Baudenkmäler: Schloss Philippseich und Hofgut Neuhof. „Auf der Hub" befindet sich eine Stangenpyramide mit einem schönen Blick auf Frankfurt. Offenthal - Erstmals 837 in einer Urkunde erwähnt. Der Ort gehört zu den ältesten Siedlungen im Stadtgebiet Dreieich. Ein bedeutendes Baudenkmal stellt die gotische Kirche dar. Diese wurde um 1400 von der Gräfin Anna von Falkenstein gestiftet. Die Reformation wurde 1528 eingeführt.

SEHENSWERTES

- Isenburgisches Amthaus · Saalgasse 5 Oberförsterei · Bj. 1616
- Fachwerkhaus Saalgasse 3 · Bj. 1691
- Gasthaus „Zur alten Burg" · Fahrgasse 50 · Bj. 1553 · älteste Apfelweinwirtschaft Deutschlands
- Fachwerkhaus Erbsengasse 27 · (siehe Foto)
- Götzenhain und Offenthal · zahlreiche gut gepflegte Fachwerkbauten
- Salische Turmburg · Steingebäude · Reste der heutigen Burganlage aus 1075 Palas und Bergfried aus der Zeit 1170 bis 1180
- Pfarrkirche Götzenhain · Barockkirche · erbaut 1774 - 1776
- Erasmus-Alberus-Kirche Sprendlingen erbaut 1716 - 1718
- Buchschlag · Villenarchitektur mit Jugendstilelementen

FESTE UND FEIERN

- Dreieicher Musiktage (nach Ankündigung)
- Kerben in den Stadtteilen
- Weinfest (Fronleichnam bis Sonntag danach)
- Burgfestspiele Dreieichenhain (nach Ankündigung)
- Jazz in der Burg (nach Ankündigung)
- Burgfest mit Handwerkermarkt (2. Wochenende im September)
- Hayner Töpfermarkt (letzter Sonntag im September)
- Adventsmarkt auf dem Lindenplatz (1. Adventswochenende)
- Weihnachtsmarkt Dreieichenhain (2. und 3. Adventswochenende)
- Weihnachtsmarkt Offenthal (4. Adventswochenende)

Deutsche **Fachwerk** Straße

Auskünfte

Magistrat der Stadt Dreieich
Fachbereich Wirtschaftsförderung und Stadtmarketing
Hauptstraße 45
63303 Dreieich
Tel. 06103.601681
Fax 06103.6018681
wirtschaft@dreieich.de
www.dreieich.de

Erbsengasse 27

HANAU-STEINHEIM

Einwohner: 12.971

Fläche: Steinheim 8,29 km², Hanau 76,5 km²

Lage: Südwestlich des Mains, ca. 20 km bis Frankfurt

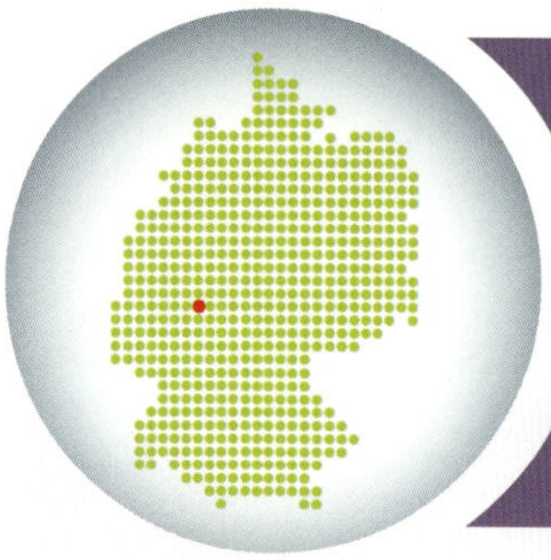

STADT UND STADTGESCHICHTE

Die historische Altstadt im Hanauer Stadtteil Steinheim ist ein Besuchermagnet. Sie hat sich ihren ursprünglichen Charme bewahrt und gilt aufgrund des mittelalterlichen Mauerrings, der schönen Fachwerkhäuser und der Lage am Main-Altarm als lohnendes Ausflugsziel. Doch nicht nur historisch Interessierte, sondern auch Menschen, die ein reizvolles Ambiente, gute Gastronomie und köstlichen Apfelwein zu schätzen wissen, zieht es hierher. In vielen der alten Häuser, Höfe, Keller und Scheunen sind Restaurants, Cafés, Wirtshäuser, Biergärten und Apfelwein-Schänken untergebracht.

Ende Juni zieht das Johannisfeuer am Flussufer mit dem Altstadtfest tausende Besucher an. Am letzten August-Wochenende huldigt Steinheim dem hessischen Nationalgetränk und feiert das Bundesäppelwoifest. Weithin sichtbares Wahrzeichen ist das mittelalterliche Schloss. Die Stadt Hanau kaufte das Bauwerk 1978 vom Land Hessen, sanierte und eröffnete es 1986 als attraktives Regionalmuseum für Vor- und Frühgeschichte.

Die Kreuzkapelle neben der St. Nikolaus-Kirche gilt als einer der ältesten Sakralbauten in der Region. Seit 1309 gibt es Wallfahrten hierher, zum „Heiligen Kreuz" von Klein-Steinheim. Steinheim erhielt 1320 Stadtrechte und gehörte rund 400 Jahre lang zum Staatsgebiet des Erzbischofs von Mainz. Hier verwalteten Beamte die Steuergaben in riesigen Zehntscheuern und Vorratskellern. Die restaurierte Zehntscheune, die jetzt als Veranstaltungsraum dient, zeugt noch heute davon. In der heutigen Harmoniestraße, früher Judengasse, steht das älteste Fachwerkhaus (Groß-)Steinheims aus dem Jahre 1395.

SEHENSWERTES

- Schloss Steinheim · erstmals 1222 erwähnt · kurfürstliche Residenz – Regionalmuseum für Vor-, Früh- und Heimatgeschichte
- Huttenhof · Sitz des Kurmainzer Amtmanns und Kaiserlichen Rats Frowin von Hutten
- Pfarrkirche St. Johann · Baptist am Kardinal-Volk-Platz · Epitaph für Frowin von Hutten (1530) und Strahlenmadonna (1420)
- Haus Volk · ältestes erhaltenes Fachwerkhaus (um 1395)
- Platz des Friedens mit Friedensdenkmal von Prof. Georg Busch, gestiftet von Louis Meyer-Gerngroß (1911)
- Dürer-Haus am Maintor 1 · hier übernachtete 1520 Albrecht Dürer
- Maintor mit Zolltürmchen · einzig erhaltenes restauriertes Stadttor Steinheims (1320)

FESTE UND FEIERN

- Seifenkistenrennen (Mai)
- Steinheimer Altstadtfest mit Johannisfeuer (Juni)
- Bundesäppelwoifest im Schlosshof Steinheim (August)
- Nachtwächterführungen und andere Rundgänge (auf Anfrage ganzjährig)
- Gewerbeausstellung (September)
- Weihnachtsmarkt (Dezember)

Deutsche **Fachwerk** Straße

Auskünfte

Magistrat der Stadt Hanau
FB Kultur · Abteilung Tourismus
Am Markt 14-18
63450 Hanau
Tel. 06181.295950
Fax 06181.295959
touristinformation@hanau.de
www.hanau.de

Steinheimer Altstadt mit historischem Fachwerk und Luginsland

SELIGENSTADT

Einwohner: 20.231
Stadtteile: Froschhausen und Klein-Welzheim
Fläche: 30,85km²
Lage: Mitten im pulsierenden Rhein-Main-Gebiet; idyllisch am Main gelegen

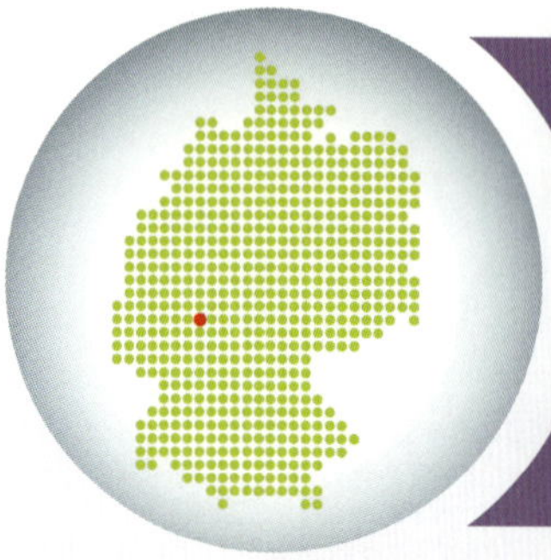

STADT UND STADTGESCHICHTE

Kleine Gassen, malerische Winkel, farbenprächtige Fachwerkhäuser und eindrucksvolle Sehenswürdigkeiten aus verschiedenen Epochen. Das alles dokumentiert die über 1900-jährige Stadtgeschichte. Diese beginnt mit den Römern, die um 100 n. Chr. ein Kastell errichteten. Nach dem Fall des Limes im Jahr 260 siedelten sich Alemannen an. „Obermühlheim", wie Seligenstadt zur Karolingerzeit hieß, wurde am 11. Januar 815 zum ersten Mal urkundlich erwähnt. Einhard, der Biograph Karls des Großen, begann um 830 mit dem Bau der nach ihm benannten Basilika, die bis heute das Wahrzeichen der Stadt ist. In der dazugehörigen, im Barock erneuerten Abteianlage lebten bis 1803 Benediktinermönche. Im Jahr 1175 erhielt die Ortschaft durch Kaiser Friedrich I. Barbarossa Stadtrechte und durfte sich bis 1309 „freie Reichsstadt" nennen. Nach dem Untergang des Stauferreichs fiel Seligenstadt an das Erzbistum Mainz, dessen lange Herrschaft noch heute im Stadtwappen zu erkennen ist.

Handwerk und Handel ließen Seligenstadt im Mittelalter erblühen. Es entstand eine liebenswerte historische Altstadt mit einem reichen Bestand an mainfränkischen Fachwerkhäusern. Mit großem planerischen Geschick ist in den letzten Jahrzehnten eine einfühlsame und fachkundige Altstadt-Sanierung betrieben worden. Innerhalb der mittelalterlichen Stadtmauern beherbergt Seligenstadt 177 anerkannte Kulturdenkmale. Sich Zeit zu nehmen und den Spuren der wechselvollen Geschichte zu folgen, lohnt sich. Der Reiz liegt in der besonderen Stimmung in „Saligunstat", der Heil und Trost bringenden Stätte am Main. Warum man hier „Geschichte hautnah erleben" kann, sollte jeder selbst erkunden.

SEHENSWERTES

- Altes Haus von 1327 (zweitältestes Fachwerkhaus Südhessens)
- Ständerbau · Bj. 1427
- Einhardhaus · Bj. 1596
- Kutscherhaus von 1617
- Erstes städtisches Schulhaus · Bj. 1703
- Einhardbasilika
- Ehemalige Benediktiner-Abtei mit Konventgärten
- Palatium
- Romanisches Haus
- Mittelalterliche Stadtbefestigung

FESTE UND FEIERN

- Rosenmontagszug
- Europäischer Ostereiermarkt
- Klosterkonzerte
- Adventsmarkt
- Zunft- und Handwerkermarkt (alle zwei Jahre)
- Seligenstädter Geleit (alle vier Jahre)

Zertifizierte Gäste- und Fachwerkgästeführer

Deutsche **Fachwerk** Straße

Auskünfte

Stadt Seligenstadt
Tourist-Info
Aschaffenburger Str. 1
63500 Seligenstadt
Tel. 06182.87177
Fax 06182.87170
touristinfo@seligenstadt.de
www.seligenstadt.de
www.unser-seligenstadt.de

Erker Einhardhaus

BABENHAUSEN

Einwohnerzahl: 15.999
Stadtteile: Babenhausen(Kernstadt), Harreshausen, Harpertshausen, Hergershausen, Sickenhofen und Langstadt
Fläche: 66,87 km²
Lage: Zentral im Raum Darmstadt-Rhein-Main-Neckar

STADT UND STADTGESCHICHTE

Das Stadtwappen zeigt, wo Babenhausen seine Wurzeln hat. Der deutsche König Adolph von Nassau verlieh dem Ort 1295 die Stadtrechte. Ulrich II. von Hanau, dem die junge Stadt gehörte, heiratete später Agnes von Hohenlohe-Weikersheim und vermachte ihr das Schloss Babenhausen als Morgengabe. Im Wappen aus dem Jahr 1310 sind die Hanauer Sparren und die hohenlohischen Leoparden zu sehen. Tradition und Moderne, hier gibt es sie auf Schritt und Tritt. Bei einem Rundgang durch die historische Altstadt umgibt den Gast der liebenswerte Charme der Stadt, die zum Bummeln, Einkaufen oder dem Besuch der Gaststätten und Cafés einlädt. Als Pferdestadt bekannt, bietet Babenhausen Reiterhöfe in reizvoller Landschaft. Auf Rad- und Wanderwegen oder per Smartphone mit einer App kann Babenhausen erkundet werden.

Das älteste Fachwerkgebäude ist das Haus der Willands, 1484 erbaut, direkt neben dem Hexenturm, dem Babenhäuser Wahrzeichen. Das Fachwerk wurde in einem leichten Himmelgrau gestrichen, was dem Gebäude ein einzigartiges Gesicht verleiht und es besonders hervorhebt. 1994 hat es den Denkmalsschutzpreis des Kreises Darmstadt/Dieburg erhalten. Als Babenhausen 1458 Residenzstadt wurde, baute man Burg und Stadt aus. Kleine, meist traufständige Ackerbürgerhäuser und große Adelshöfe entstanden. Rundbogige steinerne Hoftore mit Handpforten bildeten den Abschluss der Höfe zur Straße hin. Typisch für diese Stadt ist das spätmittelalterliche Fachwerk und hier die Vorformen der Mannfigur mit weit nach innen geschweiften Streben und die begleitenden Viertelkreisfußstreben, die häufig zu einem durchlaufenden Rundbogenfries zusammengefügt wurden.

SEHENSWERTES

- Historische Altstadt mit Marktplatz · mittelalterliches Flair
- Schloss in der Schlossgasse · das zur Zeit aufwändig restauriert und saniert wird und ab 2014 als Café und 5-Sterne-Hotel glänzen soll
- Hexenturm in der Straße „Am Hexenturm"
- Ehemalige Stadtmühle · heute Elektrizitätswerk
- Breschturm · Zwillingsturm des Hexenturms
- Amtsgasse mit Stadt- und Regionalmuseum ab Mitte 2014
- Adels- und Patrizierhäuser in der Altstadt
- Stadtmauer rund um die Altstadt

FESTE UND FEIERN

- Das Babenhäuser Altstadtfest (1. Septemberwochenende)
- Der Ostermarkt mit Gewerbeschau (eine Woche vor Ostern)
- Weihnachtsmarkt (1. Adventswochenende)

Zertifizierte Fachwerkgästeführer – buchbar über den städtischen i-Punkt

Deutsche Fachwerk Straße

Auskünfte

i-Punkt der Stadt Babenhausen im Rathaus · Marktplatz 2
Eingang Fahrstraße · täglich geöffnet
www.babenhausen.de
App im Apple App-Store kostenlos für iPhones und iPads
Tel. 06073.60274 · Fax 06073.60222
touristinfo@babenhausen.de

Haus der Willands

DIEBURG

Einwohnerzahl: 15.000
Fläche: 23,11 km²
Lage: Im Südlichen Rhein-Main-Gebiet, am Rande zum Odenwald

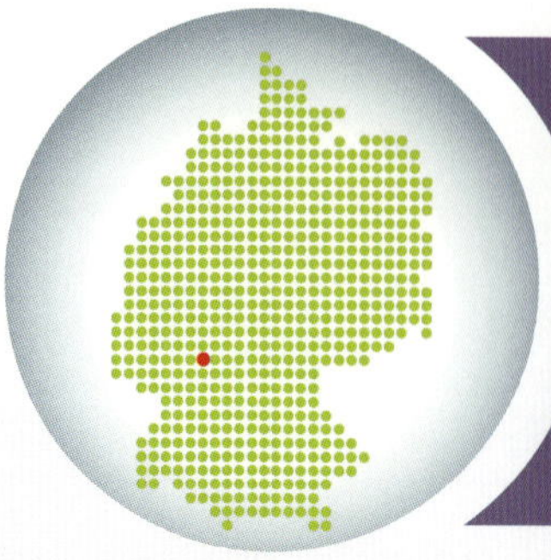

STADT UND STADTGESCHICHTE

Dieburg verdankt seine Entstehung den Römern und war römischer Verkehrsknotenpunkt und Verwaltungssitz. Das mittelalterliche "Dipurg" geht auf eine Neugründung des 12. Jahrhunderts zurück und erhielt im Jahre 1277 von König Rudolf von Habsburg erweiterte Stadtrechte. Als kurmainzer Amtsstadt und Münzstätte, als Sitz verschiedener Adelsgeschlechter und durch das Vorhandensein eines Halbstiftes erlebte Dieburg im Mittelalter eine Blütezeit. Prächtige Schlossanlagen, die bedeutende Wallfahrtskirche sowie die stolzen bürgerlichen Fachwerkhäuser zeugen davon. Im Dreißigjährigen Krieg wurde die Stadt verwüstet und verlor vorübergehend an Bedeutung. An der Wende vom 18. zum 19. Jahrhundert erlebte die Stadt einen erneuten Aufschwung. 1803 mit der Säkularisation fiel Dieburg an das Großherzogtum Hessen-Darmstadt.

Mit seinen gut 15.000 Einwohnern ist Dieburg heute eine moderne Stadt, die in der Region die Funktion eines Mittelzentrums einnimmt. Die Stadt hat sich ihren historischen Charakter und ihre Individualität bewahrt. Sie verbindet das Flair einer geschichtsträchtigen Stadt, mit prächtigen Alleen und Parkanlagen. Rund um Markt und Zuckerstraße stehen Fachwerkhäuser mit spätmittelalterlichem Gepräge, Fensterreihung und Schmuckfachwerk. Die zahlreichen gemütlichen historischen Gebäude im ausgedehnten Fußgängerbereich machen einen Einkaufsbummel oder einen Stadtrundgang zum Stadterlebnis besonderer Art. Der großzügig gestaltete Marktplatz verwandelt sich im Sommer in eine italienische Piazza mit Straßencafés.

SEHENSWERTES

- Museum Schloss Fechenbach · Eulengasse 8
- Dieburger Wallfahrtskirche · Altstadt 18 · spätgotische Pietá
- Dieburger Marktplatz
- Badhaus · Badgasse 10
- Fachwerkhaus · Zuckerstraße 4 · Ständerbau von 1384
- Stadtpfarrkirche St. Peter und Paul · Steinstraße 3 · neogotische Hallenkirche Bj. 1893
- Albini-Schloss · Albinistraße 23 · im Bereich der einstigen staufischen Wasserburg
- Dieburger Schlossgarten und barocker Park · Hinter der Schießmauer beim Kreisel
- Kapuzinerkloster · Minnefeld 36 · mit Klostergarten · Bj.1868

FESTE UND FEIERN

- Großer traditioneller Fastnachtsumzug (Fastnachtdienstag)
- Blaufärbertage im Museum (Ostersonntag und Sonntage vor und nach Ostern)
- Maimarkt mit Weindorf im Fechenbachpark (1. Maiwochenende)
- Schlossgartenfest - Überregionales Heimatfest (Ende Juli)
- Lichterprozession zur Wallfahrt (7. September)
- Martinsmarkt-Vorweihnachtlicher mittelalterlicher Markt (1. Novemberwochenende)
- Nachtwächterrundgänge (Freitage im Advent)

Deutsche **Fachwerk** Straße

Auskünfte

Magistrat der Stadt Dieburg
Kulturamt, Markt 4 · 64807 Dieburg
Tel. 06071.2002209-309
Fax 06071.2002-100
kultur@dieburg.de
www.dieburg.de
Museum Schloss Fechenbach
Eulengasse 8 · 64807 Dieburg
Tel. 06071.2002-460
info@museum-schloss-fechenbach.de
www.museum-schloss-fechenbach.de

Löwengasse 6

GROß-UMSTADT

Einwohner: 21.000
Stadtteile: Dorndiel, Heubach, Kleestadt, Klein-Umstadt, Raibach, Richen, Semd, Wiebelsbach und Groß-Umstadt
Fläche: 86 km²
Lage: Landkreis Darmstadt-Dieburg, Tor zum Odenwald

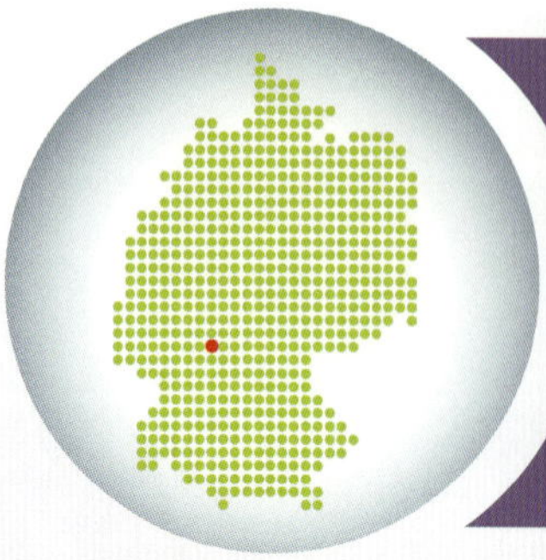

STADT UND STADTGESCHICHTE

Aus einer fränkischen Siedlung entstanden, wuchs Groß-Umstadt allmählich über die Befestigungsmauern hinaus. Von Reichtum und Bürgerstolz zeugen zahlreiche historische Profanbauten, die ein unverwechselbares Stadtbild entstehen lassen. Ein bedeutendes historisches Bauwerk ist die heutige Evangelische Stadtkirche. Schon bei der Schenkung Karlmanns im Jahre 743 wurde die St.-Peters-Basilika genannt, die an der Stelle der heutigen Kirche (erbaut 1465-1494) stand. Zahlreiche Schlösschen zeigen Groß-Umstadts Bedeutung als Verwaltungssitz. Einen architektonischen Höhepunkt stellt das imposante Renaissance-Rathaus (erbaut 1604-1605) am Markt dar.

Besonders sind die reich gestalteten Häuser mit reizvollen Schmuckvarianten, Erkern und Schnitzwerk, wie das ehemalige Pförtner- und Zollhaus. Auch das Jägerhaus (erbaut 1567- 1575) ist ein Blickfang mit seinem Krüppelwalmdach, den gotischen Fenstern, den charakteristisch hohen gebogenen Streben und dem dekorativen Brüstungsschmuck aus Andreaskreuzen. Am Marktplatz und in der Oberen Marktstraße bilden die Fachwerkhäuser eine herrliche Kulisse mit historischer und handwerklicher Vielfalt. Groß-Umstadt ist heute eine weltoffene Stadt mit ländlichem Charme – modern und traditionsbewusst zugleich. Ein wirtschaftliches Mittelzentrum mit moderner Infrastruktur, welches sich seinen kleinstädtischen Charakter bewahrt hat und mit zahlreichen gemütlichen Weinkellern zum Verweilen einlädt. Der Weinbau in Groß-Umstadt ist seit 1000 Jahren urkundlich belegt. Für Weinkenner ist der Umstädter Wein aus den Lagen der „Odenwälder Weininsel" - kräftig, frisch und spritzig - ein Geheimtipp.

SEHENSWERTES

- Rathaus · Markt 1 · imposantes Renaissance-Gebäude · Bj. 1604-1605
- Ev. Stadtkirche · Markt 11 · ab 1496 errichtet · gotisch
- Pfälzer Schloss · Pfälzer Gasse 16 · Sitz des pfälzischen Amtskellers seit 1390
- Darmstädter Schloss · Fränkischer Königshof · 766 erstmals erwähnt
- Wirtshaus „Zum Hirsch" · Markt 3 · ältestes Fachwerkhaus der Stadt · Bj. 1490
- Gans´scher Adelshof · ehemalige Brauerei · Bj. 1780
- Wambolt´sches Schloss · erstmals 1036 erwähnt
- Rodensteiner Schloss · Städtische Seniorenwohnanlage · 1409 vom Pfalzgrafen erbaut
- Kath. Kirche · St. Gallus · Bj. 1701

FESTE UND FEIERN

- Umstädter Frühlingsmarkt mit Montmartre (letztes Wochenende im April)
- Internationales Sommerfest
- São João – Johannisfest (Wochenende um den 24. Juni)
- JazzParade (1. Juliwochenende)
- Klassik-Open-Air (2. Augustwochenende)
- Umstädter Winzerfest (Wochenende nach dem 15. September)
- Umstädter Adventsmarkt (3. Adventswochenende)

Deutsche **Fachwerk** Straße

Auskünfte

Magistrat der Stadt Groß-Umstadt
Stadtmarketing
Markt 1
64823 Groß-Umstadt
Tel. 06078.781289
Fax 06078.781226
stadtmarketing@gross-umstadt.de
www.gross-umstadt.de
www.umstaedter-winzerfest.de

Jägerhaus

ERBACH IM ODENWALD

Einwohner: 13.764
Stadtteile: Bullau, Dorf-Erbach, Ebersberg, Elsbach, Erlenbach, Ernsbach-Erbuch, Günterfürst, Haisterbach, Lauerbach, Schönnen, Rossbach
Fläche: 61,52 km^2
Lage: In 200 bis 560 Metern Höhe im Odenwald im Tal der Mümling

STADT UND STADTGESCHICHTE

Wer den prächtigen Marktplatz der Residenzstadt Erbach betritt, spürt das mittelalterliche Flair. Dort stehen das etwa 500 Jahre alte Rathaus, in Sichtweite das Schloss, der Bergfried und das Tempelhaus. Die spätbarocke Stadtkirche und die liebevoll restaurierten historischen Fachwerkhäuser aus dem 16. bis 18. Jahrhundert machen diese Altstadt zu einem besonderen Erlebnis mit fantastischer Kulisse, die der Besucher lange in Erinnerung behält.

Der Lustgarten, die Orangerie und der Englische Garten zu Eulbach zeigen, was europäische Gartenkunst zu schaffen imstande ist. Die Eulbacher Parkanlage hat Friedrich Ludwig von Sckell kreiert, einer der bedeutendsten Landschaftsgärtner des 18. Jahrhunderts. Er schuf auch den weltberühmten Englischen Garten in München. Weitere Attraktion der Residenzstadt sind die Gräflichen Sammlungen mit Waffenkammer und Rittersaal. In Europas größtem Elfenbeinmuseum bewundern jährlich zehntausende Besucher die kostbaren Schnitzereien aus Asien, Afrika und Grönland. Weiterer touristischer Leckerbissen ist das Koziol-Museum „Glücksfabrik“, das Design-Highlights seit den 50er Jahren präsentiert. Erbachs Charme liegt auch in seiner Gastlichkeit. Urgemütliche Wirtshäuser und verträumte Cafés verwöhnen Wanderer, Mountainbiker und Kultursuchende gleichermaßen. Denn auch für natur- und sportbegeisterte Besucher haben Residenzstadt und Odenwald viel zu bieten. Der Geo-Naturpark Bergstraße-Odenwald verbindet die atemberaubende Landschaft mit kultureller Schönheit. Erbach ist schlicht allzeit eine Reise wert.

SEHENSWERTES

- Deutsches Elfenbeinmuseum (einziges Spezialmuseum dieser Art weltweit · www.elfenbeinmuseum.de)
- Koziol Glücksfabrik (www.koziol-gluecksfabrik.de)
- Evangelische Stadtkirche (1747 · 1750)
- Altes Rathaus · 1545
- Tempelhaus · um 1365
- Lustgarten · um 1540
- Orangerie · um 1580
- Historisches Städtel (Burgmannenhäuser)
- Fachwerkhäuser · 16.-18. Jh.
- Marktplatz
- Wildpark Brudergrund
- Englischer Garten zu Eulbach
- Gräfliche Sammlungen im Erbacher Schloss (1736; Ursprung um 1200 - www.schloss-erbach.de)

FESTE UND FEIERN

- Frühlingsmarkt (letzter Sonntag im April)
- Wiesenmarkt (letzte volle Woche im Juli mit beiden Wochenenden) www.erbacher-wiesenmarkt.de
- Pferderenntag mit Totalisator (letzter Sonntag im Juli)
- Kerwemarkt (2. Sonntag im September)
- Odenwälder Bauernmarkt (2. Wochenende im Oktober - Fr.-So.)
- Schlossweihnacht (an allen vier Adventswochenenden - Fr.-So.) www.erbacher-schlossweihnacht.de

Deutsche **Fachwerk** Straße

Auskünfte

Touristik-Information Erbach und Odenwaldladen
Marktplatz 1 (Altes Rathaus)
64711 Erbach im Odenwald
Tel. 06062.6480
Fax 06062.6489
tourismus@erbach.de
www.erbach.de.

Altes Rathaus und Stadtkirche

WALLDÜRN

Einwohner: 11.300

Stadtteile: Altheim, Rippberg, Glashofen-Neusass, Gerolzahn, Hornbach, Kaltenbrunn, Wettersdorf, Reinhardsachsen

Fläche: 105,88 km²

Lage: Im Naturpark Neckartal-Odenwald

STADT UND STADTGESCHICHTE

In einer Urkunde des Kloster Lorsch aus dem Jahr 794 wurde Walldürn erstmals als „Turninu“ erwähnt. 1994 feierte man das 1200-jährige Bestehen. Menschen besiedelten die Region bereits zur Keltenzeit. Der „Obergermanisch-Raetische-Limes“, etwa um das Jahr 150 errichtet, streift Walldürn unmittelbar und umfasst zahlreiche, meist hervorragend restaurierte archäologische Denkmalreste. Die Anerkennung des Limes als UNESCO-Welterbe unterstreicht die besondere Bedeutung der Römer in Walldürn. Nach dem Ende der Herrschaft der Herren von Dürn wurde der Ort im Jahre 1294 an den Fürsten und Erzbischof von Mainz verkauft. 1803 fiel die Stadt an das Fürstentum Leiningen und 1806 schließlich an Baden. Heute gehört Walldürn zu Baden-Württemberg. Überregionale Bekanntheit erreichte Walldürn durch das Blutwunder. Der Pfarrer Heinrich Otto stieß nach dem Bericht des Pfarrers Hoffius um das Jahr 1330 durch Unaufmerksamkeit den schon konsekrierten Kelch während der Messe um. Der Inhalt ergoss sich auf das darunter liegende Korporale und formte blutrot das Bild des Gekreuzigten, umgeben von elf Christushäuptern mit der Dornenkrone, die als „Veronicae“ bezeichnet werden. Noch heute wallen weit über 80 000 Pilger in diese traditionsreiche Wallfahrtsstadt.

Walldürn ist eine einladende und attraktive Stadt: Viele liebevoll restaurierte Fachwerkhäuser, wie beispielsweise das 1448 erbaute Rathaus, das Schloss, Einzelhandelsfachgeschäfte und ein abwechslungsreiches Gastronomieangebot in der Altstadt sowie die imposante Basilika im Barockstil laden ein, Walldürn einen Besuch abzustatten.

SEHENSWERTES

- Altes Rathaus · Bj. 1448 · Deutschlands ältestes durchgehend als Amtssitz des Bürgermeisters genutztes Rathaus
- Gasthaus Goldene Rose · Bj. 1579 mit Zierfachwerk
- Hauptstr. 7 · derzeit Geschäftsgebäude · Bj. 1685 · drei Neidköpfe
- Hauptstr. 62 · Haus Mairon · Bj. 1707 mit Zierfachwerk
- Obere Vorstadtstraße 18 · Gasthaus Römischer König von 1609
- Diverse Gebäude im Odenwälder Freilandmuseum
- Schloss aus dem 18. Jh. · ehemals Kellerei
- Stadt- und Wallfahrtsmuseum · Bj. 1588
- Basilika zum Hl. Blut
- Gasthaus „Zum Riesen“ · Keller Bj. 1582 · ehemals Adelspalais der Herren von Bettendorf
- Römerausgrabungen · Römerbad Limespfad mit rekonstruierter Palisade

FESTE UND FEIERN

- Verkaufsoffener Sonntag (3. Sonntag im März)
- Blumen- und Lichterfest (Mi – So. um Christi Himmelfahrt)
- Wallfahrt zum Hl. Blut (Sonntag nach Pfingsten, 4 Wochen) mit Sonderwallfahrtstagen
- Verkaufsoffener Herbst mit Direktvermarktertag (2. Sonntag im Oktober)
- Weihnachtsmarkt (nach Ankündigung)
- Odenwälder Freilandmuseum: Grünkernfest (nach Ankündigung) Kartoffel- und Mostfest (nach Ankündigung)
- Viele Handwerkertage (nach Ankündigung)

Deutsche Fachwerk Straße

Auskünfte

Stadtverwaltung im Schloss
Burgstraße 3-4
www.wallduern.de
Tourist-Info Walldürn
Hauptstr. 27
74731 Walldürn
Tel. 06282.67107
tourismus@wallduern.de

Blick auf die Basilika
zum Heiligen Blut

MILTENBERG AM MAIN

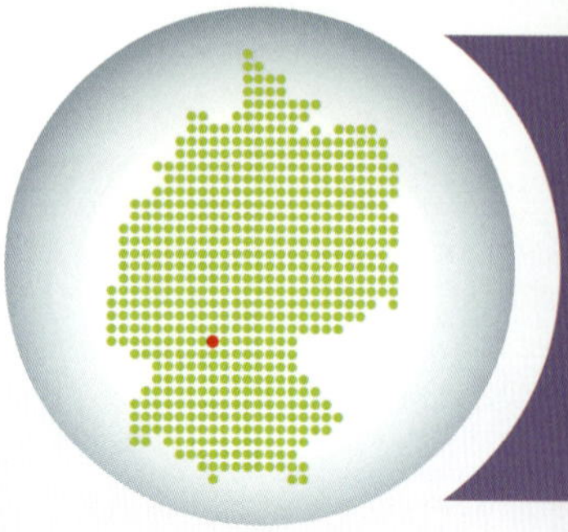

Einwohner: 9.100
Stadtteile: Breitendiel, Mainbullau, Schippach mit Berndiel und Geisenhof, Wenschdorf mit Monbrunn
Fläche: 60,2 km²
Lage: Malerisch eingebettet zwischen den Hügeln von Spessart und Odenwald am blauen Band des Mains

STADT UND STADTGESCHICHTE

Man nehme: Prächtige Fachwerkbauten und mittelalterliche Gässchen. Dazu von der Sonne verwöhnte Weinberge und hervorragende Weine, eine reiche Geschichte und unterhaltsame Stadtführungen, ausgezeichnete Museen und das kleinste Theater der Welt, eine Vielfalt an Veranstaltungen und wunderschöne Rad- und Wanderwege, Häckerwirtschaften und gehobene Gastronomie, liebevoll geführte kleine Läden und noch vieles mehr - das ist das Wohlfühlrezept der kleinen gastfreundlichen Stadt zwischen Spessart und Odenwald.

Im Jahr 1237 erstmals urkundlich erwähnt, kann die Stadt auf eine bewegte Geschichte zurückblicken. Durch die günstige Lage an der alten Handelsstraße Nürnberg - Frankfurt erlebte Miltenberg schon früh seine wirtschaftliche Blütezeit. Doch genau dieser Vorteil wurde der Stadt während des 30-jährigen Krieges zum Nachteil, und Miltenberg hatte Mitte des 17. Jahrhunderts etwa die Hälfte der Bevölkerung verloren. Die neuen Verkehrsverbindungen und die politischen Entwicklungen, mit der Verschiebung Miltenbergs von der zentralen Lage im Kurstaat Mainz an den Rand des Königreiches Bayerns, hielten die weitere Stadtentwicklung in einem überschaubaren Rahmen. Dadurch konnten die mittelalterliche Stadtstruktur und das wunderbare Stadtbild bis heute erhalten werden. Zu erkennen ist die frühere Bedeutung Miltenbergs am Alten Marktplatz am „Schnatterloch“ oder am „Gasthaus zum Riesen“. Das Alte Rathaus und die beiden Stadttore Würzburger Turm und Mainzer Turm zeigen noch heute die Erhabenheit der mittelalterlichen Stadt. Unsere Stadtführer erzählen gerne mehr davon und verraten vielleicht auch das ein oder andere Geheimnis.

SEHENSWERTES

- Marktplatz mit Schnatterloch und Marktbrunnen
- Gasthaus „Zum Riesen“ · die älteste Fürstenherberge Deutschlands
- Museum.Stadt.Miltenberg · untergebracht in drei Fachwerkhäusern des 16. Jahrhunderts direkt am Schnatterloch
- Mildenburg mit Museum, Burghof und Bergfried · spannungsreicher Dialog zwischen Ikonen und moderner Kunst
- Schwarzviertel · der älteste Teil der Stadt schmiegt sich eng zwischen Main und Greinberg
- Wunderschöne Fachwerkensembles in der Fußgängerzone · Flanieren auf der „A3 des Mittelalters“

FESTE UND FEIERN

- Lachparade (am Faschingssamstag)
- Ostermarkt mit verkaufsoffenem Sonntag (zwei Wochen vor Ostern)
- Maimarkt (am 1. Mai)
- Stadtfest (Anfang Juli)
- Theatertage auf der Mildenburg (Mitte-Ende Juli)
- Michaelismesse (Ende August - Anfang September)
- Weinherbst (Ende September - Anfang Oktober)
- Martinimarkt und verkaufsoffener Sonntag (Ende Oktober)
- Weihnachtsmarkt (an den Adventswochenenden)

Deutsche **Fachwerk** Straße

Auskünfte

TOURISMUSGEMEINSCHAFT MILTENBERG BÜRGSTADT KLEINHEUBACH
Rathaus · Engelplatz 69 · 63897 Miltenberg

Tel. 09371-404 119
Fax 09371-94 88 944

www.miltenberg.info
info@miltenberg.info

Schnatterloch

WERTHEIM

Einwohner: 22.473
Stadtteile und Ortschaften: Eichel- Hofgarten, Reinhardhof, Bestenheid, Bettingen, Dertingen, Dietenhan, Dörlesberg, Grünenwört, Höhefeld, Kembach,Lindelbach, Mondfeld, Nassig, Reicholzheim, Sachsenhausen, Sonderriet, Urphar und Waldenhausen
Fläche: 30,85km²
Lage: Nordöstlichste Stadt in Baden-Württemberg, an der Mündung der Tauber in den Main, zwischen Spessart und Odenwald

STADT UND STADTGESCHICHTE

Mitte des 12. Jahrhunderts errichteten die Grafen von Wertheim zwischen den beiden Tälern von Main und Tauber eine Höhenburg. Gleichzeitig entstand an der Taubermündung am Fuße der Burg die heutige Stadt. Die Burg als Sitz der Verwaltung und die Bürger- und Handelsstadt begründete bereits in der Stauferzeit einen wirtschaftlichen Mittelpunkt für über 50 Umlandgemeinden. Das anfänglich als „oppidum" bezeichnete Wertheim heißt 1214 „urbs", 1244 „civitas". Im Jahre 1306 weist König Albrecht I. die Stadt Wertheim dem Frankfurter Stadtrechtkreis zu. Der zeitlich früheste Beleg für die Führung eines Siegels stammt aus dem Jahr 1316.

Die historische Altstadt mit ihrem zentralen Marktplatz und den Gässchen lädt zu einem Entdeckungsrundgang ein. Zwischen den vielen attraktiven Fachwerkhäusern kann man besonders gut die lebendige Innenstadt mit der vielseitigen Gastronomie und den kleinen Geschäften erleben. Verschiedene Stadtrundführungen geben den Reisenden Aufschluss über die Entstehungsgeschichte der Stadt sowie historischer Gebäude. Von der Burg Wertheim wird man mit einem Panoramaausblick auf die Flusslandschaft von Main und Tauber verwöhnt. Kulturell bieten das Grafschaftsmuseum im alten Rathaus, das Glasmuseum sowie das Museum Schlösschen im Hofgarten eine Vielzahl bedeutender Ausstellungen. Flussaufwärts der Tauber liegt in idyllischer Landschaft das der Gemarkung zugehörige ehemalige Kloster Bronnbach. Die Anreise mit dem Fahrrad auf dem Radweg „Liebliches Taubertal" und mit dem Schiff entlang des Mains ist bei vielen Besuchern besonders beliebt.

SEHENSWERTES

- Historischer Marktplatz mit fränkischen Fachwerkhäusern
- Burg Wertheim · Schlossgasse 11 - Mitte 12. Jh.
- Spitzer Turm · Mainplatz 2 · Wartturm 15. Jh.
- Evangelische Stiftskirche · Schulgasse · 14. Jh. · Spätgotik
- Kilianskapelle · Doppelkapelle · Schulgasse · Baubeginn 1472
- Glasmuseum · Mühlenstraße 24 · „Kallenbach'schen Haus" · Bj. 1577
- Ehemalige Benediktiner-Abtei mit Konventgärten
- Museum „Schlösschen im Hofgarten" aus der Zeit des Rokoko mit englischem Park
- Grafschaftsmuseum Wertheim · Rathausgasse 6 – 10 · altes Rathaus und Haus der Vier Gekrönten

FESTE UND FEIERN

- Altstadtfest (letztes Juliwochenende)
- Michaelismesse mit großem Festumzug (ab Ende September)
- Dertinger Weinfest (nach Ankündigung)
- Weihnachtsmarkt (nach Ankündigung)
- Schöpple (erstes Juliwochenende)
- Bauernmarkt (im November)

Deutsche **Fachwerk** Straße

Auskünfte

Stadtverwaltung Wertheim
Mühlenstraße 26
www.wertheim.de
Tourismus Wertheim GmbH
Gerbergasse 16
Tel. 09342.935090
www.tourismus-wertheim.de

Fränkische Fachwerkhäuser

Mosbach
Eppingen
Besigheim
Bietigheim
-Bissingen
Backnang
Vaihingen
an der Enz
Marbach am Neckar
Markgröningen
Waiblingen
Schorndorf
Esslingen
Sindelfingen
Calw
Altensteig
Herrenberg
Kirchheim
unter Teck
Sasbachwalden
Gengenbach
Dornstetten
Bad Urach
Nehren
Blaubeuren
Haslach im Kinzigtal
Schiltach
Riedlingen
Pfullendorf
Meersburg
HEIDELBERG
HEILBRONN
KARLSRUHE
PFORZHEIM
STUTTGART
TÜBINGEN
REUTLINGEN
Bodensee

VOM NECKAR ZUM SCHWARZWALD UND BODENSEE

Diese Regionalstrecke der Deutschen Fachwerkstraße umfasst die Orte Mosbach · Eppingen · Besigheim · Bietigheim-Bissingen · Vaihingen a. d. Enz · Markgröningen · Marbach am Neckar · Backnang · Schorndorf · Waiblingen · Esslingen am Neckar · Kirchheim unter Teck · Bad Urach · Nehren · Herrenberg · Sindelfingen · Calw · Altensteig · Dornstetten · Schiltach · Haslach im Kinzigtal· Gengenbach · Sasbachwalden · Blaubeuren · Riedlingen · Biberach a. d. Riss · Pfullendorf · Meersburg

Männle, Weible und Kindle

Die „Rote Strecke" vom „Neckar zum Schwarzwald und Bodensee" deckt das gesamte Gebiet des oberdeutschen Fachwerks ab. Dieses Fachwerk – früher auch als alemannisches Fachwerk bezeichnet – basiert zum größeren Teil auf einer Vorgängerkonstruktion, dem Ständerbohlenbau, bei welchem den in weitem Abstand stehenden Ständern Bohlen in Nuten eingefügt sind. Reste dieser Bauweise haben sich in den Schwarzwaldtälern, um den Bodensee und auch an der Fachwerkstraße wie in Pfullendorf, Altensteig und Eppingen erhalten. Seltener kommen auch Blockbauten vor. Die weite Ständerstellung wurde beim Fachwerk zunächst beibehalten und führte zu Fachwerkkonstruktionen mit doppelten Rähmhölzern (wegen der großen Spannweiten), Einzelverstrebung der Ständer mit Kopf- und Fußbändern und langen, zwischen die Ständer gespannten Brüstungs- und Sturzriegeln. Im Laufe der Entwicklung vom beginnenden 15. Jahrhundert bis zum Ende des 16. Jahrhunderts wurden die Ständer dann enger gerückt. Die Verdoppelung der Rähme war nicht mehr notwendig und schließlich – nach 1600 – wurden die Fachwerkwände, ähnlich den Fachwerkbauten im mittleren Deutschland, mit einem engen Netz konstruktiver Hölzer, aber auch umfangreichem Schmuck, besonders in der Brüstungszone, gestaltet.

Entwicklung oberdeutschen Fachwerks, dargestellt an einer Wand: links, mit angeblatteten Fuß- und Kopfbändern sowie Doppelrähm, zwischen 1400 und 1500; Strebe und Gegenstrebe sind ab 1470 unter fränkischem Einfluss entstanden; ab ca. 1550 treten Mannformen, ähnlich dem halben Mann, auf (rechts).

Nördlicher Anfangs- oder Endpunkt der „Roten Strecke" ist Mosbach auf dem Weg vom Odenwald in das reizvolle Neckartal. In dem mächtigen, städtischen Fachwerkensemble fällt das Rathaus aus dem Jahre 1557, weit mehr aber noch das reich gegliederte und üppig geschnitzte Renaissancefachwerk des „Palm'schen Hauses", auf.

Auch Eppingen, die mittelalterliche Reichsstadt, brilliert mit einem großen Ensemble, unter anderem mit der St. Petersgasse, der Metzgergasse und der Altstadtstraße. Weit herausragend sind das liebevoll gepflegte „Baumann'sche Haus" (1582) mit reichem Fassadenschmuck, die schon 1388 errichtete Ratsschänke mit Ständerbohlenkonstruktion und die 1495 gezimmerte „Alte Universität".

Nächster Halt ist Besigheim am Zusammenfluss von Neckar und Enz. Die Landschaft um die Stadt ist vom Weinbau geprägt, die Stadt von ihrer Fachwerk- und Weinkultur. Das prächtige Rathaus aus dem Jahre 1459 zeigt eine „ochsenblutfarbene" Farbfassung mit der typischen „Bandelierung".

Bietigheim-Bissingen verbindet den Reiz historischen Fachwerks mit moderner Kunst. Aus dem großen Fachwerkbestand ragen Schloss, Unteres Tor, die Lateinschule, das verputzte Rathaus mit Verkünderker und vor allem das 1535/36 errichtete Hornmoldhaus heraus. Die Fachwerkhäuser in der Schieringer Straße 16 – 20 stellen eine Galerie der am häufigsten im Süden Deutschlands verwendeten Farbfassungen in Grau, Rot und Goldocker dar.

Vaihingen an der Enz, heute große Kreisstadt, ist eine Weinstadt in der auch als „Schwäbische Toskana" genannten sanften Rebenlandschaft. Zwischen Stadtmauern und -türmen finden wir reiches Renaissance- und Barockfachwerk, besonders am Marktplatz und in der Vaihinger Mühlstraße. Außerordentliches Fachwerk gibt es aber auch in den zu Vaihingen gehörenden Orten wie Roßwag, Ensingen, Gündelbach und mit dem „Großen Haus" in Enzweihingen.

Nur wenige Kilometer sind es nach Markgröningen mit seinem noch weitgehend geschlossenen, mittelalterlichen Stadtkern. Auf dem Marktplatz besticht das gewaltige dreigeschossige Fachwerkrathaus aus dem Jahre 1440/41. Typisch für die Region und die Zeit ist die durchgehende Einzelverstrebung der Ständer mit dem „Schwäbischen Weible".

Auch Friedrich Schiller wurde in einem Fachwerkhaus geboren und zwar in der nächsten Station der Deutschen Fachwerkstraße, in Marbach am Neckar. Neben der Gedenkstätte im (Fachwerk-) Geburtshaus und vielen weiteren literarischen Stätten wie dem Deutschen Literaturarchiv und dem Literaturmuseum überwältigt die nach einem Stadtbrand 1669 neu errichtete barocke Fachwerkstadt.

Herz des „Murr-Raumes" und Altkreises Backnang ist die „Murr-Metropole" Backnang. Prächtige, breite und damit Wohlstand ausdrückende Fachwerkbauten prägen die Stadt. Das in der Größe nochmals herausragende Fachwerkhaus ist das Rathaus, 1716 - 1717 errichtet, mit steinernem Erdgeschoss, zwei Fachwerkstockwerken und in drei Stockwerke gegliedertem Giebel.

Schorndorf hat einen der schönsten historischen Marktplätze und herausragendes Fachwerk mit mehreren reizvollen Ensembles, hervorstehend die „Palm'sche Apotheke". Bekannt ist die Stadt aber insbesondere wegen ihres berühmtesten Sohnes: Gottlieb Daimler – ebenfalls in einem Fachwerkhaus geboren.

In Waiblingen erwartet den Besucher zwischen Wehrgängen, Stadtmauern und Toren ein großes und reiches Fachwerkensemble. Um den Marktplatz sind es gleich vier hervortretende Bauten mit dem 1725 – 1730 errichteten Rathaus, dem Oberamtsgericht (etwa 1690), dem Fruchtkasten der „Geistlichen Verwaltung", verputzt und mit Quaderbemalung (1654) und dem 1655 errichteten Vogthaus mit malerischem Eckerker.

Esslingen, ehemals Reichsstadt, besitzt eines der größten Fachwerkensembles und gleich mehrere der ältesten Fachwerkbauten Deutschlands. Enge, malerische Gassen, prächtige Fachwerkhäuser, dazu die älteste zusammenhängende Fachwerkhauszeile, der Hafenmarkt aus den Jahren 1328 bis 1331 und das „Alte Rathaus" aus dem Jahre 1422 prägen das Stadtbild.

Kirchheim am Fuß der Schwäbischen Alp besticht die Fachwerkliebhaber ebenfalls mit einem bedeutenden Ensemble, das bis auf wenige Gebäude nach dem großen Stadtbrand 1690 entstanden ist. Zu den Häusern, die den Brand überstanden haben, gehört das Geburtshaus von Max Eyth, vor allem aber das „Alte Haus", die ehemalige „Große Herberge vor dem Oberen Tor" aus dem Jahre 1538.

Bad Urach, einst Residenz der Grafen von Württemberg, liegt im Herzen der Schwäbischen Alp. Vom Rathaus, über Mühlen, einem „Stadtpalais" bis zum Schloss erstrahlt die Stadt in Fachwerk. Das Rathaus wurde 1441 errichtet, deutlich sichtbar noch das früher als offene Markthalle gestaltete Erdgeschoss, darüber zwei Fachwerkgeschosse mit Verstrebungen in Form des „Schwäb'schen Weibles" und des „Schwäb'schen Kindles".

In Bad Urach teilt sich die Regionalstrecke. Wir wenden uns zuerst zum westlichen Streckenteil, der über den Schwarzwald führt. Erster Halt ist in Nehren.

Nehren liegt am Rande der Schwäbischen Alp, im Tal der Steinlach, mit „einem der am besten überlieferten Ortskerne". 1504 vereinigte sich die Kirchengemeinde Nehren mit Hauchlingen. 1543 erfolgte die politische Vereinigung. Schon 1512 wurde der Kirchturm mit dem Fachwerkaufsatz errichtet, heute das Wahrzeichen der Gemeinde. Das Fachwerk wird geprägt von breit gelagerten Häusern mit „Wetterdächle" wie dem Gasthaus „Zum Schwanen".

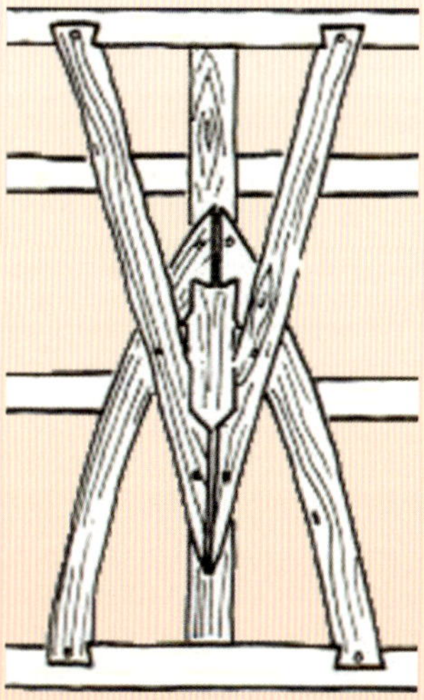

„Schwäbisches Männle" Wandhohe Verstrebung mittels aufgeblatteter Streben aus dem Bereich alemannischen Fachwerks.

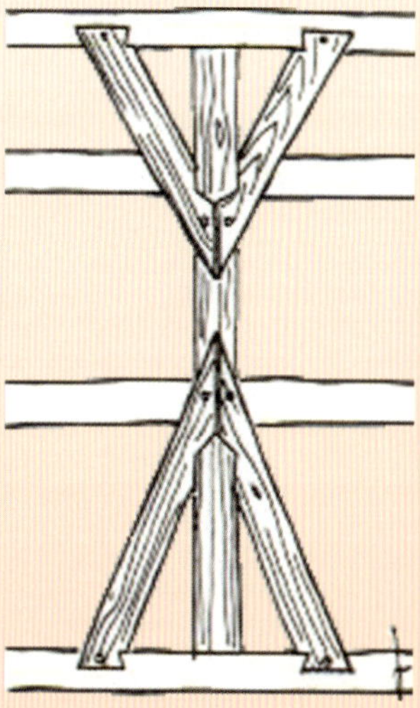

„Schwäbisches Weible" Je zwei weitreichende, aber nicht übereinandergreifende angeblattete Kopf- und Fußbänder.

Nächster Halt auf der Deutschen Fachwerkstraße ist die ehemalige Pfalzgrafenstadt Herrenberg. Um den großen Marktplatz mit stattlichen Fachwerkbauten gruppiert sich die kleinteilige, weitgehend originale Fachwerkstadt „als Vorzeigeobjekt früherer Stadtbaukunst". Ein Fachwerklehrpfad erklärt die Baugeschichte vom 15. bis zum 19. Jahrhundert.

Sindelfingen begegnet uns nicht nur mit einem der bedeutendsten Industrieunternehmen Mercedes Benz, sondern auch mit einer bezaubernden

Altstadt mit rund 250 historischen Fachwerkbauten: mittelalterliche und frühneuzeitliche Fachwerkgebäude wie das 1478 errichtete Rathaus und der 1592 folgende Erweiterungsbau. Eine Generation früher war in der Vorstadt 1447 das berühmte Firstsäulenhaus gezimmert worden, das jetzt am Schafhausener Platz steht.

Calw, die Schwarzwaldstadt und der Geburtsort von Hermann Hesse, erwartet die Fachwerkfreunde mit einem großen einheitlichen und geschlossenen Ensemble stattlicher Fachwerkhäuser des späten 17. Jahrhunderts – nach mehreren Stadtbränden, insbesondere dem von 1692, immer wieder auf den alten Gewölben neu gebaut. Herausragend ist das Wohn- und Handelshaus in der Ledergasse 39 aus dem Jahre 1694.

Die Fachwerkstadt Altensteig zieht sich von der Nagold einen steilen Hang bis zum Schloss Altensteig hinauf. Das Schloss selbst, mit alemannischem und fränkischem Fachwerk, gehört zu den „Exponaten" des Heimat- und Geschichtsmusems im Schloss Unter den zahlreichen mittelalterlichen Fachwerkbauten fällt das über 500 Jahre alte Haus „Beck-Schwarz" in der Paulusstraße 19 in Ständerbohlenweise besonders auf.

In Dornstetten besticht der Marktplatz durch seine Größe und die bedeutenden Fachwerkbauten. Weit heraus ragt das Rathaus aus dem Jahre 1692 und das rechts daneben stehende ehemalige Gasthaus „Zum Ochsen", jetzt ebenfalls Verwaltungsbau. Zwei Mal, 1488 und 1676 brannte Dornstetten fast vollständig ab. Zu den „Neubauten" zählen auch der Fruchtkasten und die Zehntscheuer.

Schiltach, die Stadt der Flößer und Gerber im Kinzigtal hat sich als geschlossenes Fachwerkensemble erhalten. Der dreieckige Marktplatz wurde 1690 von Baumeister Heinrich Schickardt geplant und zu einem heute einmaligen Stadtbild gestaltet. Unterhalb des Marktes ragt der Gasthof „Zum Adler" aus dem Jahre 1604 mit dem stadtbildprägenden Erker heraus.

Haslach liegt etwas weiter südlich im Kinzigtal. Im 17. Jahrhundert wurde Haslach Marktstadt im Schwarzwald. Die breiten Marktstraßen und Plätze wie auch die schmalen Handwerker- und Bürgergassen, alle mit Fachwerkhäusern alemannischen wie fränkischen Fachwerks besetzt, bestimmen heute das romantische Stadtbild.

Gengenbach ist wie Schiltach, Flößerstadt aber auch bedeutende Fachwerkstadt. Weit herausragend ist das Ensemble der Engelsgasse mit dicht gereihten, zweigeschossigen Fachwerkbauten, die auf einer Seite auf der Stadtmauer aufsitzen und auf der anderen Seite mit dem Obergeschoss weit auskragen. Weitere besondere Fachwerkbauten sind das Färberhaus am Schwedenturm wie auch das Schefelhaus und das Ensemble am Obertorturm.

Sasbachwalden ist Endpunkt des westlichen Teils der Regionalstrecke „Vom Neckar zum Schwarzwald und Bodensee". Zahlreiche Fachwerkbauten, insbesondere aus der Talstraße aus dem 18. bis 20. Jahrhundert mit regionalen Details wie Wetterdächern oder Hausinschriften begeistern auch hier Fachwerkfreunde und Touristen.

Fährt man auf der Strecke von Bad Urach nach Osten, so ist der erste Haltepunkt auf der Deutschen Fachwerkstraße Blaubeuren, Perle der Schwäbischen Alp. Der sagenumwobene „Blautopf" hat der Stadt den Namen und ihr Image gegeben. Blaubeurens Altstadt ist fachwerkgeprägt, besonders hervor tritt dabei der Gebäudekomplex des „Spitals".

Nach rund 45 Kilometern Fahrstrecke erreicht die Deutsche Fachwerkstraße Riedlingen an der Donau. Riedlingen ist nicht nur Marktstadt gewesen, sondern mit vielen Marktevents auch Marktstadt geblieben. Die Fachwerkhäuser bestimmen den Markt und die umliegenden Gassen. Ein schönes Beispiel für das Ineinandergehen der Fachwerkstile Mittel- und Oberdeutschlands ist die „Alte Kaserne" aus dem Jahre 1686.

Biberach an der Riss in Oberschwaben weist viel Fachwerkgeschichte auf. Hinter der Stadtmauer verbirgt sich ein weitgehend geschlossener historischer Stadtkern u.a. mit den Häusern um „einen der schönsten Marktplätze Süddeutschlands". Gleich zwei Fachwerkrathäuser, das „Alte Rathaus" von 1432 und das „Neue Rathaus" von 1503 repräsentieren das alemannische Fachwerk.

Pfullendorf, auch eine frühere freie Reichsstadt, liegt zwischen Bodensee und Donautal. Die Stadt wird von prächtigen – oft mehr fränkisch charakterisierten – Fachwerkbauten geprägt. Bedeutend und wichtig für die Entwicklung des Fachwerkbaus in Deutschland sind das „Schoberhaus" aus dem Jahre 1357/58 und direkt daneben die „Alte Kanzlei".

Meersburg, der südlichste Punkt der Deutschen Fachwerkstraße am Bodensee: Der See mit der Schiffslände und der Weinbau bestimmen den Puls der malerischen Altstadt, die sich direkt an das Bodenseeufer schmiegt. Der Marktplatz und die „Kette" der Fachwerkhäuser an der Steigstraße, die die Hanglage verdeutlicht, zeigen das reiche und vielfältige Fachwerk besonders eindrucksvoll.

Es ist reizvoll, die „Rote Strecke" von Mosbach bis Meersburg und Sasbachwalden abschnittsweise zu entdecken und Fachwerk in „Hülle und Fülle" zu sehen. Reiht man die bedeutendsten Fachwerkbauten der Strecke aber chronologisch aneinander, so ergibt sich ein lückenloses Bild der Entwicklung Oberdeutschen Fachwerkbaus.

MOSBACH

Einwohnerzahl: ca. 24.500
Stadtteile: Diedesheim, Lohrbach, Neckarelz, Reichenbuch, Sattelbach
Fläche: ca. 62,23 km²
Lage: An den südlichen Ausläufern des baden-württembergischen Odenwaldes im romantischen Neckartal

STADT UND STADTGESCHICHTE

Mosbach entstand um das Benediktinerkloster „Monasterium Mosabach", wurde 826 erstmals urkundlich erwähnt und erhielt 1241 die Rechte als Reichsstadt. Ihre erste große Blütezeit erreichte die Stadt im 15. Jahrhundert als Pfalzgrafenresidenz, später erlangte sie als Sitz des Oberamtes Mosbach Bedeutung als Verwaltungs- und Wirtschaftsstandort.

Heute ist Mosbach gesellschaftliches, kulturelles und wirtschaftliches Zentrum im Neckar-Odenwald-Kreis. Die Stadt ist in überregionale Kultur- und Naturorganisationen eingebunden und bietet über 120 Kilometer Wander- und Radwege. Der Landesgartenschau-Park, ein blühendes Naherholungsgebiet unweit der Altstadt, bietet hierzu den idealen Ausgangsort. Mosbach ist ein beliebtes Ausflugsziel, das in der Region für seine kulturelle Vielfalt, außergewöhnlichen Aktionen und Events wie dem Mosbacher Sommer und den Markterlebnistagen bekannt ist. Die historische Altstadt mit ihren liebevoll restaurierten Fachwerkhäusern und mittelalterlich anmutenden Gassen lädt zum Bummeln und Entdecken einer facettenreichen Geschichte ein. Zum Entspannen und Verweilen laden gemütliche Straßencafés und lauschige Plätzchen ein. Das idyllische Ambiente rund um den Marktplatz wird durch das Palm'sche Haus, einem reich ornamentierten Renaissancebau von 1610, geprägt. Dazu gesellt sich das 1558 errichtete Rathaus, die spätgotische Simultankirche und zahlreiche weitere prächtige Fachwerkbauten, die sich wie am Perlenschnürchen aufreihen und das malerische Stadtbild abrunden. Ob „Kiwwelschisser", „Lumpenglöckle" oder „Neidköpfe" – in Mosbach gibt es viel zu entdecken!

SEHENSWERTES

- Palm'sches Haus · Fachwerkbau im Renaissancestil · Bj. 1610
- Rathaus · Bauzeit 1554/1558
- Simultankirche: mit ev. Langhaus (1390) und kath. Chor (um 1370)
- Gutleuthausanlage · Gutleut- und Elendshaus · Friedhofskapelle mit spätgotischen Fresken
- Stadtmuseum · Fayencensammlung, Exponate zur Wohnkultur im 18./19. Jh.
- Heimatmuseum
- Haus Kickelhain · kleinstes freistehendes Haus Mosbachs
- Schloss Mosbach · Residenz der ehem. Pfalzgrafen Otto I. und Otto II.
- Tempelhaus Neckarelz · ehemalige Johanniter-Burg

FESTE UND FEIERN

- Sommertagszug (nach Ankündigung)
- Kunsthandwerkermarkt (März/April)
- Mosbacher Frühlingsfest und Blumenmarkt (Mai)
- Pfingst- und Kerwemarkt Neckarelz (Pfingstwochenende)
- Antikmarkt (Juli)
- Mosbacher Sommer (Juli bis September)
- Kräutermarkt (August)
- Kurpfälzer Brotmarkt (September)
- Kürbismarkt (Oktober)
- Kunsthandwerker- und Mittelaltermarkt (November)
- Weihnachtsmarkt (Dezember)

Deutsche **Fachwerk** Straße

Auskünfte

Große Kreisstadt Mosbach
Hauptstraße 29 · 74821 Mosbach
Tel. 06261.820
www.mosbach.de

Tourist Information Mosbach
Marktplatz 4 · 74821 Mosbach
Tel. 06261.91880
Fax 06261.918815
www.mosbach.de

tourist.info@mosbach.de

Palm´sches Haus

EPPINGEN

Einwohnerzahl: 21.500
Stadtteile: Adelshofen, Elsenz, Kleingartach, Mühlbach, Richen und Rohrbach
Fläche: 88,59 km²
Lage: Im Herzen des Kraichgaus

STADT UND STADTGESCHICHTE

Eppingen wurde urkundlich erstmals im Jahre 985 genannt. Doch schon vor 5.000 Jahren, zur Jungsteinzeit, siedelten hier Bandkeramiker. Die Stadt ist umsäumt von einem der größten zusammenhängenden Waldgebiete Baden-Württembergs. Die Große Kreisstadt ist eine gastfreundliche und sympathische Stadt, die über 1.000-jährige Geschichte bietet und sich in den wunderschönen Fachwerkhäusern der Stadt widerspiegelt. Die Mauern der Altstadt umschließen ein Kleinod, ein wahres Schatzkästlein süddeutscher Fachwerkbaukunst. Rund um den Pfeifferturm, das älteste Baudenkmal, scharen sich prachtvoll restaurierte, alemannische und fränkische Fachwerkhäuser, die von der Gotik bis zum Barock, noch heute mittelalterliche Reichsstadtromantik vermitteln.

Die Altstadt bildet den Kern des heute weit über die ehemalige Stadtmauer hinaus gewachsenen Eppingens. Weit über die Landesgrenzen hinaus bekannt ist das anno 1582 erbaute „Baumann`sche Haus". Stolz ist die Stadt auf die „Alte Universität". Das prächtige Gebäude beherbergt heute das Stadt- und Fachwerkmuseum, das auf über 800 Quadratmetern Ausstellungsfläche die lokale Geschichte und die des Holzbaus präsentiert. Die Museumsdependancen Steinhauermuseum Mühlbach, Bauernmuseum Richen, Tabakmuseum Elsenz und die Weinbaustube in Kleingartach erzählen weitere Geschichten über die Stadt und die einzelnen Handwerkskünste. Die Gastronomie mit ihren zahlreichen Außenbewirtschaftungen bietet komfortable Quartiere, eine reiche Palette kulinarischer Köstlichkeiten mit heimischem Bier und Wein. Eppinger Besonderheiten, Geschichten und Anekdoten werden bei einer Stadtführung oder auf einem „historischen Stadtspaziergang" wunderbar lebendig.

SEHENSWERTES

- Fachwerkpfad · neun verschiedene Fachwerkelemente
- Kaufmannshaus · Bj. 1522 mit typischen Renaissancestilelementen
- Metzgergasse: Erkerhaus Bj. 1601
- Alte Post · Fachwerkhäuser aus den Jahren 1515 bzw. 1588 am Marktplatz
- Baumann´sches Haus · Bj. 1582 · bedeutendstes Bürgerhaus im Kraichgau
- Bäckerhaus · Bj. 1412 · ältestes bisher bekanntes Fachwerkhaus im Kraichgau
- Schwebegiebelhaus · um 1415 erbaut
- Renaissancehaus · Bj. 1591
- Alte Universität · das größte und höchste Fachwerkhaus in Eppingen · 1494/95 erbaut

FESTE UND FEIERN

- Eppinger Nachtumzug mit Narrentreffen (Faschingszeit)
- Bärlauchfest in Verbindung mit verkaufsoffenem Sonntag und Zunftbaumstellen (letztes April-Wochenende)
- Kleinkunstfestival (Mai/Juni)
- Altstadtfest (am letzten Wochenende vor den Sommerferien alle zwei Jahre in den ungeraden Jahren)
- Kartoffelmarkt (letztes August-Wochenende)
- Kirchweih mit verkaufsoffenem Kirchweihsonntag (1. Sonntag im Oktober)
- Jazz in der Altstadt (letzter Samstag im Oktober)
- Weihnachtsmarkt (1. Samstag im Dezember)

Deutsche **Fachwerk** Straße

Auskünfte

Stadt Eppingen
Marktplatz 1-5
75031 Eppingen
Tel. 07262.9200
Fax 07262.9201177
rathaus@eppingen.de
www.eppingen.de

Baumann`sches Haus

BESIGHEIM

Einwohner: 11.900
Stadtteile: Ottmarsheim und Husarenhof
Fläche: 1.683 ha
Lage: Mittelalterliche Stadt auf einem Bergsporn umgeben von Neckar und Enz und Steillagenweinbergen

STADT UND STADTGESCHICHTE

Eingebettet zwischen Neckar und Enz liegt Besigheim. Idyllisch umrahmt von steil aufragenden terrassierten Weinbergen, thront hoch auf einem Felssporn über den Flüssen, die mittelalterliche Altstadt. Die beeindruckende Stadtsilhouette mit schmucken Fachwerkhäusern und zwei stattlichen Wehrtürmen aus der Stauferzeit war im 19. und 20. Jahrhundert Anziehungspunkt vieler Maler. Im Jahr 1153 wurde der Ort erstmals urkundlich erwähnt, um 1220 der Fronhof Besigheim zu einer Festung mit zwei Burganlagen ausgebaut, bald darauf wurden Stadt- und Marktrechte verliehen. Wegen des aufblühenden Weinbaus, des Handwerks und der Enzflößerei entwickelte sich die Stadt zu einem wichtigen wirtschaftlichen Zentrum. Bis 1595 war Besigheim in badischer Hand, danach gehörte die Stadt zum württembergischen Herrschaftsgebiet. 1810 wurde sie Oberamtsstadt und bekam 1822 noch den Sitz des Amtsgerichtes dazu.

Ein Rundgang durch die historische Altstadt ist ein Erlebnis. An zahlreichen Gebäuden findet der Gast ausführliche Erläuterungen über deren Geschichte: etwa am 1459 erbauten Fachwerkrathaus, das ursprünglich Kaufhaus der Stadt mit Fronwaage, Gerichtslaube und Fruchtkasten war oder am Dreigiebelhaus, 1486 bis 1501 erbaut und eines der ältesten Fachwerkhäuser der Stadt. Sehenswert ist auch die Stadtkirche St. Cyriakus mit ihrem berühmten Lindenholzhochaltar und die Stadthalle Alte Kelter mit großem Gewölbekeller mit alten Holzfässern, dessen größtes Fass 27.480 Liter aufnehmen kann. Die Umgebung lädt zu ausgedehnten Spaziergängen in den Steillagen der Weinberge, zu einer Fahrradtour auf einem der vielen Radwege oder zu einer Bootsfahrt auf dem Neckar ein.

SEHENSWERTES

- Rathaus · Bj. 1459 · ursprüngliches Kaufhaus · spätmittelalterliches Fachwerk
- Dreigiebelhaus · Bauzeit: 1486-1501 · eines der ältesten Fachwerkhäuser
- Stadtkirche · spätgotischer Cyriakus-Hochaltar um 1520
- Stadthalle Alte Kelter · ehemalige Weinkelter · großer Gewölbekeller mit alten Holzfässern
- Waldhornturm · Bj. 1220 · Teil der Unteren Burg · Ausblick auf die historische Altstadt und das Enz- und Neckartal
- Schochenturm · Bj. 1220 · Teil der Oberen Burg

FESTE UND FEIERN

- Besigheimer Ostermarkt (Palmsonntag)
- Besigheimer Winzerfest (alle zwei Jahre um den 3. Sonntag im September in ungeraden Jahren)
- Besigheimer Weihnachtsmarkt (2. Adventswochenende)

Zertifizierte Gästeführer (Fachwerk und Wein)

Deutsche **Fachwerk** Straße

AUSKÜNFTE

Touristinformation im Besigheimer Rathaus
Marktplatz 12
74354 Besigheim
Tel. 07143.80780
Fax 07143.8078289
www.Besigheim.de
stadtverwaltung@besigheim.de

Joergle vorm Rathaus

BIETIGHEIM-BISSINGEN

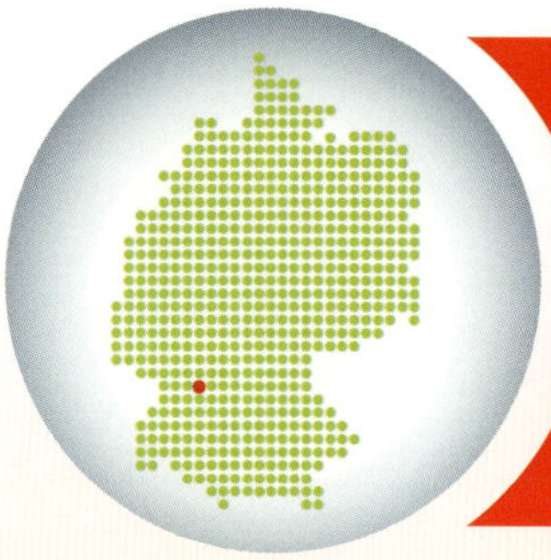

Einwohner: 42.000
Stadtteile: Bietigheim, Bissingen, Metterzimmern, Untermberg
Fläche: 31,29 km²
Lage: 23 km nördlich von Stuttgart, im idyllischen Enztal, dem längsten linken Nebenfluss des Neckars

STADT UND STADTGESCHICHTE

Moderne Kunst und historische Fachwerkbauten bilden ein spannendes Miteinander in Bietigheim-Bissingen. Am Zusammenfluss von Enz und Metter, im landschaftlich reizvollen mittleren Neckartal gelegen, befindet sich Bietigheim-Bissingen. Bei einem Blick vor und hinter die Kulissen gibt es für jeden etwas zu entdecken: viel Mittelalter, beispielsweise das historische Rathaus mit Erker und Kunstuhr und das Hornmoldhaus, das mit seinen prächtigen Innenmalereien und dem Zierfachwerk zu den bedeutendsten Renaissancegebäuden Süddeutschlands zählt. Außerdem das Schloss, die Stadtkirche, die Kelter sowie das Untere Tor, die Kilianskirche oder die Rommelmühle und noch viel mehr Sehens- und Begehenswertes. Die in weiten Teilen erhaltene mittelalterliche Altstadt bietet auf engstem Raum beeindruckende Zeichen historischer Baukunst, gepaart mit moderner Architektur und Kunst. Die lange, weit über 1200 Jahre alte Geschichte der Stadt ist an vielen Stellen nachvollziehbar. Auf knappem Stadtraum streben die Gebäude in die Höhe, um sich mit Schnitzereien und Zierrat gegenseitig zu überbieten. Wohlstand früherer Jahrhunderte übersetzt sich hier auch in Architektur. Weinhandel und Flößerei waren die Haupteinnahmequellen der Stadt und versetzten die Bürger in die Lage, sich repräsentative Stadthäuser zu erbauen. So entstand das heutige „Enz-Florenz" mit Rathaus, Lateinschule, Hornmoldhaus, Schloss und 1001 malerischen Gassen, Plätzen, Brunnen und Höfen. Gleichzeitig begegnen dem Besucher heute auch Zeugen unserer Zeit. Zahlreiche Skulpturen und Plastiken namhafter Künstler wie Jürgen Goertz, Karl-Ulrich Nuss, Alfred Hrdlicka oder Karl-Henning Seemann beleben den Straßenraum und geben damit dem Stadtbild ein spannendes Ambiente.

SEHENSWERTES

- Hornmoldhaus · Prächtiges Wohn- und Geschäftshaus · Bj. 1536 · heute Stadtmuseum
- Schloss · Württembergisches Amtsschloss · Bauzeit: 1506 – 1546
- Rathaus · Bj. 1507
- Enzviadukt · Eisenbahnviadukt · Bj. 1853
- Hillerplatz mit Villa Visconti (Tonnendach) und Turm der Grauen Pferde (Skulptur von Jürgen Goertz)
- Städtische Galerie Bietigheim-Bissingen · Kunst der klassischen bis zeitgenössischen Moderne

FESTE UND FEIERN

- Best of Music (Anfang Juli, alle zwei Jahre) - Das kulinarische Musikereignis auf dem Bietigheimer Marktplatz
- Bietigheimer Wunderland (Mitte Juli, alle zwei Jahre) - Ein Fest für alle und alle Sinne
- Bietigheimer Pferdemarkt (Anfang September)Traditionelles Fest mit
- Reit- und Springturnier, Festumzug, Festzelt, Vergnügungspark....
- Bietigheimer Silvesterlauf mit ca. 3.500 Startern und 20.000 Zuschauern zweitgrößter Silvesterlauf in Deutschland
- Bietigheimer Weihnachtstrilogie während der Adventszeit mit Weihnachtsdörfle und Adventskino, Adventsmeile und Bietigheimer Sternlesmarkt

Auskünfte

Deutsche **Fachwerk** Straße

Tourist Information Bietigheim-Bissingen
Hauptstraße 65
74321 Bietigheim-Bissingen
07142.74227
tourismus@bietigheim-bissingen.de
www.bietigheim-bissingen.de
Öffnungszeiten: Mo – Do: 9.00 – 18.00 · Sa: 9.00 – 14.00 Uhr
Stadtführungen: sonntags von April bis Oktober um 10.30 Uhr ab Kronenplatz;
Preis: 3,- /Person · Dauer: 90 Minuten
Weitere öffentliche Stadt,- Themen oder Kostümführungen sind auf der Seite www.3b-tourismus.de veröffentlicht oder können in der Tourist Information angefragt werden.

Hornmoldhaus

VAIHINGEN AN DER ENZ

Einwohnerzahl: 28.500
Stadtteile: Aurich, Ensingen, Enzweihingen, Gündelbach, Horrheim, Kleinglattbach, Riet, Roßwag
Fläche: 73,41 km²
Lage: 30 Kilometer nordwestlich von Stuttgart und 20 Kilometer östlich von Pforzheim

STADT UND STADTGESCHICHTE

Vaihingen ist seit Jahrhunderten Mittelpunkt im Gebiet um die mittlere Enz, zunächst als Sitz der Grafen von Vaihingen, dann als württembergische Amtsstadt. Verwaltung und Rechtssprechung hatten hier ihren Sitz, Handwerk und Handel machten die Stadt zu einem wirtschaftlichen Zentrum. 779 wurde Vaihingen zum ersten Mal urkundlich erwähnt. Das Wahrzeichen der Stadt Schloss Kaltenstein wurde einst als Sitz der Vaihinger Grafen erbaut, heute befindet sich hier das christliche Jugenddorf. Durch ihre Funktion als Zollstation zählte die Stadt zu den wohlhabendsten Städten Alt-Württembergs. Im 17. Jahrhundert wurde die Stadt mehrere Male durch Brände verwüstet, danach musste auch das Rathaus neu aufgebaut werden. Im Zuge der Kreisreform in den 1970er Jahren wurde Vaihingen in den Landkreis Ludwigsburg eingegliedert.

Das meistfotografierte Motiv der Stadt ist der „Vaihinger Dreiklang“. Das Ensemble aus Rathaus, Schloss Kaltenstein und evangelischer Stadtkirche lässt sich direkt vom Marktplatz aus betrachten. Sowohl das mittelalterliche Stadtzentrum als auch die Vaihinger Ortsteile sind geprägt von malerischen Fachwerkbauten, die ältesten Fachwerkhäuser der Stadt befinden sich in der Mühlstraße. Fachwerkidylle findet man auch in dem Weinort Roßwag unterhalb der Steilhänge an der Enz und in den Strombergorten Ensingen, Gündelbach und Horrheim. Besonders sehenswert ist das Große Haus, ein repräsentativer Fachwerkbau des frühen 17. Jahrhunderts, im Teilort Enzweihingen. Zertifizierte Gästeführer bieten das ganze Jahr über Stadt- und Themenführungen an, die sich auch mit dem Thema Fachwerk beschäftigen.

SEHENSWERTES

- Peterskirche · Stuttgarter Straße 3 · älteste Kirche
- Ehemaliger Herrenalber Pfleghof · Mühlstraße 34
- Mühlstraße · älteste Fachwerkhäuser der Stadt
- Das Große Haus im Ortsteil Enzweihingen · Pfarrgasse 1
- Rathaus · Marktplatz 1 · neu erbaut 1720
- Stadtmauer in der Bädergasse
- Pulverturm · ehemaliger Eckturm der Stadtbefestigung
- Haspelturm · der älteste Vaihinger Turm
- Schloss Kaltenstein
- Evangelische Stadtkirche

FESTE UND FEIERN

- Vaihinger Weindorf im Frühling
- Vaihinger Maientag an Pfingsten, eines der ältesten Kinder- und Heimatfeste Baden-Württembergs
- Vaihinger Strandleben, jedes Jahr verwandelt sich der Vaihinger Marktplatz während der Sommerferien in einen riesigen Sandstrand mit Liegestühlen und Strandcafé
- Vaihinger Straßenfest, letztes Wochenende in den Sommerferien
- Vaihinger Herbstmarkt
- Vaihinger Kultursommer, Open Air Veranstaltung, die alle zwei Jahre am Enzufer stattfindet
- Gemeinnütziger Weihnachtsmarkt, am Samstag vor dem 1. Advent

Auskünfte

Kultur- und Touristinformation
Marktplatz 5
71665 Vaihingen an der Enz
Tel. 07042.18-235 · Fax 07042.18358
tourismus@vaihingen.de
www.vaihingen.de
www.facebook.de/vaihingen
Öffnungszeiten:
Montag: 10-12 Uhr
Dienstag-Freitag: 10-18 Uhr
Samstag: 10-16 Uhr

Deutsche **Fachwerk** Straße

Fachwerkhäuser am Marktplatz

MARKGRÖNINGEN

Einwohnerzahl: 14.411
Stadtteile: Unterriexingen und die dazugehörigen Weiler Talhausen und Hardt- und Schönbühlhof
Fläche: 28,16 km²
Lage: In Süddeutschland in der Region Stuttgart

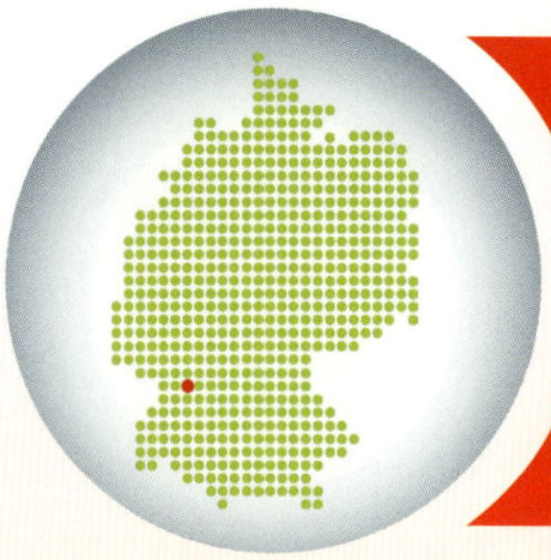

STADT UND STADTGESCHICHTE

Malerisch liegt das Fachwerkstädtchen mit seinem mittelalterlichen Stadtbild auf einem Hochflächensporn zwischen Glems- und Leudelsbachtal. Wie jede Fachwerkstadt zieht auch der Charme Markgröningens den Besucher in einen ganz besonderen emotionalen Bann. Auf einem ausgeschilderten Stadtrundgang kann er diese mittelalterliche Musterstadt entdecken. 779 wurde die Siedlung erstmals erwähnt als Gruoninga in einer Schenkungsurkunde für das Kloster Fulda. Seine große Blütezeit erlebte Markgröningen im 15. Jahrhundert. Kein Wunder, dass Markgröningen Aufnahme in die Deutsche Fachwerkstraße fand. Allein 15 das heutige Stadtbild prägende Gebäude stammen noch aus diesem Jahrhundert, beispielsweise die heutige „Herrenküferei“ oder das Gasthaus „Krone“, beide umrahmen das 1441 errichtete Rathaus und verleihen mit diesem dem Marktplatz seine unverwechselbare Gestalt.

Eine weitere Besonderheit ist der um 1599 errichtete Wimpelinhof. Das Renaissancegebäude besitzt heute noch seine bauzeitliche Ausstattung mit Täferstuben und Wandmalereien. Die Räume werden seit der aufwendigen Sanierung als Museum genutzt. In der 1630 von Sebastian Wimpelin erbauten Scheune – daher der Name Wimpelinhof – hat das Stadtarchiv seine Heimat.

Höhepunkt im kulturellen Leben der Stadt mit dem historischen Kern ist der jährlich am Augustende stattfindende Schäferlauf. Dieses traditionsreiche Fest zieht Jahr für Jahr Tausende von Besuchern aus nah und fern in seinen Bann.

SEHENSWERTES

- Rathaus · Marktplatz 1 · berühmtestes Fachwerk Süddeutschlands · Bj. 1440/41
- Wimpelinhof · Wimpelingasse 2 · Renaissancegebäude · Bj. 1599
- Oberer Torturm · einzigartig erhaltenes Stadttor · Bj. 1555
- Bartholomäuskirche · Kirchplatz · frühgotischer Kirchturm/städtischer Hochwachtturm · Bj. 1260
- Spitalkirche · Mühlgasse 11 · Bj. 1300
- Spital · Spital 1 · ehemalige Unterkunft für Pilger · Bj. 1297
- Marktplatz mit Brunnen · Am Marktplatz · Bj. 1499
- Bürgerhaus · Schlossgasse 8 · älteste erhaltene Privathaus der Stadt · Bj. 1347
- Obere Kelter · Schlossgasse · Bj. 1491

FESTE UND FEIERN

- Altstadtfest
- Stadtspiel
- Markgröningen spielt
- Fest der Kulturen
- Internationales Musikfest (Termine nach Ankündigung)
- Schäferlauf – ältestes schwäbisches Heimatfest (am oder nach dem 24. August, Bartholomäustag)
- Weihnachtsmarkt (2. Adventsonntag)

Deutsche Fachwerk Straße

Auskünfte

Stadtverwaltung Markgröningen
Tourist-Information im Rathaus
Marktplatz 1
71706 Markgröningen

Tel. 07145.130
Fax 07145.13131
www.markgroeningen.de

info@markgroeningen.de

Rathaus

MARBACH AM NECKAR

Einwohnerzahl: 15.000
Stadtteile: Rielingshausen, Siegelhausen, Lindorf und Nabern
Fläche: 18,06 km²
Lage: Im mittleren Neckarraum, rund 20 Kilometer nördlich von Stuttgart im Landkreis Ludwigsburg

SCHILLERSTADT MARBACH

STADT UND STADTGESCHICHTE

Hoch über dem Neckar thront zwischen Streuobstwiesen und Weinbergen die Schillerstadt Marbach. Sie ist eine der ältesten Landstädte in Württemberg und durch den Stadtbrand 1693 zugleich eine von wenigen Städten mit einem nahezu geschlossenen Ensemble an Bauten aus dem 18. Jahrhundert. Seit 1983 steht die ummauerte Altstadt unter Denkmalschutz. Ihr Schmuckstück sind die malerischen Holdergassen, das frühere Quartier der Weingärtner und Bauern. Bei einem Spaziergang durch die drei parallel verlaufenden Straßenzüge öffnet sich der Blick auf viele kleine, dicht gedrängte Häuser. Meist liegen gegenüber ihre zugehörigen Scheunen, die heute fast alle zur Wohnnutzung dienen.

Am 10. November 1759 wurde Friedrich Schiller in Marbach geboren. Die Stadtgeschichte ist eng mit seiner Erinnerungsgeschichte verbunden: 1859 wurde in seinem Geburtshaus eine Gedenkstätte eingerichtet, die zuletzt 2009 eine Dauerausstellung zu Schillers Marbacher Kindheit und der unvergleichlichen Geschichte der Schillerverehrung weltweit erhielt. 1903 eröffnete das Schiller-Nationalmuseum, das seit 2009 eine Dauerausstellung zur Literatur des 18. und 19. Jahrhunderts mit Schwerpunkt auf der schwäbischen Dichtung zeigt. 1955 wurde das Deutsche Literaturarchiv Marbach gegründet. Es erhielt 1973 ein eigenes Gebäude und ist heute eine der bedeutendsten Literaturinstitutionen weltweit. Die Bestände geben ein Bild der deutschsprachigen Literatur und des literarischen und kulturellen Lebens von 1750 bis zur Gegenwart. 2006 eröffnete das Literaturmuseum der Moderne, das Schätze wie die Manuskripte von Kafkas „Proceß" und vielbeachtete Wechselausstellungen zeigt.

SEHENSWERTES

- Ehem. Gerberhaus· Am alten Markt 2 · erbaut 1578 · ältestes Wohngebäude
- Heinlinscher Hof · Auf den Felsen 1· erbaut 1688 · unbeschadet vom Stadtbrand 1693
- Holdergassen, ehem. Quartier der Weingärtner und Bauern
- Oberer Torturm · Marktstraße 1 · 1290 erwähnt · Fachwerkgeschoss aus dem 19. Jh.
- Schillers Geburtshaus · Niklastorstraße 31· einfaches Handwerkerhaus
- Tobias-Mayer-Museum · Torgasse 13· Geburtshaus mit Ausstellung über den bedeutenden Naturwissenschaftler im 18. Jh.
- Alexanderkirche · Am alten Markt begonnen 1450 von Aberlin Jörg · spätgotische Hallenkirche mit Voit-Orgel von 1868
- Schillerhöhe mit Literaturmuseen

FESTE UND FEIERN

- Schillerwoche (Nov.)
- Holdergassenfest (Sept, alle 2 J.)
- Ruderregatta (Sept.)
- Gassenlauf (Sept.)
- Kelterfest und Hannenherbst (Sept.)
- Töpfer- und Kunsthandwerkermarkt (Juni)
- Fest des 18. Jahrhunderts (Mai 2016, alle 4 Jahre)

Stadt-, Kostüm- und Themenführungen

Deutsche **Fachwerk** Straße

Auskünfte

Stadt Marbach am Neckar · Touristik
Marktstraße 23
71672 Marbach am Neckar
Tel. 07144.1020
Fax 07144.102311
touristik@schillerstadt-marbach.de
www.schillerstadt-marbach.de
www.facebook.com/marbach.bottwartal

Schillers Geburtshaus

BACKNANG

Einwohner: 34.500
Stadtteile: Heiningen, Maubach, Steinbach, Strümpfelbach, Waldrems
Fläche: 39,4 km²
Lage: Das Tor zum Naturpark Schwäbisch-Fränkischer Wald

DIE MURR-METROPOLE

STADT UND STADTGESCHICHTE

Backnang war 1070 bis 1300, also mehr als zwei Jahrhunderte lang, badisches Machtzentrum und Grablege, dann über sechs Jahrhunderte württembergische Landstadt. Die Geschichte dieser Stadt in Baden-Württemberg wurde maßgeblich von den Herrschergeschlechtern beider Landesteile bestimmt, seit 1952 ist sie wichtiger Bestandteil des neugegründeten Südweststaates. Erstmals urkundlich erwähnt wurde „Baccananc" im Jahr 1067. Im frühen 12. Jahrhundert richteten die Markgrafen von Baden in Backnang ein bedeutendes Augustiner-Chorherrenstift ein, das bis zur Reformation im 16. Jahrhundert bestand und von dem heute noch die Stiftskirche mit der Grablege der badischen Markgrafenfamilie zeugt. Die Erhebung zur Stadt erfolgte zwischen 1219 und 1230. Ein Brand im Jahr 1693 fügte Backnang so schwere Zerstörungen zu, dass die Stadt danach fast völlig neu aufgebaut werden musste.

Zahlreiche Fachwerkhäuser aus dem 17. Jahrhundert prägen noch heute den Stadtkern mit seinen verwinkelten Gassen. Ein Stadtrundgang mit Informationstafeln an zahlreichen Gebäuden erschließt die historischen Sehenswürdigkeiten. Außerdem erläutert der zehn Stationen umfassende Lehrpfad „Stadt am Fluss" die heutige Vielfalt der innerstädtischen Flora und Fauna und deren Entwicklung in Abhängigkeit von der Industrie- und Kulturgeschichte Backnangs. Aufgrund der Bedeutung des Flusses nennt sich die Stadt heute mit einem leichten Augenzwinkern „Backnang – die Murr-Metropole".

SEHENSWERTES

- Rathaus · 17. /18. Jh.
- Turmschulhaus · 1816/17 · ehem. Schule · heute Galerie der Stadt Backnang
- Stadtturm · 1614 Aufbau nach Entwurf von Heinrich Schickhardt · 1699 Wiederaufbau
- Gotischer Chor der ehemaligen Michaelskirche · aus der Mitte des 13. Jh., neunteiliges Gewölbe und reichhaltige Kapitelle
- Ehemaliges herzogliches Schloss · 17. Jh. · nach Plänen von Heinrich Schickhardt · 1875 bis 1877 Erweiterung · heute Amtsgericht
- Stiftskirche St. Pancratius · Bestandteil des ehem. Augustiner-Chorherrenstifts · Grablege der Markgrafen von Baden bis zur Mitte des 13. Jh.

FESTE UND FEIERN

- Backnanger Tulpenfrühling (März/April)
- Backnanger classic-ope(r)n-air (Mitte Juni)
- Backnanger Straßenfest (Ende Juni)
- Backnanger Weindorf (Ende August)
- Backnanger Gänsemarkt (letzter Sonntag im Oktober)
- Backnanger Weihnachtsmarkt (erstes Advent-Wochenende)
- Backnanger Silvesterlauf (31. Dezember)

Deutsche **Fachwerk** Straße

AUSKÜNFTE

Stadtinformation
Am Rathaus 2
71522 Backnang

Tel. 07191.894256
Fax 07191.894100

www.backnang.de
stadtinfo@backnang.de

Rathaus

SCHORNDORF

Einwohnerzahl: 39.326
Stadtteile: Buhlbronn, Haubersbronn, Miedelsbach, Ober- und Unterberken, Schlichten, Schornbach, Weiler
Fläche: 56,84 km²
Lage: Im Remstal, Baden-Württemberg, 30 km östlich von Stuttgart

STADT UND STADTGESCHICHTE

Schorndorf wird im Jahr 1235 erstmals urkundlich erwähnt. Um 1250 wird die Stadt von den Württembergern erworben und ab 1534 von Herzog Ulrich zu einer der sieben Landesfestungen ausgebaut. Sie ist eine der vier ältesten Städte der Grafen von Württemberg. Aufgrund eines Bombardements im 30jährigen Krieg wird Schorndorf 1634 in Schutt und Asche gelegt. Nur das Burgschloss mit seinem verwunschenen Fachwerk-Innenhof, der Chor der Stadtkirche und zwei Häuser blieben von dem Stadtbrand verschont. Wesentliche Teile des heutigen Bestandes stammen aus der Wiederaufbauphase in der zweiten Hälfte des 17. Jahrhunderts und dem 18. Jahrhundert, oft unter Verwendung älterer Keller- und massiver Erdgeschosse. Ältere Fachwerkteile aus dem 16. Jahrhundert sind am Haus an der Daimlerstraße 5 und der Schlichtener Straße 14 zu finden. Qualitätsvolle Fachwerkhäuser entstanden am Altstadtrand im letzten Viertel des 19. Jahrhunderts, viele erbaut von Stadtbaumeister Gottlieb Maier, von dem auch die Fachwerkkapelle auf dem alten Friedhof von 1879 stammt. Die gesamte Altstadt steht unter Denkmalschutz.

Schorndorf ist heute über die Lande hinweg als die Geburtsstadt von Gottlieb Daimler bekannt. Das Geburtshaus des Automobil-Pioniers wurde 1979 von Daimler Benz erworben, restauriert und dient heute als Museum und Tagungsstätte der Daimler AG. Fachwerk-Führungen, aber auch andere Themen-, Kostüm- und Genussführungen sind eine interessante Möglichkeit, die Stadt und ihre Geschichten zu erkunden. Wer zudem das „Dolce Vita auf Schwäbisch" kennenlernen möchte, ist hier genau richtig: schöne Cafés in einer atemberaubenden Fachwerkkulisse und malerische Gässchen laden zum Verweilen ein.

SEHENSWERTES

- Rathaus · Marktplatz 1 · 18 Jh.
- Gottlieb Daimler Geburtshaus · Höllgasse 7 · Museum
- Ehemaliges Spital · Johann-Philipp-Palm-Straße 10 · 1663
- Burgschloss · von Herzog Ulrich 1538 erbaut
- Palm'sche und Gaupp´sche Apotheke · Marktplatz · 17 Jh.
- Ev. Stadtkirche · Kirchplatz · 15. Jh. · Wurzel-Jesse-Darstellung im Marienchor
- Ehemalige Lateinschule (jetzt Stadtmuseum) · Kirchplatz 9 · 1650
- Haus auf der Mauer · Römmelgasse 18 · heute Comic Museum Piccolo · asymmetrisch
- Galerien für Kunst und Technik · Arnoldstraße 1 · 1910
- Hetzel- , Römmel- und Höllgasse

FESTE UND FEIERN

- Frühlingserwachen und verkaufsoffener Sonntag (März nach Ankündigung)
- Rosenmarkt (Juni - nach Ankündigung)
- Schorndorfer Woche „Schowo" (Juli – nach Ankündigung)
- Sommerfilmfestival im Burgschloss (August – nach Ankündigung)
- Weinmarkt (letztes Wochenende im August)
- Kunstnacht (September – nach Ankündigung)
- Stadtmarkt (letzter Sonntag im Oktober)
- Weihnachtswelt (Adventszeit)

Deutsche **Fachwerk** Straße

Auskünfte

Stadtinfo im Rathaus
Marktplatz 1
73614 Schorndorf
www.schorndorf.de
stadtinfo@schorndorf.de
Tel. 07181.602-140/-192

Haus auf der Mauer

WAIBLINGEN

Einwohnerzahl: 53.514
Ortschaften: Beinstein, Bittenfeld, Hegnach, Hohenacker, Neustadt
Fläche: 42,76 km²
Lage: In der Region Stuttgart im Remstal

STADT UND STADTGESCHICHTE

Waiblingen ist die Stadt der Kaiser und Könige, die 855 erstmal urkundlich erwähnt wurde. Karolinger, Salier und Staufer sind Teil der Stadtgeschichte. Im 13.Jahrhundert war sie Württembergische Oberamtsstadt mit einem Schloss und einer historischen Stadtanlage von etwa 12 Hektar Größe, die sich trotz Stadtbrand und Sanierungen der neueren Zeit erhalten hat. 1634 ging die ganze mittelalterliche Pracht in einem verheerenden Stadtbrand verloren. Der Wiederaufbau fand ab 1650 mit barocken, farbig gestalteten Fachwerkbauten, auf den Resten der mittelalterlichen Steinsockel, statt. Bedeutende Baudetails sind historische „Neidköpfe", zur Abschreckung der bösen Geister, Neider und Spötter. Bemalungen von Fachwerk und Fachwerkfeldern mit Fresken und Marmorierung sind verbreitet, in der Altstadt zu finden.

Waiblingen, Kreisstadt des Rems-Murr-Kreises, liegt idyllisch im Remstal. Der Stadtkern, auf einem Hang gelegen, wird zur Hälfte von der Rems und ihren Seitenkanälen umflossen, unverwechselbar ein Teil der Flusslandschaft, deren grüne Aue sich erhalten hat und Bestand des Stadtensembles ist und heute als Stadtpark zum Verweilen einlädt, eine Oase der Ruhe. Stadtmauer, Stadttor, Hochwachtturm und die Türme der Michaels- und Nikolauskirche bilden die einmalige Kulisse der mit Giebelhäusern bebauten Altstadt. Eine Fußgängerzone mit Läden, Cafes, Gasthäusern und die liebevoll restaurierten Fachwerkbauten laden zum Besuch, Bummeln und Genießen ein, besonders an den Markttagen Mittwoch und Samstag. Der Hochwachtturm kann bestiegen werden und bietet eine grandiose Aussicht auf die Stadt und die Region Stuttgart. Die Galerie Stihl Waiblingen am Remsbogen bietet anspruchsvolle Kunstausstellungen.

SEHENSWERTES

- Haus der Stadtgeschichte · Weingärtner Vorstadt 20 · ältestes noch erhaltenes Fachwerkhaus von 1553
- Beinsteiner Tor mit Wehrgang und Stadtmauer · Mitte des 13./14. Jh.
- Kirchhügel mit Michaelskirche · 15. Jh.
- Nonnenkirchle · ehem. Beginenkirche
- Nikolauskirche · 16.-19. Jh. · Ausmalungen · Stuck-Kanzel von 1680
- Hochwachtturm · 11. Jh/12. Jh. – ältestes Bauwerk · mittelalterlicher Wohnturm
- Marktplatz 1 mit barockem Fachwerk · Südwest-Erker, zweigeschossig
- Marktplatz „Quaderhaus" · ehem. Fruchtkasten · 1780 Umbau mit Architektur-Bemalung der Fassade
- Lange Str. 40 · ehem. Kameralamt des Adelberger Klosters · barockes Fachwerk · rot
- 25 „Neidköpfe" · an den Hausecken der Fachwerk- und Putzbauten

FESTE UND FEIERN

- BuchMarktPlatz (Mai)
- Altstadtfest (letztes Juniwochenende)
- Staufer-Spektakel (letztes Juniwochenende)
- Remstal-Klassik – Oldtimerveranstaltung (September)
- Waiblingen leuchtet (Oktober)
- Waiblinger Weihnachtsmarkt

Zertifizierte Gäste- und Fachwerkgästeführer

Deutsche **Fachwerk** Straße

Auskünfte

Touristinformation Waiblingen
Scheuerngasse 4 · 71332 Waiblingen
Tel. 07151.5001155 · Fax 5001137
touristinfo@waiblingen.de
www.wtm-waiblingen.de
www.waiblingen.de

Altstadt

ESSLINGEN AM NECKAR

Einwohnerzahl: 90.000
Stadtteile: Berkheim, Brühl, Hegensberg, Hohenkreuz, Innenstadt, Kennenburg, Kimmichsweiler/Oberhof, Krummenacker, Liebersbronn, Mettingen, Neckarhalde, Oberesslingen, Obertal, Pliensauvorstadt, Rüdern, Serach, Sankt Bernhardt, Sirnau, Sulzgries, Wäldenbronn, Weil, Wiflingshausen, Zell, Zollberg.
Fläche: 46,43km²
Lage: direkt am Neckar, Zentral innerhalb der Region Stuttgart, mit dem PKW nur 15 Minuten von Stuttgart sowie dem Flughafen und der Messe Stuttgart entfernt

STADT UND STADTGESCHICHTE

Esslingen bietet eine vollständig erhaltene mittelalterliche Altstadt von nationalem Rang. Über 800 historische Baudenkmäler und über 200 Fachwerkbauten machen 1200 Jahre europäische Stadtgeschichte auf faszinierende Weise erlebbar. Schon zur Zeit der Karolinger lag Esslingen an einem europäischen Fernhandelsweg und war wichtiges Wallfahrtszentrum. 777 erwähnte der fränkische Abt Fulrad von St. Denis bei Paris die Siedlung erstmals in seinem Testament. Unter den staufischen Kaisern im 13. Jahrhundert erlebte Esslingen als wichtiger Handelsstandort seine zweite Blüte. Das Flair der Stadt, mit ihren engen, verwinkelten Gassen, romantischen Plätzen und idyllischen Neckarkanälen verzaubert jährlich viele hunderttausende Gäste aus aller Welt. Der Weinanbau, die Lage am Fluss mit der heute zweitältesten Steinbrücke Deutschlands sowie die lange Bedeutung als Freie Reichsstadt haben das Stadtbild nachhaltig geprägt und verhalfen der Stadt zu Reichtum. Architektonische Kunstschätze wie die früheste gotische Hallenkirche in Süddeutschland, die Kirche St. Dionys, die älteste Fachwerkzeile Deutschlands sowie die Esslinger Burg zeugen von der damaligen Glanzzeit. Im 19. Jahrhundert wurde Esslingen zu einem Motor der Industrialisierung in Südwestdeutschland. Bis heute produzieren weltweit führende Unternehmen wie Daimler, Festo und Eberspächer an diesem Standort. Neben der Industrie gewann in den vergangenen Jahrzehnten vor allem die international ausgezeichnete Hochschule Esslingen an Bedeutung. Heute ist Esslingen ein bevorzugter Wohnstandort mit sehr hoher Lebensqualität und eine lebendige Einkaufsstadt sowie ein beliebter Ort für Tagungen und Kongresse.

SEHENSWERTES

- Esslinger Burg mit erhaltener Stadtmauer und Hochwacht 13./14. Jh.
- Altes Rathaus mit Renaissance-Fassade aus dem 16. Jh. · astronomischer Uhr von 1592 und Glockenspiel
- St. Dionys · 2-türmige Stadtkirche aus dem 13./14. Jahrhundert mit unterirdischen Ausgrabungsmuseum (Krypta aus dem 8. Jh.)
- Frauenkirche · früheste Hallenkirche Südwestdeutschlands 14./15. Jh.
- Münster St. Paul · älteste Bettelordenskirche Deutschlands 1268
- Älteste Fachwerkhäuserzeile Deutschlands (1321-1331 erbaut)
- Innere Brücke · zweitälteste Steinbrücke Deutschlands 13. Jh.
- Insgesamt neun Pfleghöfe und mehr als 200 Fachwerkbauten
- Deutschlands älteste Sektmanufaktur · Kessler (gegründet 1826) im Speyrer · Pfleghof (ca.1220 erbaut)

FESTE UND FEIERN

- Junges Europäisches Musikfestival Esslingen - PODIUM Festival (April/Mai)
- Esslinger Bürgerfest mit Schwörtag (1. Juliwochenende)
- Esslinger Zwiebelfest (August)
- Esslinger Mittelaltermarkt & Weihnachtsmarkt (Nov/Dez)

Deutsche **Fachwerk** Straße

Auskünfte

Esslinger Stadtmarketing & Tourismus GmbH (EST)
STADTINFORMATION
Marktplatz 16
73728 Esslingen am Neckar
Tel. 0711.39693969
Fax 0711.39693939
info@esslingen-marketing.de
www.esslingen-marketing.de
Öffnungszeiten: MO – FR 10 – 18 Uhr · SA 10 – 16 Uhr
Mehr Informationen auch erhältlich unter:
Facebook, Twitter, Esslingen App

Mittelalterlicher Stadtkern

KIRCHHEIM UNTER TECK

Einwohnerzahl: 38.800
Stadtteile: Jesingen, Lindorf, Nabern und Ötlingen
Fläche: 40,47 km²
Lage: Das Tor zur Schwäbischen Alb und zur Region Stuttgart

HISTORISCH GEPRÄGT. MODERN GESTALTET

STADT UND STADTGESCHICHTE

Kirchheim unter Teck ist Fachwerk- und Marktstadt, die Stadt der Segelflieger und der lebendige Mittelpunkt der Region um die Burg Teck. Ein Bummel durch die idyllischen Gässchen und Strassen führt zu kulturellen Einrichtungen, vielfältiger Gastronomie und zum „Lädle von nebenan". Die historische Altstadt ist aus jedem Blickwinkel sehenswert. Zahlreiche Gebäude erzählen von der Geschichte dieser Stadt. Mit der ersten urkundlichen Nennung Kirchheims im Jahr 960 wird gleichzeitig auch die Martinskirche erwähnt. Ab dem 13. Jahrhundert wurden die Geschicke Kirchheims rund 300 Jahre durch die Herzöge von Teck bestimmt. Im 16. Jahrhundert und nach der Rückkehr Herzog Ulrichs 1534 wird die Stadt zur Landesfestung ausgebaut. Der große Stadtbrand von 1690 legte die Stadt - bis auf wenige Gebäude - in Schutt und Asche. Lebendig wird die Geschichte in den verschiedenen Museen der Teckstadt: Stadtmuseum, Literarisches Museum oder Feuerwehrmuseum. Besucher können in der historischen Innenstadt selbst auf Entdeckungstour gehen oder gemeinsam mit den Stadtführern einen Blick hinter die Kulissen werfen.

Die gastronomische Vielfalt lädt zum Genießen ein: ob regionale schwäbische Spezialitäten oder internationale Köstlichkeiten. Nach dem Marktbesuch genießt man einen Cappuccino in den Straßencafés oder einen schwäbischen „Dätscher" im Biergarten. Direkt vor den Toren der Stadt kann man Technik traditionell und modern auf dem Segelfluggelände Hahnweide erleben, mit dem Rad die sanften Hügel des Albvorlandes erfahren oder zu Fuß durch Streuobstwiesen entlang des Albtraufs wandern.

SEHENSWERTES

- Martinskirche · äußere Form nach dem Stadtbrand 1690 kaum verändert
- Max-Eyth-Haus · Geburtshaus Max Eyth · Dichter und Ingenieur (1836 – 1906)
- Kornhaus · Bj. 1696 · Städtisches Museum und Städtische Galerie
- Fachwerkrathaus · Bauzeit 1722 bis 1724 · Kassettendeck in den Arkaden · Mondphasenuhr · schmuckvoller Turmaufsatz
- Schloss · Ursprünglich Teil der Landesfestung · Bauzeit 1538 bis 1560 · war Witwensitz des Hauses Württemberg
- Burg Teck · 775 m über dem Meer thront die Burg Teck · bis ins 15. Jh. im Besitz der Herzöge von Teck

FESTE UND FEIERN

- Haft-Ond-Hoka-Fescht – Kirchheimer
- Stadtfest (letztes Juniwochenende)
- Wollmarkt (im September der geraden Jahre)
- Oldtimer-Fliegertreffen (im September der ungeraden Jahre)
Weihnachtsmarkt (im Dezember)

Deutsche **Fachwerk** Straße

Auskünfte

Kirchheim-Info
Max-Eyth-Straße 15
73230 Kirchheim unter Teck
Tel. 07021.502555
Fax 07021.502550
tourist@kirchheim-teck.de
www.kirchheim-teck.de

Rathaus

BAD URACH

Einwohner: 11.819
Stadtteile: Hengen, Seeburg, Sirchingen, Wittlingen
Fläche: 55,5 km²
Lage: Zwischen Stuttgart und Ulm, auf der Schwäbischen Alb, Mitten im Unesco Biosphärenreservat Schwäbische Alb

SPÄTMITTELALTERLICHE RESIDENZSTADT

STADT UND STADTGESCHICHTE

Bad Urach gibt es seit 30 Jahren. Der Titel „Bad" wurde dem Luftkurort Urach 1983 verliehen. Die Stadt und die Burgruine Hohenurach gibt es schon um einiges länger. 1050 bauten alemannische Gaugrafen die Hohenurach, die heute noch als Burgruine den Besucher bei der Fahrt ins Ermstal begrüßt. 1264 wird die Grafschaft Urach an die Grafen von Württemberg verkauft. Knapp 200 Jahre später wird Württemberg geteilt und Urach wird neben Stuttgart eine der zwei Residenzen des zwischen 1442 und 1482 geteilten Landes. Diese Zeit prägt das Gesicht der Stadt bis heute. Viele der Fachwerkbauten stammen eben aus jener Zeit bzw. aus dem 15. und 16. Jahrhundert.

Herausragend ist das Uracher Residenzschloss. Kurz vor der Teilung des Landes fertiggestellt, war es der Schauplatz für die große Hochzeit zwischen Graf Eberhard im Bart und Barbara Gonzaga von Mantua. Auf dem Marktplatz beeindruckt das Ensemble der Fachwerkhäuser. Der Bummel vom Marktplatz, vorbei am spätgotischen Marktbrunnen zur Stiftskirche St. Amandus und Residenzschloss lohnt auf jeden Fall. Um den Rundweg komplett zu machen, bietet sich der Gang zum Haus am Gorisbrunnen an oder ein Abstecher durch die Weberbleiche. Letztere wurde von Heinrich Schickhardt geplant und spiegelt den Wandel von der Residenzstadt zur Neuzeit wider. 1660 handelte die „privilegierte Leinwandhandelskompanie" mit dem Uracher Leinen bis nach Indien. Heute ist Bad Urach auch ein Tourismusort, der mit dem Thermal-Mineralbad AlbThermen, Wanderwegen und seiner Lage im Unesco Biosphärenreservat Schwäbische Alb alles für einen entspannten Urlaub bietet.

SEHENSWERTES

- Residenzschloss · Bismarckstraße 18 Bj. 1400: Historische Innenräume: Palmensaal · Dürnitz · Goldener Saal · Weißer Saal
- Rathaus · Marktplatz 9 · Bj. um 1440 · 1562 erweitert · 1907/08 umgebaut
- Haus am Gorisbrunnen · Stuttgarter Straße 15 · zwischen 1476 und 1479 erbaut · gilt als »Vorbote der Renaissance« in Württemberg
- Altes Oberamt · Marktplatz 1 · moderner Ausleger mit Wappen des Königreichs Württemberg
- Stiftskirche St. Amandus · Gabriel-Biel-Platz 1 · bedeutender Kirchenbau der schwäbischen Spätgotik
- Mönchshof ·Bismarckstraße12 · 1477-1482 als Stift der »Brüder vom gemeinsamen Leben« erbaut
- Webervorstadt · Weberbleiche 1-36 · Vorstadt gesichert durch Tor · Grabensystem und vier Rundtürme

FESTE UND FEIERN

- Schäferlauf: immer in den Jahren mit den ungeraden Jahreszahlen rund um Jakobi (25. Juli 2015)
- Herbstliche Musiktage (Ende September, Anfang Oktober)
- Weihnachtsmarkt (2. Adventswochenende)

Zertifizierte Gästeführer und Fachwerkgästeführer

AUSKÜNFTE

Deutsche Fachwerk Straße

Kurverwaltung Bad Urach
Bei den Thermen 4
72574 Bad Urach
Tel. 07125.94320
info@badurach.de
www.badurach-tourismus.de
www.facebook.com/badurachtourismus

Residenzschloss

NEHREN

Einwohnerzahl: 4.135
Fläche: ca. 8,58 km²
Lage: Im Zentrum von Baden-Württemberg zwischen Universitätsstadt Tübingen und Burg Hohenzollern

STADT UND STADTGESCHICHTE

Nehren wurde erstmals 1086 urkundlich genannt. Siedlung und Gemarkung entstanden im 15. und 16. Jahrhundert bei der Zusammenlegung der Orte Hauchlingen und Nehren. Aus der Hallstattzeit (800 bis 5. Jahrhundert v. Chr.) sind 30 Grabhügel erhalten, das Gelände liegt heute nordöstlich oberhalb der Bahnlinie Tübingen-Hechingen.

Zwischen Tübingen und der Burg Hohenzollern liegt das schöne Fachwerkdorf am Fuße der Schwäbischen Alb mitten im Schwäbischen Streuobstparadies. Der Ortskern steht unter Denkmalschutz. Eine Besonderheit sind die giebelständigen Fachwerkhäuser mit ihren Scheunen, teilweise aus dem 15. Jahrhundert und nach dem 30-jährigen Krieg erbaut. In der spätgotischen Veitskirche mit ihrem Fachwerkturm befindet sich über dem Altar ein Kruzifix des Münchener Künstlers Karl Hemmeter, der auch den auferstandenen Christus in der „Kaiser Wilhelm Gedächtniskirche" in Berlin geschaffen hat. Nehrens Schatz bilden über 8.000 Obstbäume, die während der Obstblüte die Natur und Landschaft verzieren. Das Kirschwasser hat viele Schwarzwälder-Kirschtorten bereichert. Das Dorf hat berühmte Söhne. Der Philosoph Hans Vaihinger wurde 1852 in Nehren geboren. Er schaffte es bis in die berühmte Encyclopedia Britannica, galt als einer der bedeutendsten deutschen Philosophen seiner Zeit, entwickelte die „Philosophie" des „Als ob" und gründete 1904 in Halle die „Kant-Gesellschaft". Wir wollen „Wulle" - das war und ist heute wieder Kult. Diesem Bier gab der Ehrenbürger Ernst Immanuel Wulle seinen Namen. „Vom Bettelbub zum Bierbrauer", der Gründer der größten Brauerei in Stuttgart war ein Mann von unternehmendem Geist und gutem Herzen, der nie vergaß, dass er aus Nehren kam.

SEHENSWERTES

- Veitskirche · 14. Jahrhundert · Hauchlingerstraße
- Fachwerkhäuser und Scheunen - Hauchlinger-, Haupt- und Kappelstraße
- Gasthof Schwanen · 17. Jh · Hauptstraße
- Altes Schulhaus · 1908 · Wilhelmstraße
- Lehr- und Erlebnispfade
- „Baum des Jahres" Lehrpfad
- Pfad erlebbarer Philosophie
- Streuobstlehrpfad
- Geschichtspfad

FESTE UND FEIERN

- Kirschblütenfest (alle zwei Jahre im April)
- Wulle-Fest und Dorffest (alle zwei Jahre im Juli)
- Naihremer Kirbe (Oktober)
- Adventsmarkt (letztes Novemberwochenende)

Deutsche Fachwerk Straße

Auskünfte

Gemeindeverwaltung im Rathaus · Hauptstraße 32
Tel. 07473.37850
Fax 07473.378523
www.nehren.de

Veitskirche

HERRENBERG

Einwohnerzahl: 31.400
Teilorte: Affstätt, Gültstein, Haslach, Kayh, Kuppingen, Mönchberg, Oberjesingen
Fläche: 65,7 km²
Lage: Im Herzen des Gäus, der Landschaft zwischen dem Schwarzwald und der Landeshauptstadt Stuttgart

STADT UND STADTGESCHICHTE

Herrenberg, erstmals 1271 urkundlich erwähnt, wurde 1759 Amtsstadt und 1806 zur Oberamtsstadt. Bei zwei großen Stadtbränden, 1466 und 1635, brannte die Stadt fast vollständig nieder und wurde wieder neu aufgebaut. Die nach dem zweiten Stadtbrand bis heute fast lückenlos erhaltenen Gebäudezeilen erzeugen das mittelalterliche Flair, das Herrenberg auszeichnet. 1983 wurde die Altstadt als Gesamtanlage unter Denkmalschutz gestellt und präsentiert sich heute in einer einheitlichen, geschlossenen Form und in prächtigen Farben. Ein Glanzstück mittelalterlicher Städtebaukunst ist der Herrenberger Marktplatz, der 1276 erstmals erwähnt wurde und heute zu den schönsten Plätzen in Württemberg zählt. Ein Rundgang führt den Besucher auf historischen Spuren anhand von Schautafeln durch die Stadt. Auf einem Fachwerkpfad mit 24 Stationen werden die Bauhistorie und die Fachwerkvielfalt Herrenbergs vom 15. bis zum 19. Jahrhundert dargeboten.

Besondere Aufmerksamkeit verdient der Stiftsfruchtkasten, der zu den markantesten Gebäuden in Herrenberg gehört. Errichtet wurde er 1683/84. Seine Ornamentik ist einmalig. An einem Verkünderker erinnert eine Inschrift von 1525 an die Besetzung Herrenbergs im Bauernkrieg. Herrenberg, die Metropole im Gäu, besticht neben seiner historischen Altstadt auch mit der 700 Jahre alten Stiftskirche, die gleichzeitig das Wahrzeichen der Stadt ist. Der Naturpark Schönbuch, der bis in die Stadt hineinreicht, lädt zum Entspannen und Naturgenuss ein. Eine große Fußgängerzone mit zahlreichen Einkaufsmöglichkeiten macht die Stadt lebendig und unbedingt erlebenswert.

SEHENSWERTES

- Marktbrunnen am Marktplatz - 1347 urkundlich erwähnt
- Verwaltungsgebäude · Marktplatz 1 · Ockerfarbenes Fachwerk
- Stuttgarter Straße 18 · ältestes, bürgerliches Haus, 15. Jh.
- Stiftsfruchtkasten · Tübinger Straße 30 · 17. Jh.
- Stiftskirche · Kirchgasse 7 · barocke Zwiebelhaube mit Glockenmuseum
- Alte Turnhalle · Seestraße 31 · Fachwerk des 19. Jh.
- Stadtmauer · 620 von ehemals 1126 Metern noch erhalten
- Schlossberg · Blick über Herrenberg und das Gäu bis hin zur Schwäbischen Alb

FESTE UND FEIERN

- Kulturfestival „Sommerfarben" (ab dem 1. Juliwochenende)
- Sommernachtskino (nach Ankündigung)
- Faschingsumzug, Pferdemarkt und Faschingsmarkt (Faschingsdienstag)
- Pfingstmarkt (Dienstag vor Pfingsten)
- Erntefest (letztes Wochenende Sommerferien)
- Herbstmarkt (4. Dienstag im September)
- Weihnachtsmarkt (2. Adventswochenende)

Deutsche **Fachwerk** Straße

Auskünfte

Touristeninformation
Marktplatz 1
71083 Herrenberg
Tel. 07032.924-320
ktm@herrenberg.de
www. herrenberg.de

Historischer Marktplatz

SINDELFINGEN

Einwohnerzahl: 60.500

Fläche: 50,85 km²

Lage: Eine Stadt im Herzen des Bundeslandes Baden-Württemberg, etwa 15 km südwestlich von Stuttgart

STADT UND STADTGESCHICHTE

Bodenfunde aus römischer und alemannischer Zeit, vom 1. bis 9. Jahrhundert, fand man südlich der heutigen Altstadt. Brunnen- und Gräberfunde brachten die Ansiedlungen Altringen, Erlach und Ensingen auf Sindelfinger Gemarkung zutage. Mitte des 11. Jahrhunderts sind eine Ansiedlung und ein Chorherrenstift im Besitz des Grafen Adalbert von Calw dokumentiert. Die St. Martinskirche des Chorherrenstiftes wurde als dreischiffige frühromanische Pfeilerbasilika mit drei Apsiden durch den Grafen erbaut und am 4. Juli 1083 geweiht. Im 11. und 12. Jahrhundert hatten die Grafen von Calw einen beträchtlichen Einfluss gewonnen, da sie nicht nur Vogtei-Aufgaben des Stiftes, sondern auch der Siedlung „Sindelvingen“ übernahmen. 1263 wurde die Stadtgründung durch Graf Rudolf I. von Tübingen-Herrenberg in einem kunstvoll geschriebenen Schriftstück eines Chorherren festgehalten. „Sindelvingen“ war eine landwirtschaftlich geprägte Siedlung oder „Ackerbürgerstadt“.

Die Wohnhäuser hatten durch den Scheunenteil und die innerstädtische Parzellenstruktur an manchen Stellen eine ganz besondere Form, wie es die Hofanlage Hintere Gasse 9 von 1506 zeigt. In der Altstadt findet man auch städtische und repräsentative Bauwerke, wie das Ensemble „Altes Rathaus/Salzhaus“ von 1470/1592, in der Lange Straße 13 Ecke Hintere Gasse 2. Sindelfingen besitzt eine kleine, aber sehr markante Altstadt mit rund 100 Fachwerkgebäuden aus dem 14., 15. und 16. Jahrhundert, die man einfach besuchen muss. Die Altstadt und der Stiftsbezirk mit der St. Martinskirche von Sindelfingen bilden bis heute eine Attraktion von ganz besonderer Bedeutung.

SEHENSWERTES

- Schultheißenhaus · Untere Burggasse 5 · Bj. 1466
- Altes Rathaus/Salzhaus heute Stadtmuseum · Hintere Gasse 2 · Ecke Lange Straße 13 Bauzeit · 1470 und 1592
- Hofanlage am Hexensprung · Hintere Gasse 9 · Bj. 1475
- Haus des Arztes Arzat · Hintere Gasse 10 · Bj. 1432
- Ackerbürger-Doppelhaus · Lange Straße 25 · Bj. 1714
- Chorherrengehöft · Stiftstraße 2 · Bj. 1454
- Propstei / Kameralamt · Corbeil-Essonnes-Platz 6 · Bj. 1420
- Martinskirche · Stiftstraße 1
- Galerie der Stadt Sindelfingen · Marktplatz 1
- Webereimuseum · Corbeil · Essonnes-Platz 4 (Alte Webschule)

FESTE UND FEIERN

- Handwerkermarkt
- Fischmarkt (Mai)
- Internationales Straßenfest (3. Juniwochenende)
- Darmsheimer Töpfermarkt (Juni)
- Schlemmermarkt (1. Augustwochenende)
- Feuerabend (September)
- Weihnachtsmarkt (Dezember)

Regelmäßige Stadtführungen

Deutsche **Fachwerk** Straße

Auskünfte

I-Punkt Sindelfingen
Marktplatz 1 · 71063 Sindelfingen
Tel. 07031.94325
i-punkt@sindelfingen.de
Montag bis Freitag 10 – 18 Uhr
Samstag und Sonntag 10 – 17 Uhr

Altes Rathaus

CALW

Einwohnerzahl: 23.189 (Stand 14.05.2013)
Stadtteile: Altburg, Hirsau, Holzbronn, Stammheim
Gemarkungsfläche: 5.988 Hektar
Lage: An der Nahtstelle von Schwarzwald und Gäu gelegen, südlich von Pforzheim und westlich von Stuttgart

STADT UND STADTGESCHICHTE

Burg und Siedlung Calw - als Stammsitz der einflussreichen Grafen von Calw - wurden im Jahr 1075 erstmals urkundlich erwähnt, Mitte des 13. Jahrhunderts wurden die Stadtrechte verliehen. Schon im 14. Jahrhundert etablierten sich hier Textilherstellung und –handel, die Calw bis ins späte 18. Jahrhundert zu einer der bedeutendsten Städte im Herzogtum Württemberg machten. Im 19. Jahrhundert verlor die Stadt zwar weitgehend an Bedeutung als Handelszentrum, konnte die traditionelle Textilindustrie in ihren Mauern aber erhalten und ausbauen. Calw wurde 1634 und 1692 völlig zerstört und anschließend wieder aufgebaut.

Eine Reihe eindrucksvoller Fachwerkhäuser am Marktplatz, in der Lederstraße, Altburger Straße und in vielen kleinen Gassen vermitteln noch heute das Bild der mittelalterlichen Stadt. Fast die gesamte Innenstadt Calws, nämlich über 200 Gebäude, sind denkmalgeschützte Häuser des späten 17. Jahrhunderts. Der Stadtgrundriss geht auf die Zeit des 13. und 14. Jahrhunderts zurück, da nach allen Stadtbränden immer wieder auf den gleichen Grundmauern und Kellern aufgebaut wurde, darunter auch der Salzkasten. Erbaut 1696, bekommt das Haus 1722 den Namen nach seiner Funktion. Mitsamt der Stadtschreiberei wurde von dort das städtische Privileg des Salzhandels geleitet. Hermann Hesse verbrachte einige seiner Schuljahre im Salzkasten und erwähnte das Schulgebäude in der Erzählung „Unterbrochene Schulstunde"; die Salzgasse selbst wird als „Hirschengasse" in der Erzählung „Die Verlobung" genannt. Auch dieses Haus liegt auf dem Weg eines Fachwerkrundgangs durch ein facettenreiches, süddeutsches Fachwerk, wo der Geist vergangener Tage gehütet wird, wie ein großer einmaliger Schatz.

SEHENSWERTES

- Historische Fachwerkinnenstadt
- Marktplatz mit Fachwerkensemble · (17. Jh.)
- Altburger Straße · restauriertes Fachwerkensemble
- Kirchplatz 3 · ehemalige Lateinschule · Bj. 1696
- Biergasse 10 · Bj. 1698 · plastisch herausgearbeitete Konsölchen- oder Zackenfries
- Lederstraße 39 (Haus Schnaufer) · Bj. 1694 · eindrucksvoller Erker
- Kloster Hirsau · Burgruine Waldeck
- Hermann Hesse-, Gerberei-, Kloster- und Bauernhausmuseum · Museum der Stadt (Palais Vischer) · Der Lange (ehemaliges Gefängnis) · Eisenbahn-Stellwerk 1

FESTE UND FEIERN

- Calw rockt (Juni/Juli)
- Gerbersauer Lesesommer (2. Juli – 9. August)
- Calwer Klostersommer, (Juli/August)
- Kino Open Air Hirsau, (August)
- Märchenhaftes Calw – Weihnachtsmarkt (1. Adventswochenende Do. – So.)

Auskünfte

Stadtinformation Calw
Sparkassenplatz 2
75365 Calw
Tel. 07051.167399
Fax 07051.167398
stadtinfo@calw.de
www.calw.de
www.calw.de/Fachwerk
www.calw.de/Fuehrungen
www.facebook.com/stadt.calw

Deutsche **Fachwerk** Straße

Salzkasten

ALTENSTEIG

Einwohnerzahl: 10.728
Teilorte: Altensteigdorf, Berneck, Garrweiler, Hornberg, Spielberg, Überberg, Walddorf, Wart
Fläche: 52,22 km²
Lage: Liegt im Nordschwarzwald im Oberen Nagoldtal etwa 25 km südwestlich der Kreisstadt Calw

INTERNATIONALE FLÖßERSTADT ALTENSTEIG

STADT UND STADTGESCHICHTE

Das Wahrzeichen der Stadt Altensteig ist ihre steil über der Nagold aufragende Altstadtsilhouette. Das als Gesamtanlage unter Denkmalschutz stehende Fachwerk-Ensemble aus dem 15. bis 18. Jahrhundert fehlt in keinem Bildband Baden-Württembergs. Über den Dächern der Altstadt thront das Altensteiger Schloss mit seinem alemannischen und fränkischen Fachwerk. Diese einzige komplett erhaltene mittelalterliche Burganlage des Schwarzwaldes beherbergt ein Museum mit Ausstellungen zur Stadtgeschichte und typischen Berufen des Nordschwarzwaldes. Neben dem Holz des Schwarzwaldes war das Wasser der prägende Wirtschaftsfaktor für die Entwicklung der Stadt Altensteig. Das Wasser der Nagold und ihrer Zuflüsse aus den Seitentälern trieb unzählige Getreide-, Öl- und vor allem Sägemühlen an. Entlang des Flussbettes waren in Altensteig bis in die erste Hälfte des 20. Jahrhunderts Dutzende Gerbereien angesiedelt. Und auf dem Wasserweg wurden über Generationen Schwarzwaldtannen von der Nagold über den Neckar und den Rhein bis nach Holland geflößt. Die Flößerzunft Oberes Nagoldtal hält die Erinnerung an dieses Handwerk sowie an die historische Bedeutung der Flößerei für Altensteig bis heute lebendig. Im Jahr 2012 wurde Altensteig zur Internationalen Flößerstadt ernannt.

Heute ist Altensteig eine moderne Kleinstadt mit einer gesunden Mischung aus Einzelhandel, Handwerk, Dienstleistung und Industrie. Auch als Schul- und Kulturstadt übernimmt Altensteig zentrale Funktionen für die ganze Region.

SEHENSWERTES

- **„Historische Meile"**
- Altes Bürgerspital · Bj. 1527 - 1697 Handwerkerhaus · spätgotisches Erdgeschoss · Kielbogen-Eingang · Teile von 1612 in barockem Fachwerk
- Bäck-Schwarz · ältestes Haus in der Altstadt · Mitte 15. Jahrhundert · alemannisches Fachwerk mit Bohlenständerwänden · 1984-1986 saniert · urige Gaststätte
- Altes und Neues Schloss · Ende 11. Jahrhundert erbaut · Teil der Ringmauer mit Türmen „Himmel" und „Hölle" · um 1610 wurde das Neue Schloss vom herzoglichen Baumeister Heinrich Schickhardt dem „schwäbischen Leonardo" als Sitz der Vögte erbaut · heute Stadtmuseum

FESTE UND FEIERN

- Altstadtfest (alle zwei Jahre im Juli, im Wechsel mit Bernecker Seefest)
- Musiksommer Altensteig (Juli)
- Flößerfest (alle zwei Jahre)
- Walddorfer Apfelfest (Oktober)
- Weihnachtsmarkt in der Altstadt und im Schlossgarten (1. Adventswochenende)
- Weihnachtliches Fackeln (Heiligabend 18.00 Uhr)

Deutsche **Fachwerk** Straße

Auskünfte

Stadtverwaltung Altensteig
Tourist-Info
Rathausplatz 1
72213 Altensteig
Tel. 07453.94610
info@altensteig.de
www.altensteig.de

Altensteig im Nagoldtal

DORNSTETTEN

Einwohnerzahl: ca. 5.000, mit Eingemeindungen: ca. 8.000
Stadtteile: Hallwangen und Aach
Fläche: 24,21 km²
Lage: Nordschwarzwald, Nähe Freudenstadt

ENTDECKEN SIE IHRE SINNE

STADT UND STADTGESCHICHTE

Auf einem schmalen Bergsporn liegt die Altstadt. Im Jahr 767 wurde Dornstetten im Schenkungsbuch des Klosters Lorsch bei Worms erstmals urkundlich erwähnt. Durch die Grafen Urach-Fürstenberg wurde der Ort zwischen 1267 und 1276 zur Stadt erhoben. Die Lage an einer alten Handels- und Passstraße war günstig. Die durch Mauern und Tore geschützte Stadt war Marktort und Mittelpunkt für die ganze Umgebung. 1415 und 1676 legten Großbrände die Stadt in Schutt und Asche, auch die Martinskirche brannte aus und erhielt beim Wiederaufbau ihr heutiges Aussehen. Nach dem Großbrand 1676 wurden die heute noch bestehenden Fachwerkhäuser am Marktplatz, die Zehntscheuer und der Fruchtkasten gebaut. Im Jahr 1755 wurde Dornstetten eine württembergische Oberamtsstadt.

Das Zentrum des liebevoll restaurierten Stadtkerns ist der historische Marktplatz mit seinen Brunnen. Dort befindet sich ein Ensemble aus malerischen Fachwerkhäusern mit dem einzigartigen Rundfachwerk, das Dornstetten als absolutes Kleinod voller mittelalterlichem Flair auszeichnet. Über allem wacht, weithin sichtbar, die Martinskirche mit ihrem spätgotischen Turm. Zu den prächtigsten Fachwerkhäusern gehören das ehemalige Wirtshaus „Ochsen", das Rathaus und das Hochfachwerkhaus „Kaufhaus Hegel" mit dem ochsenblutfarbenen Fachwerk, das reich mit Andreaskreuzen und gebogenem Holzfachwerk verziert ist und heute das Puppen- und Spielzeugmuseum beherbergt. Der Fachwerkbau zeigt die Gestaltung und Konstruktion des Barocks, jedoch sind die Schmuckelemente der Renaissance als besondere Gestaltungsdetails, wie Eckständer, Eckkonsolen und Eselsrücken noch zu entdecken.

SEHENSWERTES

- Rathaus und „Ochsen" · Marktplatz 1+2
- Haus „Hegel" · Marktplatz 12 Bauzeit · 1470 · 1592
- Martinskirche · Kirchplatz · mit 42 Meter hohem Turm
- Zehntscheuer · Zehntgasse 11 · heute Heimatmuseum · und Fruchtkasten mit Resten des mittelalterlichen Wehrganges
- Oberes Torhaus · Hauptstraße 10

FESTE UND FEIERN

- Ostermontagsmarkt: großer Krämermarkt mit Vergnügungspark und verkaufsoffenem Feiertag
- Herbstmarkt: am letzten Sonntag im Oktober, wie Ostermarkt
- Dornstetter Stadtfest auf dem historischen Marktplatz (Juli)
- Kultur im Museum: je 3 Kleinkunst-Veranstaltungen im Frühjahr und im Herbst
- Dornstetter Buchwochen: hochkarätige Lesungen bekannter Autoren im (April/Mai)
- Im Stadtteil Hallwangen: BarfussPark (1. Mai bis 15. Oktober)

Deutsche **Fachwerk** Straße

Auskünfte

Tourist-Information/Kulturamt
Marktplatz 2
72280 Dornstetten
Tel. 07443.962030
info@dornstetten.de
www.dornstetten.de
www.barfusspark.de

Haus Hegel

SCHILTACH

Einwohnerzahl: 3.850
Stadtteile: Schiltach, Vorderlehengericht, Hinterlehengericht
Fläche: 34,22 km²
Lage: Im Oberen Kinzigtal, Mittlerer Schwarzwald

STADT UND STADTGESCHICHTE

Das liebliche Städtchen an der Kinzig besticht mit seinem eindrucksvollen Fachwerk-Ensemble im denkmalgeschützten Zentrum. Nach der Stadtgründung im 13. Jahrhundert entwickelte sich Schiltach aufgrund seiner verkehrstechnisch bedeutsamen Lage zwischen Straßburg und Rottweil zu einem wichtigen Umschlag- und Dienstleistungszentrum. Die frühe Verleihung der Marktrechte sowie die unmittelbare Grenznähe anliegender Territorialherrschaften prägten die weitere wirtschaftliche Bedeutung des Ortes. Die über 500 Jahre währende Flößerei mit ihren weitreichenden Handelsbeziehungen nahm positiven Einfluss auf die Stadtentwicklung. Doch auch hier wüteten verheerende Stadtbrände im 16. Jahrhundert mit unerbittlicher Zerstörungswut. Dennoch beauftragte der württembergische Herzog seine Baumeister Georg Beer und Heinrich Schickhardt zum unverzüglichen Wiederaufbau der strategisch bedeutsamen Stadt. Aufgebaut auf alten Kellern und Fundamenten bestimmten sie mit ihren baulichen Vorgaben die heute noch erkennbaren Grundzüge des Stadtkerns von Schiltach. Besonders das Fachwerk-Ensemble am Marktplatz, mit seinen giebelständigen Häusern, ist das Herz der Stadt in Form und Charakter. Auf engstem Raum, verwinkelt und verschachtelt, reihen sich in engen Gassen zahlreiche Fachwerkbauten aneinander. In der gesamten Innenstadt und im nahe gelegenen Gerberviertel warten unzählige Fachwerkhäuser, mit ihren vielfältigen Eigentümlichkeiten und Symbolen darauf, entdeckt und erkundet zu werden. Die thematische Stadtführung „Fachwerkstadt Schiltach" gibt Einblicke in Bauweise und Symbolik sowie eine interessante historische Stadtentwicklung.

SEHENSWERTES

- Rathaus von 1593 mit Staffelgiebel von 1906
- Gasthof zum Adler · früher Herren herberge zum Hohen Haus von 1604
- Marktplatz mit Brunnen und Fachwerkensemble
- Gerbergasse mit Äußerer Mühle von 1557
- Jägerhäusle von 1590
- Ruine Burg Schiltach auf dem Schlossberg
- Stadtgeschichtliches Museum
- Schüttesägemuseum
- Apothekenmuseum
- Hansgrohe Aquademie

FESTE UND FEIERN

- Schwäbisch-Alemannische Fastnacht
- Silvesterzug
- Bauernmarkt (3. Oktobersonntag)
- Kunsthandwerkermarkt (letzter Aprilsonntag)
- Flößerfest (alle 3 Jahre)
- Stadtfest (alle 5 Jahre)

Zertifizierte Gäste- und Fachwerkgästeführer

DIE STADT MIT DEM FACHWERK – HERZ

Auskünfte

Touristinformation Schiltach
Marktplatz 6
77761 Schiltach

www.schiltach.de
touristinfo@stadt-schiltach.de

Tel. 07836.5850
Fax 07836.5859

www.kinzigtal.com

Deutsche Fachwerk Straße

Mühle von 1557

HASLACH IM KINZIGTAL

Einwohnerzahl: 7.000

Stadtteile: Schnellingen und Bollenbach

Fläche: 18,71 km²

Lage: Im mittleren Schwarzwald, mitten im Tallauf des Kinzigtales gelegen

STADT UND STADTGESCHICHTE

Haslach ist eine alte Stadt, eine Besiedlung zur Römerzeit ist nachgewiesen. Die erste Hochblüte erlebte Haslach im 13. Jahrhundert, als das Städtchen, Sitz des Bergrichters, zum Zentrum eines wichtigen Silberbergbaureviers wurde. Ab dem 17. Jahrhundert entwickelte sich Haslach als Marktstadt weiter. Seine für die damalige Zeit breiten Marktstraßen und Plätze sind bis heute vollständig erhalten geblieben. Zusammen mit den engen Wohn- und Handwerkergassen im malerischen Altstadtkern, der fast ausschließlich aus barocken Fachwerkhäusern besteht, verleihen sie der kleinen Stadt ein einmaliges Flair. Bereits 1978 erkannte man die Harmonie der Fachwerkaltstadt und stellte die Haslacher Altstadt als Gesamtanlage unter Ensembleschutz. Seit dem Jahr 2001 ist Haslach Mitglied der Deutschen Fachwerkstraße. Bis heute hat die Stadt die Funktion des Markt- und Handelsplatzes. Haslach hat bis heute über 90 Markttage im Jahr. Neben dem samstäglichen Wochenmarkt gibt es noch zahlreiche große Jahrmärkte, Kleintiermärkte, Sommermärkte, Sonderschauen, Antik- und Flohmärkte. Mit fast 60 Fachgeschäften, Bistros, Cafes und Restaurants auf der Fläche der mittelalterlichen Stadt, die gerade mal 300 Meter im Kreisdurchmesser der Stadtmauern aufweist, gilt Haslach als quicklebendiges Ausflugsziel der Extraklasse. Neben der historischen Altstadt laden weitere Sehenswürdigkeiten wie das Besucherbergwerk „Segen Gottes“ - ein Zeugnis eines rund 800 Jahre alten Bergbaus -, das Schwarzwälder Trachtenmuseum im Alten Kapuzinerkloster von 1632, das Hansjakobmuseum im „Freihof“ und die Gedenkstätte „Vulkan“ zum Besuch und Verweilen ein.

SEHENSWERTES

- Rathaus · Am Marktplatz 1 · Bj. 1732/1733
- ehem. kath. Pfarrhaus · Pfarrgasse 13 · Bj. 1706
- „Haus Dölker“ · zeitweilig Rats- und Amtshaus · Kirchgasse 4 · Bj. 1706
- Fürstenbergisches Bergamt · Kirchgasse 1 · Bj. 1708
- Haus Rothermel · Mühlenbacherstr. 2 · Bj. 1773
- Gasthaus Storchen · Hauptstraße 35 · Bj. 1720
- Fachwerkensemble Hauptstraße 25 –31 · Bachgasse 6 – 9 · Metzger gasse 16 – 18 · Kirchgasse 3 – 12
- Altes Kapuzinerkloster · Klosterstraße 1 · Bauzeit 1630-1632

FESTE UND FEIERN

- Storchentag (22. Februar)
- Scheibenschlagen (4. Fastensonntag – Lätare)
- Frühlingsfest (im März)
- Europäische Nacht (letztes Juliwochenende)
- Festival der Straßenkünstler (letztes Juliwochenende)
- Familienfest (im Oktober)
- Martinimarkt (montags um den 11.11.)

Deutsche **Fachwerk** Straße

Auskünfte

Tourist Information
Im Alten Kapuzinerkloster
Klosterstraße 1
77716 Haslach
Tel. 07832.706172
Fax 07832.706179
info@haslach.de
www.haslach.de
www.besucherbergwerk-segen-gottes.de

Wochenmarkt

GENGENBACH

Einwohner: 10.600

Ortsteile: Reichenbach, Schwaibach, Bermersbach

Fläche: 61,91km²

Lage: zwischen Schwarzwald und Reben

ROMANTISCHES KLEINOD

STADT UND STADTGESCHICHTE

Schon im vorchristlichen Jahrhundert wurde die Gegend von den Kelten besiedelt. Die eigentliche Besiedelung war dann in der Römerzeit, 73 bis 260 n. Chr. Die bedeutende Römerstraße von Straßburg nach Rottweil führte durch Gengenbach, wo der Missionsbischof Pirmin nach der Christianisierung im Jahr 725 die Benediktinerabtei Gengenbach gründete. Die Entwicklung führte 1230 zur Verleihung der Stadtrechte, im Jahr 1366 wurde Gengenbach dem Kaiser direkt unterstellt und erhielt die Reichsfreiheit. Ausgestattet mit dem ältesten Marktrecht im mittelbadischen Raum, erlebte die Freie Reichsstadt eine große Blütezeit. 1803 wurde das Kloster aufgelöst und die Stadt in das Großherzogtum Baden eingegliedert.

Die gesamte Innenstadt wurde 1955 unter Denkmalschutz gestellt und so wurde aus Gengenbach die „Perle unter den romantischen Fachwerkstädten“. Das Fernsehen urteilte so, und vom „romantischen Kleinod“ oder „Badisch`Nizza“ schwärmen die Besucher auch heute noch, denn im Hintergrund erhebt sich ringsum die Kulisse der Schwarzwaldberge, davor die Rebhänge, die Kinzig fließt im Tal und grenznah ist das Elsass. Die Innenstadt ist sorgsam bewahrt, liebevoll gepflegt und mittelalterlich geprägt von vornehmen Bürgerhausfassaden und rustikalem Fachwerk - ein harmonisches Miteinander und reizvolle Gegensätze in den engen verwinkelten Gassen, das ist Gengenbach. Und wer dann noch die Gengenbacher Engelgasse betritt, begibt sich auf eine Zeitreise ins Mittelalter, die nur noch übertroffen wird, wenn sich alljährlich das Rathaus zum weltgrößten Adventskalenderhaus verwandelt. Dann kommen bis zu 120.000 Besucher in die Stadt, um das Ritual des Fensteröffnens mitzuerleben.

SEHENSWERTES

- Rathaus · Bj. 1784 · weltgrößtes Adventskalenderhaus
- Röhrbrunnen · Marktplatz · Original von 1582 im Palais Löwenberg (18. Jh.)
- Stadtkirche St. Marien · 8. Jh. · zerstört 1689 · im Barockstil wieder aufgebaut
- Prälatenturm · Bj. 1750 · entlang der Wehranlage
- Schwedenturm mit Färberhaus · Im Gänsbühl · ältestes Fachwerkhaus
- Scheffelhaus · Obernai-Platz-stattliche Fachwerkfassade
- Kinzigtorturm · 14. Jh. · Wehrgeschichtliches Museum
- Niggelturm · 14. Jh. · Narrenmuseum

FESTE UND FEIERN

- Straßenfasend (Februar)
- Klassische Konzertreihe Gengenbach (ganzjährig)
- Kultursommer (Juni/Juli)
- Internationale Kammermusik Akademie (Juli/August)
- Altstadtfest (Juli)
- Ladies Night (Juli)
- Kräuterbüschelweihe (15. August)
- Martinimarkt (November)
- Adventsmarkt (30. November bis 23. Dezember)
- Weltgrößtes Adventskalenderhaus (30. November – 6. Januar)

Zertifizierte Gästeführer

Deutsche **Fachwerk** Straße

Auskünfte

Gengenbach Kultur- und Tourismus GmbH
Im Winzerhof
77723 Gengenbach
Tel. 07803.930143
Fax 07803.930142
www.gengenbach.info
tourist-info@stadt-gengenbach.de

Obertor

SASBACHWALDEN

Einwohner: 2.500
Gemeindegliederung: 7 Weiler, 12 Zinken, 5 Höfe, 7 Wohnplätze
Fläche: 18,13 km²
Lage: Nördlicher Schwarzwald, Ortenaukreis

STADT UND STADTGESCHICHTE

Wahrscheinlich schon im 11. Jahrhundert besiedelt, wurde Sasbachwalden erstmals urkundlich im Grundsteuerbuch des Bischofs Berthold II. von Strasbourg im Jahr 1346 erwähnt. Der Ortsname setzt sich aus Sasbach, der Bach, der durch dieses Tal fließt und „Walden“ zusammen. Letzteres hieß „Walchen“ und bezeichnete eine keltische Völkergruppe dieser Region. Nach Beendigung des 30-jährigen Krieges begann die Zeit des „Alde Gott“, der Sage, die den Grundstein legte für die heutige Geschichte Sasbachwaldens. 1817 wird Sasbachwalden selbständige Gemeinde. In den 1950er und 1960er Jahren entwickelte sich Sasbachwalden zu einem florierenden Kurort. Mit den Goldmedaillen bei den Bundeswettbewerben „Unser Dorf soll schöner werden“, „Entente Florale – Unsere Stadt blüht auf“ und „Unser Dorf hat Zukunft“ kann sich die Stadt ebenso schmücken, wie mit den Prädikaten Kneippkurort und „Heilklimatischer Kurort“, die Auszeichnung als Familienfreundlicher Ferienort kommt noch dazu.

Seit mehreren Jahren geht das Blumen- und Weindorf Sasbachwalden den Weg von einem Kurort zu einer Urlaubsregion für Genießer, Feinschmecker, Wanderer- und Kulturinteressierte. Insbesondere die gute badische Küche und der bekannten Wein der Alde Gott Winzer eG ziehen Gäste aus nah und fern an. Der gesamte Ortskern von Sasbachwalden steht unter Denkmalschutz, die meisten Häuser wurden im 17. Jahrhundert erbaut. Verschiedene gastronomische Betriebe befinden sich in historischen Fachwerkhäusern und machen das Fachwerk für Gäste und Besucher lebendig. Entlang der Tal- und Bergstraße reihen sich viele blumengeschmückte Fachwerkhäuser aneinander. Im Höhengebiet herrschen große Gehöfte der Tiroler Köhler vor, während im Ortskern eher kleine Stadthäuser stehen, die stark durch das Elsass beeinflusst sind, dort treffen hoch- und mitteldeutscher Fachwerkstil aufeinander.

SEHENSWERTES

- Ortskern · als Ensemble unter Denkmalschutz
- Straubenhöfmühle · Fachwerk-Kornmühle · Bj.1789

FESTE UND FEIERN

- Winzerfest (1. Oktoberwochenende)
- Musikfestival TON:arten (Juli)
- Kulinarisches Sommerfest (3. Augustwochenende)

Deutsche **Fachwerk** Straße

Auskünfte

Tourist-Info Sasbachwalden
Talstr. 51
77887 Sasbachwalden
Tel. 07841.1035
Fax 07841.23682
www.sasbachwalden.de
info@sasbachwalden.de

Immer aktuell:
www.facebook.com/FerienregionSasbachwalden

Sasbachwalden

BLAUBEUREN

Einwohner: 12.500

Stadtteile: Asch, Beiningen, Gerhausen, Pappelau, Seißen, Sonderbuch,

Fläche: 79,15 km²

Lage: Am Fuße der Schwäbischen Alb im Urdonautal

FACHWERKSTADT MIT URGESCHICHTE

STADT UND STADTGESCHICHTE

Die Blautopfstadt verdankt ihre Existenz dem um das Jahr 1085 errichteten Benediktinerkloster. In unmittelbarer Nähe zum Kloster entwickelte sich nach und nach eine Siedlung, die 1267 bereits als Stadt erwähnt wurde. Das „köstliche Städtchen voll nachdenklicher alter Häuser mit Fachwerkgiebeln“ (Hermann Hesse) gedieh bis zum Beginn des 19. Jahrhunderts innerhalb der mittelalterlichen Stadtmauer. Herrschaftliche Fachwerkhäuser prägen bis heute das Stadtbild. Die skurrilen Eigennamen wie „Hoher Wil“ deuten auf ihr hohes Alter hin. Eine Besonderheit ist das „Kleine Große Haus“, welches 1483 im alemannischen Fachwerk über einem steinernen Erdgeschoss errichtet wurde. Auffällig ist der verspielte sechseckige Turmanbau, der offenbar nur der Zierde des Gebäudes diente. Das Kloster wurde Mitte des 15. Jahrhunderts abgerissen und – zwischen 1466 und 1510 – im Stil der Spätgotik neu aufgebaut. In der Klosterkirche trifft man auf den spätgotischen Hochaltar aus dem Jahr 1493.

Eine Besonderheit ganz anderer Art stellt das einzige in Deutschland noch erhaltene Badhaus der Mönche dar. Berühmt ist Blaubeuren für sein Naturdenkmal, den Blautopf, stärkste und wohl schönste Karstquelle Deutschlands. Die tiefblaue Farbe des Wassers im Blautopf und die wunderbare Erzählung über die „Schöne Lau“ von Eduard Mörike sind geradezu eine Legende. Blaubeuren wird auch als „Hauptstadt der Urgeschichte“ bezeichnet. In der von Höhlen durchzogenen Region wurden die bisher ältesten bekannten figürlichen Kunstwerke der Menschheit ausgegraben, etwa 30.000 bis 40.000 Jahre alt. Das Urgeschichtliche Museum in Blaubeuren präsentiert diese Kunst.

SEHENSWERTES

- Benediktinerkloster · Klosterhof 2 · 11. Jh.
- Rathaus · Karlstraße 2 · Handelshaus · 15. Jh
- Hoher Wil · Aachgasse 7 · Gerberhaus 15. Jahrhundert
- Großes Haus · Webergasse 5 · Fachwerkbau im alemannischen Stil · 15. Jh
- Kleines Großes Haus · Webergase 11 · Kulturdenkmal aus dem 15. Jh
- Heilig-Geist-Spital · Karlstraße 23 · heute Urgeschichtliches Museum
- Oberamtei · Rittergasse 3 · 1407 Sitz des Obervogts

FESTE UND FEIERN

- Klostergartentage (nach Ankündigung)
- Mittelalterlicher Markt im Kloster (nach Ankündigung)
- Blaubeurer Kinderfest (am letzten Montag vor den Sommerferien)
- Sommerbühne am Blautopf (Freiluftbühne von Juli bis August)
- Tag der offenen Höhle (nach Ankündigung)
- Wintermärchenmarkt im Kloster (1. Adventwochenende)

Deutsche **Fachwerk** Straße

Auskünfte

Stadtverwaltung Blaubeuren
Karlstraße 2
89143 Blaubeuren

Tel. 07344.96690
Fax 07344.966936

info@blaubeuren.de
www.blaubeuren.de

Hoher Wil,
Aachgasse 7

RIEDLINGEN

Einwohnerzahl: 10.211
Stadtteile: Bechingen, Daugendorf, Grüningen, Neufra, Pflummern, Zell, Zwiefaltendorf
Fläche: 64,96 km²
Lage: Direkt an der Donau und am Fuße der Schwäbischen Alb in Oberschwaben

STADT UND STADTGESCHICHTE

Riedlingen wird bereits um 1255 erstmals als Stadt (civitate Rudelingen) der Grafen von Veringen erwähnt. Zuvor war nur von einem Dorf die Rede. Auf die Grafen von Veringen geht das württembergische Wappen mit den drei Hirschstangen zurück. Doch schon Ende des 13. Jahrhunderts wurde Riedlingen an das Haus Habsburg verkauft. Somit begann die wechselvolle Geschichte der vorderösterreichischen Donaustadt, die bis ins Jahre 1805 andauern sollte. Im Jahre 1806 kam das katholische Riedlingen zum protestantischen Königreich Württemberg und wurde Sitz des gleichnamigen Oberamtes. Nach der letzten Kreisreform in den 1970er Jahren wurde die Stadt dem Kreis Biberach zugeteilt.

Bis auf den Stadtbrand im Jahr 1804 hatte die Stadt Riedlingen keinerlei Zerstörungen zu verzeichnen. So konnte das spätmittelalterliche Stadtbild bis auf wenige Eingriffe die Jahrhunderte überdauern. Mit Stolz kann Riedlingen von sich behaupten, dass die gesamte Altstadt als Ensemble unter Denkmalschutz steht. Angeschmiegt an die Donau, präsentiert sich die Altstadt Riedlingen von ihrer schönsten Seite. Türme, Tore und stolze Bürgerhäuser prägen das Stadtbild und machen Riedlingen unverwechselbar. Gebäude wie die „Mohrenscheuer“ mit ihrem reichen Fachwerk oder das ehemalige Kapuzinerkloster aus dem Jahr 1652 bleiben dem Besucher nachhaltig in Erinnerung. An dem ehemaligen Stadthaus des Klosters Heiligkreuztal, Lange Straße 16, kann anhand von eindrucksvollen Fassadenmalereien die Geschichte der Stadt entdeckt werden. Ebenso lohnenswert ist ein Besuch des Heimatmuseums „Schöne Stiege“, das in einem ehemaligen Ackerbürgerhaus beheimatet ist, einem der am besten erhaltenen in ganz Oberschwaben.

SEHENSWERTES

- Rathaus · Marktplatz 1 · Kaufhaus aus dem 15. Jh.
- Katholische Pfarrkirche St.Georg · die ältesten Teile stammen aus dem 13. Jh.
- Zellemeesturm · hinter dem Rathaus · alte Eckbefestigung · diente einst als Gefängnis
- Mohrenscheuer · 1686 erbaut · reich gestalteter Fachwerkbau
- „Schöne Stiege“ · Mitte 16. Jh. erbaut · Ackerbürgerhaus
- Ehem. Spital zum Hl. Geist · 1378 von Konrad Manop gestiftet
- Ehem. Kapuzinerkloster · erbaut Mitte des 17. Jh.
- Wegscheiderhaus · Bau der Barockzeit · hier lebte der Barockmaler Joseph Ignaz Wegscheider
- Ehem. Stadthaus des Klosters Heiligkreuztal · reiche Fassadenmalereien

FESTE UND FEIERN

- Flohmarkt (3. Samstag im Mai)
- Fohlenmarkt (letzter Donnerstag im August)
- Gallusmarkt (1. Montag vor dem Gallustag am 16. Oktober)
- Christkindlesmarkt (1. Dezemberwochenende)

Deutsche **Fachwerk** Straße

Auskünfte

Stadtverwaltung Riedlingen
Marktplatz 1
88499 Riedlingen
Tel. 07371.1830
info@riedlingen.de
www.riedlingen.de

Riedlingen

BIBERACH AN DER RISS

Einwohnerzahl: 31.800

Fläche: 72,16 km²

Lage: Im nördlichen Oberschwaben zwischen Ulm und Bodensee zu beiden Seiten der Riß

TRADITIONELL WELTOFFEN

STADT UND STADTGESCHICHTE

Biberach an der Riß, im Jahre 1083 erstmals urkundlich erwähnt, ist eine Stadt mit jahrhundertealter Geschichte. Auf den ersten Blick wird das Biberacher Stadtbild nicht unbedingt von Fachwerkbauten dominiert. Aber unter vielen historischen Gebäuden schlägt ein Herz aus Fachwerk – Biberach hegt einige echte Schätze. Eine Besonderheit ist der Weberberg mit seinen aufwendig sanierten Fachwerkhäusern. Hier befand sich einst die mittelalterliche Zunftsiedlung der Weber. Diese waren berühmt für die Herstellung von Barchent, einem Mischgewebe aus Leinen und Baumwolle, das in die ganze Welt exportiert wurde. In der Zeughausgasse 4 findet sich eines der ältesten Kleinbürgerhäuser Süddeutschlands, vermutlich aus dem Jahr 1319. Es handelt sich um ein „Rauchhaus“; der Rauch zog von der offenen Feuerstelle aus durch das gesamte Haus und entwich durch das sogenannte Eulenloch nach draußen. Spätmittelalterliches Fachwerk findet sich am Alten Rathaus, das aus dem Jahre 1432 stammt. Es befindet sich direkt am Marktplatz, der von prächtigen Bürgerhäusern umringt wird. Mit seinem Brunnen und den Straßencafés vermittelt er südliches Flair und lädt zum Verweilen ein. Nur etwa zehn Minuten zu Fuß entfernt, befindet sich eine einzigartige Rarität: die Weißgerberwalk, eine der letzten Altsämischgerbereien Europas. Alle diese „Biberacher Fachwerkschätze“ sind auch Thema einer Stadtführung. Gemeinsam mit einem fachkundigen Stadtführer werden die Fachwerkbauten der Altstadt von Biberach unter Einbeziehung der Stadtgeschichte eingehend unter die Lupe genommen. In Biberach lässt man sich verführen, von der Stadt, dem Land und spannenden Themenführungen.

SEHENSWERTES

- Altes Rathaus · Marktplatz 7/1 · alemannisches Fachwerk aus dem 15. Jh.
- Weberberg, Weberberggasse · ehem. Weberviertel · 14. Jh.
- Zeughausgasse 4 · Bj. 1319 · ältestes Haus Biberachs
  Marktplatz aus dem 12. Jh.
- Stadtpfarrkirche St. Martin · Kirchplatz 1 · Simultaneum aus dem 14. Jh.
- Weißer Turm · Bj. 1484 als Wach- und Wehrturm
- Hospital zum Heiligen Geist · Museumstraße 6 · mittelalterlicher
- Gebäudekomplex · beherbergt heute ein modernes Mehrspartenmuseum

FESTE UND FEIERN

- Biberacher Musiknacht (im März nach Ankündigung)
- Musikfrühling (nach Ankündigung)
- Biberacher Schützenfest (im Juli nach Ankündigung)
- Tag des offenen Denkmals (2. Sonntag im September)
- Biberacher KulturParcours (im September nach Ankündigung)
- Biberacher Filmfestspiele (im November nach Ankündigung)
- Biberacher Christkindles-Markt (1. Adventsamstag bis 3. Advent)

Deutsche **Fachwerk** Straße

Auskünfte

Tourismus und Stadtmarketing
Theaterstraße 6
88400 Biberach an der Riß

Tel. 07351.51165
Fax 07351.51511
tourismus@Biberach-Riss.de
www.biberach-tourismus.de

i-Punkt im Museum Biberach
Museumstraße 6
88400 Biberach

Zeughausgasse 4

PFULLENDORF

Einwohnerzahl: 13.000
Teilgemeinden: Aach-Linz, Denkingen, Gaisweiler-Tautenbronn, Großstadelhofen, Mottschieß, Otterswang, Zell-Schwäblishausen
Fläche: 90,56 km²
Höhenlage: 602 bis 741 m über dem Meeresspiegel
Ehemalige Freie Reichsstadt zwischen Bodensee und Donautal

PERLE DES OBEREN LINZGAUS

STADT UND STADTGESCHICHTE

Mitten im herrlichen Linzgau liegt Pfullendorf - ideal zwischen Bodensee und Donautal. In der malerischen Altstadt zeugen liebevoll restaurierte Fachwerk- und Bürgerhäuser von einer reichhaltigen Geschichte. Friedrich II. erhob Pfullendorf am 2. Juni 1220 zur königlich staufischen Stadt. Im Zuge der Säkularisation kam die freie Reichsstadt zu Baden. Romantische Winkel, verspielte Fassaden und plätschernde Brunnen lassen sich dort am besten zu Fuß entdecken. Ein weithin sichtbarer Orientierungspunkt ist das Obere Tor mit einem 38 Meter hohen Beobachtungsturm. Einst Teil der Stadtbefestigung, ist es heute Wahrzeichen der Stadt und die wohl schönste Doppeltoranlage im Bodenseegebiet. Marktplatz, Heimatmuseum, Steinscheuer, Altes Haus von 1317 mit Museum zur Stadtgeschichte, historisches Rathaus sowie Stadtkirche sind die Stationen eines Rundgangs. Das Wasser und die Art mit diesem Element zu spielen, ist in Pfullendorf besonders. Die Brunnen oder der romantische Stadtsee mit Insel und Fontäne, eine Vielzahl kleiner Oasen laden zum Verweilen ein. Mit dem Seepark Linzgau wurde ein weiteres Highlight geschaffen. Die attraktive Parkanlage vor den Toren der Stadt bietet Spaß für die ganze Familie und hat sich innerhalb kürzester Zeit als beliebtes Ausflugsziel in der gesamten Region etabliert.

Von Mai bis Oktober wird jeden Freitag eine kostenlose Stadtführung angeboten. Für Gruppen gibt es eine interessante Auswahl an buchbaren Stadt- und Themenführungen. Wie kulturell bedeutend die ehemals freie Reichsstadt ist, zeigt auch die Lage an der Deutschen Fachwerkstraße, der Oberschwäbischen Barockstraße, der Hohenzollernstraße und dem Jakobsweg.

SEHENSWERTES

- Rathaus · Kirchplatz 1 · Bj. 1524/25 · Glasbilderzyklus von Christoph Stymmer
- Altes Haus · Museumsgasse 1 · Bj. 1317 · Museum der Stadtgeschichte
- Bindhaus · Metzgergasse 8 und 10 · Bj. 1499 · Heimat- und Handwerksmuseum
- Oberes Tor · Doppeltoranlage mit Wachturm · Wahrzeichen
- Pfarrkirche St. Jakobus · Kirchplatz · Bj. 1480/81 · Pilgerstation Jakobsweg
- Wallfahrtskirche Maria Schray · Pilgerziel
- Alter Löwen · Pfarrhofgasse 21 · Galerie mit Ausstellungen
- Steinscheuer · Pfarrhofgasse 5 · Bj. 1515 · Steinhaus mit Treppengiebel · Städtische Bücherei
- Seepark Linzgau · Ausflugsziel mit Spazierwegen · Wassererlebniswelt · Streichelzoo · Wasserskipark · Abenteuergolf· Fussballgolf

FESTE UND FEIERN

- Traditioneller Fasnetumzug in der Altstadt (Rosenmontag)
- Brunnenfest und Stadtseefest (Juni)
- Oktoberfest im Seepark (Anfang Oktober)
- Adventszauber mit Engelsabstieg (Anfang Dezember)
- Kleinkunstangebot, traditionelle Feste in den Teilgemeinden

Deutsche **Fachwerk** Straße

Auskünfte

Tourist-Information Pfullendorf
Ferienregion Nördlicher Bodensee
Kirchplatz 1 · Zugang über Marktplatz
88630 Pfullendorf
Tel. 07552.251131
Fax 07552.931130
tourist-information@stadt-pfullendorf.de
www.pfullendorf.de
www.noerdlicher-bodensee.de

P
frei

MEERSBURG

Einwohnerzahl: 5.428
Ortsteile: Riedetsweiler, Baitenhausen und Schiggendorf
Fläche: 12,08 km²
Lage: Am nördlichen Ufer des Bodensees, am Übergang vom Obersee zum Überlinger See auf einer Höhe von 400 bis 500 Metern

STADT UND STADTGESCHICHTE

Meersburgs Anfänge liegen im Dunkeln. Die besondere geographische Lage - am See, mit Blickverbindung zur damaligen Bischofsstadt Konstanz - verführt zu der Annahme, dass hier schon früh eine Siedlung bestanden habe. Verlässlicher wird die Überlieferung erst im 13. Jahrhundert, als 1211 der Bischof von Konstanz den Zehnten „im Umkreis der Meersburg“ erwarb: Burg und Siedlung blieben bis 1802 im Besitz der Bischöfe. 1233 wurde Meersburg das Marktrecht verliehen und 1299 gewährte König Albrecht der Meersburger Bürgergemeinde das Stadtrecht. Die Reformation veränderte Meersburg - indirekt, aber umso wirksamer: Nachdem Konstanz protestantisch geworden war, verlegte Fürstbischof Hugo von Hohenlandenberg 1526 seine Residenz nach Meersburg, in das Alte Schloss. Ihre Blütezeit erlebte die Stadt im 18. Jahrhundert; damals entstand Meersburgs barocke Silhouette. 1838 erwarb Freiherr Joseph von Laßberg das Alte Schloss. Seine Schwägerin, Annette von Droste-Hülshoff, verbrachte hier ihre letzten Lebensjahre.

Die Sanierung der Altstadt, die schon 1954 als Ensemble unter Denkmalschutz gestellt wurde, begann 1981. Beliebtes Fotomotiv sind die Bürgerhäuser an der Steigstraße. Ehemals war diese Teil der wichtigen Handelsstraße von Konstanz nach Ravensburg. Seit dem 14. Jahrhundert wurde die Straße durch eine Stadtmauer gesichert. Wohl im 17. und 18. Jahrhundert wurden die Häuser auf der sogenannten „Fülle“ erbaut. Ihr eindrucksvolles Fachwerk schätzten die Besitzer noch um 1900 offensichtlich gering, da es seinerzeit vollständig unter Putz verborgen lag. Erst mit der Entwicklung des Fremdenverkehrs zu Beginn des 20. Jahrhunderts entdeckte man das Fachwerk neu und legte es frei. Heute ist genau das eine Reise wert.

SEHENSWERTES

- Steigstraße „Fülle“ · Fachwerk-Bürgerhäuser 17./18. Jh.
- Burg Meersburg/Altes Schloss · mittelalterliche Burg · 1526 Residenz der Fürstbischöfe von Konstanz · Arbeits- und Sterbezimmer der Dichterin Annette von Droste-Hülshoff
- Neues Schloss · Bauzeit: 1710 – 1760 · Residenz der Fürstbischöfe von Konstanz · Fürstbischöfliches Museum
- Fürstenhäusle/Droste-Museum
- Ev. Schlosskirche · 1741/43 · Hofkapelle des Fürstbischofs · ev. Pfarrkirche seit 1864
- Rathaus · Bj. 1551 · mit Falbentor
- Gredhaus · 1505/1509 · Kauf- und Kornhaus der Stadt
- Obertor · um 1300 · an der Handelsstraße nach Ravensburg
- Reithof/Staatsweingut · um 1760 · ehemals Reithalle · Zeughaus und Stallungen
- Seminar/Droste-Hülshoff-Gymnasium Bauzeit: 1725-1735

FESTE UND FEIERN

- Droste- Literaturtage (um den 24. Mai)
- Winzerfest in der Unterstadt (1. Juliwochenende)
- Bodensee Weinfest auf dem Schlossplatz (2. Septemberwochenende)
- Mittelaltermarkt (2. Oktoberwochenende)

Deutsche **Fachwerk** Straße

Auskünfte

Meersburg Tourismus,
Kirchstraße 4
88709 Meersburg
Tel. 07532.440400
Fax 07532.4404040
info@meersburg.de
www.meersburg.de

von April- Oktober regelmäßig öffentliche Stadtführungen
Termine für Fachwerkführungen unter www.meersburg.de

Fülle

Glossar

Alsfelder Strebe
konvex gebogene Strebe von der Schwelle bis zum Rähm, erstmalig wohl am Alsfelder Rathaus (1512-1516)

Andreaskreuz
Figur bes. im Fachwerkbau als Symbol oder Schmuck, aber auch mit verstrebender Wirkung aus zwei sich diagonal kreuzenden, meist gleich langen Hölzern, brüstungs- oder stockwerkshoch. Der Begriff ist abgeleitet vom schrägen Kreuz des St. Andreas

Ausfachung
Füllung der Gefachfelder

Auskragung
Vorspringen eines Bauteils, im Fachwerkbau auch Überhang genannt

Aussteifung
generelle Maßnahme zur Sicherung von Konstruktionen gegen Verschieben, Verformen oder Umfallen

Balken, Balcke, Trahm:
waagerecht tragendes Bauelement, bes. Kanthölzer, auf Wänden und/oder Unterzügen aufliegend oder an Überzüge gehängt, als tragendes Bauteil der Decke.

Balkendecke
Man unterscheidet: deutsche Balkendecke mit parallel nebeneinander liegenden Balken. Bei der deutschen Decke mit Trägern werden die Balken von Unterzügen zusätzlich unterstützt; die franz. und engl. Balkendecken bestehen aus stärkeren Balken in ca. 3 m Abstand und aufgelegten oder eingezapften dünneren Balken (Mutter-Tochter-Decke).

Bandelierung
farbige oder schwarzweiße Farbfassung der Fachwerkgefache, insbesondere in Württemberg, aus einer Folge von Ritzern und Begleitern an den Gefachrändern parallel zu den Hölzern

Bauernkreuz, Fünferkreuz, Türkenkreuz
Fachwerkfigur aus einer von einem Andreaskreuz durchkreuzten Raute

Begleiter, Begleitstrich, Beistrich
Striche und Bänder, die im Fachwerkbau an den Gefachrändern, direkt an das Holz oder an die Holzfarbe anschließend, aufgemalt werden.

Beschlagwerk
Ornamentform, bes. der Renaissance, schmiedeeisernen Beschlägen nachempfunden

Bleichwand
mit Strohlehmstakung ausgefachte Fachwerkwand

Blendarkade, Blendbogenstellung, Arkadenbrüstung
Reihe scheinbarer Bogenstellungen (Bogenschild geschlossen); Blendarkaden wurden im Renaissancefachwerk Niedersachsens häufig als Brüstungsschmuck ausgeführt.

Bohlenstube
mit Bohlen innen verkleideter Raum in Massivgebäuden, beim Fachwerk meist als Bohlenständerkonstruktion

Bretterschirm, Brettermantel
Verkleidung von Scheunen, Häusern und Ställen mit senkrechten oder waagerechten Brettern

Brüstungsschmuck
Schmuck in den Brüstungsgefachen wie Brüstungsbohlen, Andreaskreuze, Rauten, „Feuerböcke“ und Viertelkreise

Bügelfriese
Friese aus Bügelformen auf den Schwellen der Obergeschosse niederdeutscher Fachwerkhäuser.

Bundseite
1. die Seite eines Gebäudes, einer Wand, die bündig gelegt ist; 2. die Seite eines Holzes, auf der dieses angerissen, d. h. gezeichnet ist. Die Bundseite ist meist die spätere Sichtseite

Bundverstrebung
Strebenanordnung nur an Eck- und Bundständern, im Gegensatz zur Aussteifung jedes Ständers. Die Bundverstrebung setzte sich etwa 1500 durch.

Chronogramm
Inschrift, in der einzelne herausgehobene Buchstaben eine Jahreszahl ergeben

Deelbalken (nordd.)
Ankerbalken, die Querbalken über der Deele (Diele) im niederdeutschen Hallenhaus

Deelständer (nordd.)
Ständer zwischen dem Hauptschiff (Deele, Diele) und den Seitenschiffen (Kübbungen) im niederdeutschen Hallenhaus

Diamantierung
mit Diamantquaderung versehen

Drudenfuß, Pentagramm, Fünfstern, Fünfort, Fünfhorn, Hexenfuß, Krähenfuß, Alpkreuz, Pentalpha
fünfzackiger Stern, durch Verlängerung der Seiten eines gleichförmigen Fünfecks konstruiert, schon in vorgeschichtlicher Zeit germanisches Heilszeichen zur Abwehr alles Bösen, insbesondere des Teufels, auch Symbol der fünf Sinne; Symbol für die fünf Bücher Mose bei den Juden und Symbol für das Alte Testament bei den Christen

Eierstab
aus dem griechischen und römischen Stil, bes. in der Renaissance, aber auch in den anderen Baustilen übernommene Schmuckform aus einem Viertelstab mit eingeschnittenen (nicht aufgesetzten) Eiformen

eingeschossen
Die mittels Durchsteckzapfen oder Zapfenschlössern „eingeschossenen" Balken führten zu dem Begriff „Geschoss".

Einhaus
Bauernhaus mit allen Funktionen wie Wohnung, Stall und Erntelager unter einem Dach, z. B. niederdeutsches Hallenhaus.

Erker, Aerker, Aerkner, Arker, Ausgebäude, Ausstich, Utstecke
überbauter Balkon, oft durch mehrere Stockwerke gehend, auch an Gebäudeecken z. B. als Eckerker oder als Eckturm ausgebildet.

Ernhaus
(mitteld.) traufseitig (über den Ern) erschlossenes Haus, meist Fachwerkhaus

Fächerrossette
geschnitztes oder gemaltes Schmucksymbol, oft auf dem Dreieck Schwelle, Ständer und Fußwinkelhölzer der Fachwerke Niedersachsens und Westfalens.

Fachwerk, Bindwerk, Riegelwerk, Ständerwerk
Skelettkonstruktionen, bei welcher die gesamten Lasten und Kräfte von tragenden Hölzern übernommen werden, während der Wandabschluss durch raumabschließende, aber nicht tragende Wandteile erzielt wird.

Fenstererker
bis zu ca. 12 cm vor die Fassade vorspringende Fensterumrahmung im Fachwerkbau, der Vorsprung ist dabei aus dem vollen Holz der Fachwerkkonstruktion gearbeitet, insb. als „Fränkischer Fensterer???" bekannt.

Feuerbock, Fyrboc
Fachwerkfigur, ursprüngliches Symbol in Form eines Andreaskreuzes aus geschweiften Hölzern

Flechtwand, Flechtwerk
Wand aus Strohlehmstakung

Fußband, Fußbüge, Hängeband
Band als schräg angeordnetes, früher verblattetes und später verzapftes, kürzeres Holz zwischen Ständer und Schwelle, das die auf den Ständer wirkenden Horizontalkräfte ableitet.

Fußwinkelholz, Fußwinkelband
Dreieckiges, die Ecken ganz ausfüllendes Holz zwischen Ständer und Schwelle zur Horizontalaussteifung des Ständers

Gefach/Fach
von Fachwerkhölzern umschlossene Öffnung einer Wand (wird durch Ausfachung, Fenster oder Tür geschlossen)

Geschossbau
Fachwerkbau mit über mehrere Geschosse reichenden Ständern

gestakte Wand, gestickte Wand, gewickelte Wand
in Strohlehmstakung ausgeführte Wand

Giebelspieß, Wendenknüppel
Giebelzier bei niederdeutschen Hallenhäusern

Hallenhaus
1. mittelalterliches Haus, bei welchem das Erdgeschoss oder größere Teile davon, meist in der Höhe zweier Normalgeschosse, als Halle ausgebildet war. 2. Niederdeutsches Hallenhaus.

Hessenmann
Mannfigur

Hexagramm
Sechsstern, wird als Abwehrzeichen gedeutet

Holz
das von der Rinde und dem Kambium umschlossene, aus langgestreckten, hohlen und zu Fasern gebündelten Zellen bestehende Gewebe der Bäume

Holzschindeln
Sammelbegriff für alle Leg-, Dach-, Wand-, Nut- und Schuppenschindeln aus Holz

Holzverbindungen
die Einzelverbindungen innerhalb größerer Gesamtverbände von Holzkonstruktionen

Kielbogen
geschweifter Spitzbogen

Klaiber, Kleber, Kleuber, Lehmpatzer, Lehmer
Arbeiter zum Ausführen von Lehmarbeiten wie Lehmausstakung von Fachwerk und Windelböden sowie Lehmputzen und zur Herstellung von Lehmschindeln

Knagge
hölzerne Konsole, senkrecht zur Wand zur Aussteifung (Verriegelung) und zur Abtragung der Lasten auskragender Deckenbalken

Kopfband
schräg angeordnetes, kürzeres Aussteifungsholz zwischen Ständer und Rähm, früher verblattet, heute verzapft

Kübbung, Bekipping (nordd.)
Seitenschiff, Abseite im niederdeutschen Hallenhaus

Langständer
durchgehender Ständer im Langständerumgebindebau

Laubstab
Schmuck aus einem durchgehenden Stab und abzweigenden Laubästen

Lebensbaum
Darstellung des Lebens mit einer Blätterpflanze in einer Vase, wobei die Vase die Erde darstellt, die nicht geöffneten Blüten junges Leben, geöffnete Blüten das reife Alter; Knospen stehen für die Fruchtbarkeit, Hinweis für neues Leben

Lehm, Lehmen, Leimen
mit Quarzsand und Kalk innig vermengter Ton, aus früheren Ausschwemmungen durch Eisenoxid gefärbt. Man unterscheidet nach dem Sandanteil fetten oder mageren Lehm. Früher war der Lehm der wichtigste Baustoff neben Holz und wurde u. a. als Kalkersatz, für Stampflehmmauern, in Verbindung mit Strohhäcksel für Windelböden, Fachwerkwände und für Pisébauten, für Einschubdecken, Estrich, Dachdeckung, Lehmputz und zur Ziegelfabrikation verwendet.

Leiterfachwerk
Fachwerkwand in Thüringen mit zusätzlichen Kurzständern unter den Brüstungsriegeln, so dass der Eindruck von „Leitern" entsteht.

Mann
Verstrebungsform aus Ständer, dreiviertelgeschosshohen Fußstreben und kurzen Kopfwinkelhölzern

Marmorierung
Nachahmung der Marmoroberfläche auf einem anderen Werkstoff, z. B. Holz, in Öl- oder Leimfarbe in den verschiedensten Marmorarten

Pentagramm
fünfeckiger Stern, Drudenfuß

Perlstab, Perlenstab
Rundstab, der mit runden oder ovalen geschnitzten Perlen oder abwechselnd mit geschnitzten Perlen und Scheiben besetzt ist.

Pfostenbau
Bauweise auf der Basis in die Erde eingegrabener Pfosten

Putzfachwerk
über die Holzkonstruktion verputztes Fachwerk

Pyramidenbalkenkopf
sichtbare Balkenköpfe in pyramidenähnlichen Formen, insbesondere an Quedlinburger Fachwerkhäusern

Rähm, Rähmholz, Rähmkranz, Rahmholz, Rieschholz, Richholz, Rießholz, Blattstück, Plattstück, Wandrahmen, Oberschwelle, Oberlegholz
das den Rahmen von Fachwerkwänden aus Schwelle und Ständern oben abschließende Holz, das auf die Zapfen der Ständer aufgesetzt wird. Auch die Pfette unter dem Kehlbalken wird oft als Rähm bezeichnet.

Raute
Figur im Fachwerk aus vier in einem Gefach über Eck gestellten Hölzern, als negative Raute aus vier Winkelhölzern

Riegel
zwischen die Fachwerkständer waagrecht eingezapfte Hölzer, früher aufgeblattet; unterteilt in Fußriegel (Schwellriegel) , die statt durchgehender Schwellen verwendet wurden; Brust- oder Brüstungsriegel sind brüstungshoch, Sturzriegel für Fenster- und Türstürze, Feld- oder Geschossriegel etwa in halber Stockwerkshöhe und Hals – sowie Kopfriegel im oberen Drittel der Wand.

Säule
aufrecht frei stehende Stütze, die eine senkrechte Last abträgt

Schleppengaube, Schleppe, Schleppgaupe, Dachluke
mit Pultdach gedeckte (geschleppte) Gaupe

Schlierwerk
Lehmstakung, Strohlehmstakung

Schnürboden, Reißboden
ebener Bretterboden, auf dem die Zimmerleute Zeichnungen, z. B. für gewendetelte Treppen, im Maßstab 1:1 auftragen

Schopf
vorstehendes, abgewalmtes kleines Dach an der Giebelspitze, regional auch kleines Vordach oder der Schopfwalm

Schwäbisches Kindle
Strebenfigur im oberdeutschen Fachwerkbau aus einem Ständer und zwei nur bis unter die Brüstungshöhe reichenden Fußbändern

Schwäbisches Männle
stockwerkshohe Strebenfigur im oberdeutschen Fachwerkbau aus einem Ständer, zwei ¾ geschosshohen Streben und zwei ¾ geschosshohen Gegenstreben oder geschosshohen Streben und Gegenstreben aus geschweiften oder geraden Hölzern

Schwäbisches Weible
Strebenfigur im oberdeutschen Fachwerkbau aus zwei knapp halbgeschosshohen Fußstreben (Fußbändern) und zwei weniger als halbgeschosshohen Kopfstreben (Kopfbändern)

Schwelle
1. der untere Abschluss einer Türöffnung mit oder ohne Anschlag, ebenerdig oder erhöht. 2. im Fachwerk das waagerecht auf dem Kellermauerwerk oder dem

Fundament liegende Holz, auf welchem sich die Wände aufbauen, auch Saum-, Grund- oder in den Obergeschossen Stockschwelle genannt

Schwellriegelbau
Fachwerkbau ohne durchgehende Schwellen, bei welchem die Ständer (zumindest Eck- und Bundständer) bis auf das Fundament reichen und statt der Schwellen Schwellriegel, auch Fußriegel genannt, zwischen den Ständern eingezapft sind.

Stabbau
Holzkonstruktion aus senkrecht verbauten, meistens runden oder sägegestreiften oder gebeilten Stämmen, bes. in Nordeuropa verbreitet. Einzelne Beispiele finden sich auch in Deutschland, wie die Stabkirche in Hahnenklee im Harz. Die Wandfüllungen bestehen aus Bohlen, die unten in Fußriegel und oben in Rahmenriegel eingenutet sind.

Ständer
urspr. direkt auf Fundament, Stein- oder Holzplatten über ein oder mehrere Geschosse reichendes, stützendes Holz im Fachwerkbau, heute allg. die senkrechten Hölzer der Fachwerkwand, die auch als Pfosten, Stiele, Stützen oder Säulen bez. werden.

Ständerbohlenbau, Bohlenständerwerk, Blockständerwerk, Nutenständerblockbau, Spundständerbau, Füllholzbau
Baukonstruktionen aus Holz mit Wandgefügen, bei denen in die mit Nuten versehenen Ständer waagerechte Bohlen eingesetzt sind.

Stockwerksbau, Stockwerksrähmbauweise
stockwerksweise verzimmerter, abgebundener und aufgeschlagener Fachwerkbau, wobei jedes Stockwerk in sich ausgesteift ist.

Strebe, Biege, Schubband, Sturmband, Sturmbüge, Windstrebe, Pfostenstrebe
allg. Stütze gegen schrägen Schub, schräg stehendes Holz im Fachwerkwandgefüge zwischen Schwelle und Rähm oder der Schwelle und einem Ständer zur Horizontalaussteifung (Windaussteifung).

Strohlehmstakung, Lehmstakung
die im mittleren Deutschland fast ausschließlich angewandte Technik der Ausfachung von Fachwerkwänden. In die mittig angeordneten Kerben der Fachwerkhölzer werden Staken, gespaltene 3 – 5 cm starke Hölzer, eingeschlagen, diese mit Weiden- oder Haselnussgeflecht verdichtet und dann beidseitig mit Strohlehm beworfen.

Tauband, Taustab, Schiffstauverzierung
Verzierung bes. im Fachwerkbau in Form gedrehter Taue

Traufe, Dachfuß
unterer Dachrandabschluss

Treppenfries
frühe Schmuckform auf den Stockschwellen niederdeutscher Häuser in Form einer abgetreppten Ausnehmung

Umgebindehaus, Umgebindekonstruktion
Haustyp und Konstruktion insbesondere im Dreiländereck Polen, Tschechien und Deutschland mit einem Erdgeschoss aus einem Massivteil und einer Blockstube, selten einem nur schmalen massiven Mittelteil und zwei Blockstuben oder einem durchgehenden Blockgeschoss.

Utlucht
(nordd.) Auslucht, Vorbau, bes. bei den städtischen Ausprägungen niederdeutscher Fachwerkhäuser

Verstrebung
Aussteifung mittels Streben

Vierständerkonstruktion, Vierständerbau
Hausgefüge im niederdeutschen Hallenhaus aus zwei die Deele (Diele) begrenzenden Ständerreihen (Säulenreihen) mit darüber angeordneten Rähmhölzern und einer Balkenlage, deren einzelne Balken unabhängig vom Ständerabstand von Außenwand zu Außenwand reichen. Die Balken werden dabei von den beiden Außenwänden und den beiden Rähmhölzern, also vier Mal (im Sinne von vier Ständern) unterstützt.

Wendenknüppel
regionale Bezeichnung für Giebelspieß

Windelboden, Pressdecke, Wellerdecke
Decke aus einzelnen, mit Strohlehm umwundenen Stakhölzern, die dann dicht nebeneinander in die Nuten der Balken eingefügt werden

Windelwand, Bleichwand
Wellerwand

Zaunwerk
Stakung mit Weiden- oder Haselnussgeflecht

Zimmerer, Zimmermann, Zimmerleute
eines der ältesten Berufe, zu dessen Berufsbild die Herstellung aller Holzkonstruktionen, wie Fachwerk und Dachstühle, aber auch Tore, Zäune und Treppen gehört

Zulage
eben liegendes, niedriges Gerüst auf dem Zimmerhof oder Zimmerplatz, auf dem Fachwerkwände und Dachverbände angelegt und verzimmert werden

Zweiständerkonstruktion
Hausgefüge im niederdeutschen Hallenhaus mit Quergebinden aus zwei Ständern und einem Balken, den Deelständern mit den Deelbalken oder den Dielenbalken.

Bildquellen

Seite	Stadt/Gemeinde	Fotograf	Bildquelle
22	Alfeld/Leine		Stadt Alfeld/Leine
100	Alsfeld		Stadt Alsfeld
198	Altensteig		Stadt Altensteig
146	Babenhausen		Babenhausen
130	Bad Camberg		Kulturverwaltung Bad Camberg
18	Bad Essen		Tourist-Info Bad Essen
94	Bad Hersfeld		Kurbetrieb Bad Hersfeld
188	Bad Urach		Staatliche Schlösser und Gärten Baden-Württemberg, Schloss Urach
178	Backnang	Edgar Layer	Stadt Backnang
168	Besigheim		Bildarchiv der Stadt Besigheim
214	Biberach		Biberach
170	Bietigheim-Bissingen	Florian Adler	Bietigheim-Bissingen
210	Blaubeuren		Blaubeuren
54	Bleckede		Stadt Bleckede
60	Bleicherode		Heimat und Verkehrsverband
24	Bockenem		Stadt Bockenem
124	Braunfels		Braunfelser Kur GmbH
110	Büdingen	Diana Wetzestein	Büdingen
196	Calw		Calw
44	Celle		Celle Tourismus und Marketing GmbH
50	Dannenberg (Elbe)		Stadt Dannenberg
148	Dieburg	Patrick Liste	Dieburg
118	Dillenburg	Peter Patzwaldt	Dillenburg
200	Dornstetten	Olaf Sahm	Olaf Sahm
140	Dreieich	Angelika Bruckhardt	Dreieich
30	Duderstadt	Christian Zöpfgen	Stadt Duderstadt
26	Einbeck		Einbeck Marketing GmbH
166	Eppingen		Stadt Eppingen
152	Erbach im Odenwald		Stadtmarketing Erbach im Odenwald
78	Eschwege		Tourist-Information Eschwege-Meinhard-Wanfried
184	Esslingen		Esslinger Stadtmarketing & Tourismus Gmbh
90	Fritzlar	Johannes de Lange	Stadtmarketing Fritzlar e.V.
112	Gelnhausen		Stadt Gelnhausen
206	Gengenbach	Ralf Greiner	Stadt Gengenbach
106	Grünberg	Atelier Plötner	Stadt Grünberg
150	Groß-Umstadt	André Schlösser	Stadt Groß-Umstadt
126	Hadamar	Jürgen Lanio	Stadt Hadamar
36	Halberstadt		Halberstadt
142	Hanau-Steinheim	Regina Grunwald	Hanau-Steinheim
76	Hann. Münden	Photo Burkhardt	Hann. Münden
204	Haslach		Haslach
120	Herborn		Stadtmarketing Herborn
192	Herrenberg	Gabriel Holom	Herrenberg
80	Hess. Lichtenau	Andreas Karnebogen	Hess. Lichtenau
52	Hitzacker		Hitzacker
134	Hoechst		Tourismus + Congress GmbH Frankfurt am Main
92	Homberg/Efze		Stadtmarketing H/E
98	Homberg/Ohm	Diana Wetzestein	Homberg/Ohm
40	Hornburg	Hans Arndt	Stadtmarketing Hornburg
132	Idstein		Idstein
186	Kirchheim unter Teck		Kirchheim unter Teck
42	Königslutter		Stadt Königslutter am Elm
88	Korbach		Wirtschaftsförderung Korbach Goldrichtig GmbH
104	Lauterbach		Tourist-Center Lauterbach
62	Leinefelde/Worbis		Leinefelde-Worbis
108	Lich		Magistrat der Stadt Lich
128	Limburg		Stadtmarketing Limburg
48	Lüchow Wendland		Stadt Lüchow (Wendland)
176	Marbach	Michael Weber	Marbach
174	Markgröningen		Stadt Markgröningen
218	Meersburg		Meersburg Tourismus
84	Melsungen		Archiv: Stadt Melsungen
156	Miltenberg	Anja Keilbach	Tourismusgemeinschaft Miltenberg Bürgstadt Kleinheubach
164	Mosbach	Tim Krieger	Stadt Mosbach
64	Mühlhausen	Barbara Neumann	Wirtschaftsbetriebe MHL GmbH
190	Nehren	Wilhelm Link	Gemeinde Nehren
16	Nienburg	Büdecker	Nienburg
28	Northeim		Northeim Touristik e.V.
32	Osterode		Osterode
38	Osterwieck		Einheitsgemeinde Stadt Osterwieck
216	Pfullendorf		Pfullendorf
212	Riedlingen		Stadtverwaltung Riedlingen
46	Salzwedel	Johanna Neuling	Salzwedel
208	Sasbachwalden		TI Sasbachwalden
202	Schiltach	Tillmann Krieg	Stadt Schiltach
102	Schlitz	B.Diehl	Schlitz
72	Schmalkalden	Sasha Bühner	Schmalkalden
180	Schorndorf		Schorndorf
96	Schwalmstadt		Stadt Schwalmstadt
144	Seligenstadt	Mathias Neubauer	Stadt Seligenstadt
194	Sindelfingen		Wirtschaftsförderung Sindelfingen GmbH
82	Spangenberg		Stadt Spangenberg
14	Stade	Martin Elsen	STADE Tourismus-GmbH
20	Stadthagen		Stadthagen
114	Steinau		Stadt Steinau
58	Stolberg		Tourist-Information Stolberg
138	Trebur		Gemeinde Trebur
68	Treffurt	Diana Wetzestein	Treffurt
70	Vacha	Kathleen Dorsch	Vacha
172	Vaihingen		Vaihingen
182	Waiblingen	Kai Koepf	WTM GmbH
154	Walldürn		Stadt Walldürn
66	Wanfried	Diana Wetzestein	Wanfried
34	Wernigerode		Wernigerode Tourismus GmbH
158	Wertheim	Julia Herfurth	Stadtverwaltung Wertheim
122	Wetzlar		Stadt Wetzlar
86	Wolfhagen		Wolfhagen

Skizzen und Zeichnungen

Seite	Autor
8 oben	Gerner, M.
8 unten	Walbe, H.: Das hessisch-fränkische Fachwerk, Gießen 1954, Neudruck Gießen 1979
9 links	Autor unbekannt, Holzbauarchiv Gerner
9 rechts	Autor unbekannt, Holzbauarchiv Gerner
10 links	linke Darstellung Knesch Deutsches Zentrum für Handwerk und Denkmalpflege rechte Darstellung Schad, Fr.: in Gerner, M.: Fachwerk in Frankfurt am Main, Frankfurt
10	rechts Knesch, Deutsches Zentrum für Handwerk und Denkmalpflege
11	rechts Cieslak, I.
13	rechte Spalte oben Museumsdorf Cloppenburg, Museumsführer rechte Spalte unten Gerner, M.
57	rechte Spalte: Gerner, M.
75	rechte Spalte: Gerner, M.
117	linke Spalte: Gerner, M.
137	rechte Spalte: Wilhelm, J.: Architectura Civilis Nürnberg 1668, Nachdruck Hannover 1977
161	linke Spalte: Gerner, M.
162	rechte Spalte: Gerner, M.